Criminologia e Efetividade da Justiça

Criminologia e Efetividade da Justiça

DIALÉTICAS DE BRASIL E PORTUGAL

2024

Coordenadores: Fabrício Castagna Lunardi • José Neves Cruz • Pedro Sousa

Adriana Ramos de Mello
Carlos Magno Gomes de Oliveira
Claudio Camargo dos Santos
Fabrício Castagna Lunardi
Fátima Aurora G. A. Archangelo
Fernando Braga Damasceno
João Teixeira de Matos Júnior
Jorge Quintas
José Neves Cruz
Marcela Santana Lobo
Marcus Alan de Melo Gomes
Matheus Andrade Braga
Pedro Miguel Alves Ribeiro Correia
Pedro Sousa
Rosa Saavedra
Rosimeire Ventura Leite
Sara Cardoso
Taís de Paula Scheer
Taís Schilling Ferraz

Prefácio: Sebastião Reis Júnior (Ministro do STJ, Brasil)

ALMEDINA

CRIMINOLOGIA E EFETIVIDADE DA JUSTIÇA

COORDENADORES

Fabrício Castagna Lunardi, José Neves Cruz e Pedro Sousa

EDITOR

EDIÇÕES ALMEDINA, S.A.

Avenida Emídio Navarro, 81, 3D

3000-151 Coimbra

Tel.: 239 851 904 · Fax: 239 851 901

www.almedina.net · editora@almedina.net

DESIGN DE CAPA

FBA.

CAPA

EDIÇÕES ALMEDINA, S.A.

PRÉ-IMPRESSÃO

EDIÇÕES ALMEDINA, S.A.

IMPRESSÃO E ACABAMENTO

ACD Print, S.A.

Fevereiro, 2024

ISBN

9789894017882

DEPÓSITO LEGAL

527419/24

ALMEDINA | GRUPOALMEDINA

ACORDO DE COOPERAÇÃO ACADÊMICA E CIENTÍFICA ENTRE A ESCOLA NACIONAL DE FORMAÇÃO E APERFEIÇOAMENTO DE MAGISTRADOS (ENFAM) E A FACULDADE DE DIREITO DA UNIVERSIDADE DO PORTO (FDUP)

A ENFAM (Brasil) e a FDUP (Portugal) firmaram, em 1º de junho de 2022, pelos seus representantes máximos, Acordo de Cooperação Acadêmica e Científica visando à implementação de ações conjuntas e efetivas que assegurassem a realização de atividades acadêmicas relacionadas ao ensino, pesquisa e extensão de interesse mútuo das partes.

A cooperação envolve a realização de projetos, programas, grupos de pesquisas, seminários e livros, mobilidade acadêmica entre docentes, discentes e pesquisadores, através de publicações científicas, compartilhamento de dados e trocas de experiências, entre outros produtos.

A ENFAM e pela FDUP realizaram o Seminário Luso-Brasileiro Criminologia e Efetividade da Justiça, nos dias 28 a 30 de setembro de 2022, que contou com 314 inscritos de 6 diferentes países. O evento foi organizado pelo Centro de Investigação Interdisciplinar Crime, Justiça e Segurança da Escola de Criminologia da Faculdade de Direito da Universidade do Porto (CJS-FDUP) e pelo Grupo de Pesquisa Gestão, Desempenho e Efetividade da Justiça da Escola Nacional de Formação e Aperfeiçoamento de Magistrados (GEJUD-ENFAM).

Este livro é mais um importante produto do Acordo de Cooperação Científica e Acadêmica entre as duas reconhecidas instituições de ensino superior, da parceria entre os grupos de pesquisa CJS-FDUP e GEJUD-ENFAM e também do Projeto de Pesquisa "Management, Performance and Effectiveness in the Judiciary".

ESCOLA NACIONAL DE FORMAÇÃO E APERFEIÇOAMENTO DE MAGISTRADOS (ENFAM)

A Escola Nacional de Formação e Aperfeiçoamento de Magistrados (ENFAM) é o órgão oficial de treinamento de juízes de direito e juízes federais brasileiros. Criada a partir da determinação prevista na Constituição Federal brasileira, pela Emenda Constitucional 45/2004, conhecida como Reforma do Poder Judiciário, a ENFAM foi instituída em 30 de novembro de 2006 por meio da Resolução n. 3 do STJ.

As principais competências da ENFAM são: a) definir as diretrizes básicas para a formação e o aperfeiçoamento de magistrados; b) fomentar pesquisas, estudos e debates sobre temas relevantes para o aprimoramento dos serviços judiciários e da prestação jurisdicional; c) promover a cooperação com entidades nacionais e estrangeiras ligadas ao ensino, pesquisa e extensão; d) incentivar o intercâmbio entre a Justiça brasileira e a de outros países; e) promover, diretamente ou mediante convênio, a realização de cursos relacionados com os objetivos da ENFAM, dando ênfase à formação humanística; f) habilitar e fiscalizar, nos termos dos arts. 93, II, *c*, e IV, e 105, parágrafo único, I, da Constituição da República, os cursos de formação para ingresso na magistratura e, para fins de vitaliciamento e promoção na carreira, os de aperfeiçoamento; g) formular sugestões para aperfeiçoar o ordenamento jurídico; h) definir as diretrizes básicas e os requisitos mínimos para a realização dos concursos públicos de ingresso na magistratura estadual e federal, inclusive regulamentar a realização de exames psicotécnicos; i) apoiar, inclusive financeiramente, a participação de magistrados em cursos no Brasil ou no exterior indicados pela ENFAM; j) apoiar, inclusive financeiramente, as escolas da magistratura estaduais e federais na realização de cursos de formação e de aperfeiçoamento.

O Mestrado da ENFAM, na área de concentração Direito e Poder Judiciário, tem como objetivo elevar o nível de qualificação dos alunos nas competências necessárias para o exercício da função judicial, levando-se em consideração os desafios contemporâneos da magistratura, a complexidade crescente das relações sociais, os avanços tecnológicos, a transnacionalidade dos direitos e a necessidade de democratização do Poder Judiciário, bem como desenvolver pesquisas aplicadas sobre o Poder Judiciário relacionadas à eficiência e à efetividade do sistema de justiça.

Website: https://www.enfam.jus.br/

ESCOLA DE CRIMINOLOGIA DA UNIVERSIDADE DO PORTO

Seguindo a tradição europeia e alguns dos melhores modelos internacionais, a Escola de Criminologia (EC) da Universidade do Porto, foi criada como um departamento autónomo da Faculdade de Direito da Universidade do Porto (FDUP) na altura em que esta foi instituída, há perto de trinta anos. Os primeiros anos da EC foram dedicados à preparação dos programas de Doutoramento e de Mestrado em Criminologia. Sensivelmente, dez anos depois, em 2016 teve início o programa de Licenciatura em Criminologia. É na EC que se encontra sediada a Associação Internacional de Criminologia de Língua Portuguesa (AICLP).

No momento atual, o Doutoramento em Criminologia continua a ser o único existente em Portugal, e a Licenciatura em Criminologia, *strictu sensu*, continua também a ser a única de entre as universidades públicas em Portugal. Para além da formação, a EC desenvolve investigação no quadro do seu Centro de Investigação Interdisciplinar sobre Crime, Justiça e Segurança, CJS, em torno de cinco linhas: comportamentos delinquentes e antissociais, História da Criminologia, Justiça e Controlo Social, Segurança e Criminalidade, e Vitimologia. Os seus investigadores mantêm fortes vínculos a redes de investigação internacionais, designadamente a grupos de investigação ancorados na Sociedade Europeia de Criminologia, em cujos órgãos de direção têm participado. A investigação produzida alimenta os cursos de Licenciatura, Mestrado e de Doutoramento e, nas raras vezes, tem respondido a necessidades da comunidade que procura sustento científico para a avaliação de programas de proteção de vítimas, para o desenvolvimento de instrumentos de avaliação de risco, de programas locais de segurança, de programas de intervenção junto de crianças e jovens, bem como também em estudos sobre decisões judiciais relativas a alguns tipos de crime. Desse modo, e procurando sempre responder aos problemas da comunidade com um sistema de conhecimentos multidisciplinares alinhados numa via única, a EC, o CJS e os seus investigadores constituem-se como importantes agentes de contributo da Criminologia para a efetividade da justiça.

Website: https://sigarra.up.pt/fdup/pt/uni_geral.unidade_view?pv_unidade=79

PREFÁCIO

A obra Criminologia e Efetividade da Justiça: Dialéticas de Brasil e Portugal, coordenada pelos Professores Doutores Fabrício Castagna Lunardi, José Neves Cruz e Pedro Sousa, é um dos resultados do Acordo de Cooperação Acadêmica e Científica firmado entre a Escola Nacional de Formação e Aperfeiçoamento de Magistrados (ENFAM) e a Faculdade de Direito da Universidade do Porto – Escola de Criminologia da Universidade do Porto (FDUP), acordo esse que envolve a realização de projetos, programas, grupos de pesquisas, seminários e livros, mobilidade acadêmica entre docentes, discentes e pesquisadores, por meio de publicações científicas, compartilhamento de dados e trocas de experiências, entre outros produtos.

Acredito que hoje não se tem mais dúvidas de que a justiça criminal se encontra em uma encruzilhada. O número de processos existentes extrapola em muito a capacidade da justiça instalada, de modo que, não raro, deparamo-nos com processos que se alongam ao longo do tempo produzindo um resultado, ao final de muitos anos, que não atende nem ao interesse da sociedade nem da vítima e, muitas vezes, nem do próprio acusado.

Ao mesmo tempo, deparamo-nos com uma justiça seletiva em que a realidade mostra que a maioria de nossos presos se encontra nessa situação acusados do cometimento, do que chamo, de crimes "ordinários" (tráfico de drogas, roubos e furtos, homicídios, etc. – 89,76%), crimes esses que têm como principais envolvidos, em boa parte das vezes, até como vítima, a parte mais pobre e desprotegida da população brasileira.

Em dezembro de 2022, dos 648.193 brasileiros recolhidos em celas físicas, quase 54% se declaravam pretos ou pardos, em um aumento de mais de 10 pontos percentuais em relação a 2015. E destes mais de 648 mil brasileiros, apenas cerca de 2% possuíam ensino superior incompleto ou completo. Se incluirmos nesses números aqueles que se encontram em prisão domiciliar, nosso número chegará a mais de 831.000 presos, sendo que cerca de 24% deste total são presos provisórios, ou seja, sem condenação definitiva. Nossa taxa de aprisionamento por cem mil habitantes de 61, em 1990, pulou para 304,10, em 2022.

Não é possível deixar de comentar a estrutura de nosso sistema prisional – 1.400 estabelecimentos penais, com um déficit de 165.582, se considerarmos apenas aqueles recolhidos a celas físicas e, aproximadamente, 300.000 mandados de prisão não cumpridos. Cerca de 33% destes estabelecimentos penais têm estrutura considerada ruim ou péssima; e apenas 26% excelente ou boa.

Tais números demonstram claramente que a política pública escolhida pelo Estado Brasileiro, nos últimos anos, não tem conseguido solucionar, ou ao menos minimizar, o problema da criminalidade. Pelo contrário. Não estaria errado dizer que nossa política tem até incentivado o aumento da criminalidade que assola o Brasil, alimentando, como todos nós sabemos, nos últimos tempos, os exércitos das grandes organizações criminosas que controlam nossas ruas.

Não há nenhuma política pública concreta e eficiente que tenha como objetivo a prevenção do crime e/ou a ressocialização daqueles que com ele se envolveram e foram, correta ou incorretamente, punidos.

E não tenho dúvidas de que não se soluciona a alta criminalidade sem uma justiça efetiva e de que não conseguiremos ter uma justiça efetiva sem um controle maior da criminalidade. São dois problemas que caminham juntos e cujas soluções necessariamente também terão que caminhar juntas.

Nesse contexto, cresce a importância da presente obra, resultado do trabalho de especialistas do Brasil e de Portugal que nos trazem um olhar diverso e multidisciplinar sobre o crime e sobre uma justiça falha, bem como alternativas viáveis para o enfrentamento do primeiro; e a efetividade e o aprimoramento da segunda.

Para termos uma justiça efetiva que cumpra com o seu papel ao mesmo tempo que seja possível implantar políticas públicas que, de forma concreta, enfrentem e diminuam a criminalidade, é necessário conhecermos profundamente o crime e todos os seus componentes (o criminoso, a vítima e suas consequências sociais e econômicas).

No mesmo caminhar, também é necessário sermos apresentados a práticas exitosas não só no combate à criminalidade como na própria atuação do sistema de justiça, em todos os seus aspectos e possibilidades – processo de conhecimento; processo de execução; e meios alternativos de solução de conflitos.

É isso que a presente obra nos possibilita.

Dividida em quatro partes distintas, mas interligadas – A criminalidade e as suas contribuições para analisar criticamente a efetividade da Justiça; Boas práticas de enfrentamento à violência doméstica contra a mulher: Análises de Brasil e Portugal; Boas práticas na execução penal; e, por fim, Justiça Restaurativa, despenalização e avaliação da Política Criminal –, esse livro permitirá ao leitor, ao final, uma compreensão ampla de todos os elementos que integram o crime, o criminoso e a vítima, bem como do atuar da Justiça Penal, com a sugestão de práticas que ultrapassam em muito meras sugestões vazias ou utópicas para uma justiça efetiva.

Boa leitura.

Brasília, Distrito Federal, Brasil, 28 de setembro de 2023.

Sebastião Reis Júnior
Ministro do Superior Tribunal de Justiça, Brasil

SUMÁRIO

PREFÁCIO 9

SUMÁRIO. 13

INTRODUÇÃO 19

PARTE I
A CRIMINOLOGIA E AS SUAS CONTRIBUIÇÕES
PARA ANALISAR CRITICAMENTE A EFETIVIDADE DA JUSTIÇA 27

CAPÍTULO 1
CRIMINOLOGIA E A AVALIAÇÃO SOBRE A EFETIVIDADE
DA JUSTIÇA 29
1. INTRODUÇÃO 29
2. CRIMINOLOGIA – UNIDADE NA MULTIPLICIDADE. 31
3. AVALIAÇÃO SOBRE A EFETIVIDADE DA JUSTIÇA CRIMINAL . . . 33
4. CONSIDERAÇÕES FINAIS 40
REFERÊNCIAS 41

CAPÍTULO 2
COLONIALIDADE, NEOLIBERALISMO E SELETIVIDADE PENAL
NO BRASIL 45
1. INTRODUÇÃO 46
2. COLONIALIDADE, COLONIALISMO E PODER PUNITIVO 48
2.1. Colonização, hierarquização social e poder punitivo. 48
2.2. Justificativas para a colonização: evangelizar e civilizar 50

3. A MODERNIDADE E O APARECIMENTO DA CRIMINOLOGIA ETIOLÓGICA 52
3.1. Mudanças no capitalismo e ajustes ao poder punitivo 54
3.2. A mudança do paradigma etiológico na criminologia 56
4. RAÇA, RACISMO, PRECONCEITO E DISCRIMINAÇÃO 58
4.1. A invenção da raça 58
4.2. O "problema negro" do Brasil 60
4.3. Racismo, preconceito e discriminação 62
5. SUBCIDADANIA E SELETIVIDADE PUNITIVA 64
6. PODER PUNITIVO, RACIONALIDADE NEOLIBERAL E CRIMINALIDADE ENCOBERTA 69
7. CONSIDERAÇÕES FINAIS 74
REFERÊNCIAS 75

CAPÍTULO 3
CAUSAL CONDITIONS OF THE EFFECTIVENESS OF CRIMINAL AND CIVIL JUSTICE IN THE EUROPEAN UNION, OECD, AND BRAZIL 79
1. INTRODUCTION 79
2. EFFECTIVENESS OF CRIMINAL AND CIVIL JUSTICE 82
3. CAUSAL CONDITIONS 86
3.1. Independence of the justice system from interest groups 87
3.2. Transparency in the State 89
3.3. Income inequality 95
3.4. Accessibility to impartial, and effective alternative dispute resolution mechanisms 97
4. METHODOLOGY 98
5. EMPIRICAL STUDY 102
5.1. Models 102
5.2. Research cases 103
5.3. Calibration thresholds 104
5.4. Results 105
6. DISCUSSION 114
7. CONCLUSION 117
APPENDIX 119
REFERENCES 121

PARTE II
BOAS PRÁTICAS DE ENFRENTAMENTO À VIOLÊNCIA DOMÉSTICA CONTRA A MULHER: ANÁLISES DE BRASIL E PORTUGAL 127

CAPÍTULO 1
O ENFRENTAMENTO DA VIOLÊNCIA DOMÉSTICA CONTRA A MULHER: AS BOAS PRÁTICAS NO ÂMBITO DA JUSTIÇA BRASILEIRA . . . 129
1. INTRODUÇÃO . . . 130
2. ARCABOUÇO NORMATIVO DE ENFRENTAMENTO À VIOLÊNCIA DOMÉSTICA . . . 133
3. EXEMPLOS DE BOAS PRÁTICAS DO PODER JUDICIÁRIO BRASILEIRO . . . 140
4. CONSIDERAÇÕES FINAIS . . . 146
REFERÊNCIAS . . . 147

CAPÍTULO 2
JUSTIÇA EM REDE: UMA DISCUSSÃO SOBRE A EFETIVIDADE DO ATENDIMENTO DAS MULHERES NAS MEDIDAS PROTETIVAS DE URGÊNCIA . . . 151
1. INTRODUÇÃO . . . 151
2. MEDIDAS PROTETIVAS DE URGÊNCIA COMO ESTRATÉGIA DE ENFRENTAMENTO À VIOLÊNCIA DOMÉSTICA CONTRA A MULHER: UM ESTUDO EMPÍRICO EM PROCEDIMENTOS JUDICIAIS . . . 155
3. PROCEDIMENTOS DE MEDIDAS PROTETIVAS DE URGÊNCIA E A PERGUNTA PELA MULHER: metodologia feminista e intersecionalidade para uma proteção eficiente . . . 160
4. CONSIDERAÇÕES FINAIS . . . 163
REFERÊNCIAS . . . 164

CAPÍTULO 3
A AVALIAÇÃO DE RISCO NAS FORÇAS DE SEGURANÇA PORTUGUESAS: O CASO PARTICULAR DAS PESSOAS IDOSAS VÍTIMAS DE VIOLÊNCIA DOMÉSTICA. . . . 169
1. INTRODUÇÃO . . . 170
2. AVALIAÇÃO E GESTÃO DE RISCO NAS FORÇAS DE SEGURANÇA: ASPETOS CONCEITUAIS E EVOLUTIVOS. . . . 172
3. AS FORÇAS DE SEGURANÇA PORTUGUESAS. . . . 174
4. A AVALIAÇÃO DE RISCO NAS FORÇAS DE SEGURANÇA PORTUGUESAS . . . 175
4.1. Auto Padronizado de Notícia/Denúncia Padrão para a Violência Doméstica (Anexo A – Avaliação de Risco) . . . 176
4.2. Fichas de Avaliação de Risco – RVD (RVD-1L e RVD-2L) . . . 177

4.2.1. Apreciação das Fichas RVD. 179
4.2.2. Recomendação de reformulação das Fichas RVD 180
5. A AVALIAÇÃO DE RISCO DE VIOLÊNCIA DOMÉSTICA E DE MAUS-TRATOS CONTRA PESSOAS IDOSAS 181
5.1. Contextualização de um instrumento de avaliação de risco específico para pessoas idosas 181
5.2. Desenvolvimento do Assessment Guidelines for Elder Domestic Violence (AGED) 183
5.3. O AGED como proposta de instrumento de avaliação de risco de pessoas idosas 183
5.4. Propriedades psicométricas do AGED. 185
6. CONSIDERAÇÕES FINAIS 187
REFERÊNCIAS 188

PARTE III
BOAS PRÁTICAS NA EXECUÇÃO PENAL: O PAPEL DA COMUNIDADE E DA MAGISTRATURA PARA UM SISTEMA DE JUSTIÇA MAIS HUMANO E EFETIVO 191

CAPÍTULO 1
EXECUÇÃO PENAL NO BRASIL, EXCLUSÃO SOCIAL E RESSOCIALIZAÇÃO: O PAPEL DO CONSELHO DA COMUNIDADE . 193
1. INTRODUÇÃO 194
2. SISTEMA DE JUSTIÇA E EXECUÇÃO PENAL 196
3. SISTEMA PRISIONAL BRASILEIRO EM NÚMEROS 198
4. EXCLUSÃO SOCIAL E CRIMINALIDADE. 200
5. O PAPEL DO CONSELHO DA COMUNIDADE NA EXECUÇÃO PENAL: UM ESTUDO DE CASO 202
5.1. A instituição do Conselho da Comunidade do Macapá: análise jurídico-normativa 202
5.2. O perfil da população carcerária 203
5.3. Projetos e parcerias realizadas pelo Conselho da Comunidade do Macapá 205
5.3.1. O Conselho da Comunidade e a parceria com o Estado do Amapá 205
5.3.2. O Conselho da Comunidade e a parceria com o Município de Macapá 208
5.4. A Atuação e Resultados do Conselho da Comunidade do Macapá . . 210
6. CONSIDERAÇÕES FINAIS 212
REFERÊNCIAS 214

CAPÍTULO 2
DESAFIOS À REDUÇÃO DO ENCARCERAMENTO PROVISÓRIO NO BRASIL: O PAPEL DA MAGISTRATURA PARA UM SISTEMA DE JUSTIÇA MAIS HUMANO E EFETIVO 217
1. INTRODUÇÃO 218
2. DECISÕES JUDICIAIS E ENCARCERAMENTO PROVISÓRIO: CONTEXTUALIZAÇÃO FÁTICA E AVALIAÇÃO CRÍTICA EXTERNA . 220
2.1. O fenômeno do encarceramento provisório em dados 221
2.2. A crítica externa sobre a atuação judicial em relação ao fenômeno do encarceramento provisório no Brasil 225
2.2.1. Rótulos e sujeição criminal: delimitando conceitos. 225
2.2.2. A avaliação crítica dos cientistas sociais à prática judicial penal: segregação étnico-racial por encarceramento 228
2.2.3. Segregação étnico-racial por encarceramento provisório 231
3. A TOMADA DE DECISÃO CAUTELAR PENAL: EXCEPCIONALIDADE E ESFORÇO ARGUMENTATIVO 233
4. CONCLUSÃO. 238
REFERÊNCIAS 239

PARTE IV
JUSTIÇA RESTAURATIVA, DESPENALIZAÇÃO E AVALIAÇÃO DA POLÍTICA CRIMINAL. 243

CAPÍTULO 1
A APLICAÇÃO DA JUSTIÇA RESTAURATIVA EM CRIMES DOLOSOS CONTRA A VIDA: UM CASO PRÁTICO PARA ENRIJECER A TEORIA . . 245
1. INTRODUÇÃO 245
2. ALGUMAS NOTAS SOBRE JUSTIÇA RESTAURATIVA. 247
3. ESTUDO DE CASO 254
3.1. Metodologia 254
3.2. O processo: caso criminal ocorrido em Maringá/PR. 255
3.3. O contexto social e pessoal da vítima e sua família. 257
3.4. A voz da vítima e sua apoiadora 259
3.5. O contexto social do ofensor e sua família. 260
3.6. A voz do ofensor e sua apoiadora 262
4. CONSIDERAÇÕES FINAIS 264
REFERÊNCIAS 266

CAPÍTULO 2
O SONEGADOR NA PRISÃO: JUSTIÇA OU REVANCHISMO DE CLASSE? UM ESTUDO SOBRE A (DES)PENALIZAÇÃO DA SONEGAÇÃO FISCAL NO BRASIL . . . 269
1. INTRODUÇÃO . . . 270
2. (DES)CRIMINALIZAÇÃO E (DES)PENALIZAÇÃO . . . 270
2.1. Distinção . . . 270
2.2. A tentativa de conferir um conceito material de pena . . . 272
3. A SONEGAÇÃO FISCAL E A SUA CRIMINALIZAÇÃO EM PORTUGAL E NO BRASIL . . . 274
4. A CONSTITUIÇÃO E A LEGITIMAÇÃO DA PENALIZAÇÃO (DA SONEGAÇÃO) FISCAL . . . 277
4.1. A "constituição penal" como fonte única de validade da penalização. 277
4.2 .A "sonegação fiscal" e o princípio constitucional da "exclusiva proteção de bens jurídicos" . . . 278
4.3. O princípio constitucional da necessidade da pena . . . 283
5. A (DES)PENALIZAÇÃO DA SONEGAÇÃO FISCAL: UMA ANÁLISE DO ORDENAMENTO BRASILEIRO . . . 286
6. CONCLUSÕES . . . 297
REFERÊNCIAS . . . 298

CAPÍTULO 3
AVALIAÇÃO DA POLÍTICA CRIMINAL: O QUE OS INDICADORES DE REINCIDÊNCIA REVELAM (OU NÃO REVELAM) . . . 301
1. INTRODUÇÃO . . . 301
2. REINCIDÊNCIA E SUAS VÁRIAS ACEPÇÕES NA POLÍTICA CRIMINAL . . . 303
3. O QUE REVELAM (E NÃO REVELAM) OS DADOS ESTATÍSTICOS . 305
4. ESTRATÉGIAS PARA MELHOR MENSURAR, COMPREENDER E PREVENIR A REINCIDÊNCIA . . . 310
5. CONSIDERAÇÕES FINAIS . . . 317
REFERÊNCIAS . . . 318

INTRODUÇÃO

A Criminologia tem como principal propósito o estudo do crime e do comportamento criminal. Preocupa-se, portanto, com as causas e com as condições favoráveis para o cometimento de um crime, com os potenciais e efetivos ofensores, com as suas potenciais e efetivas vítimas. Analisa também a reação social informal e, sobretudo, a reação formal onde se inclui o sistema de justiça.

Assim, a Criminologia, no âmbito da sua abrangente atividade, tem por escopo avaliar as dimensões que contendem com a efetividade da justiça, por exemplo, avaliando como o sistema judiciário responde ao crime e procedendo a avaliações científicas de intervenções no sistema de justiça. Para isso, desenvolve estudos empíricos, recorrendo a metodologias de investigação quantitativas, qualitativas e mistas, crescentemente melhoradas com o aproveitamento de novas tecnologias e técnicas.

No contexto luso-brasileiro, em particular, refletir e debater sobre a efetividade da justiça é praticamente um imperativo social para a Academia, pois é publicamente reconhecido no Brasil e em Portugal que o aumento da qualidade do sistema judicial é um fator-chave de desenvolvimento económico e social e o empenho das instituições e da sociedade civil nesse desiderato. Nesse sentido, os estudos empíricos criminológicos podem ser utilizados para orientar políticas de justiça, a fim de que a Justiça Criminal seja mais efetiva na redução da criminalidade e na proteção das garantias e direitos dos indivíduos.

A fim de dar publicidade às importantes trocas de conhecimentos e pesquisas compartilhadas entre as duas instituições, foi realizado, pela Escola Nacional de Formação e Aperfeiçoamento de Magistrados (ENFAM) e pela Faculdade de Direito da Universidade do Porto (FDUP), o Seminário

Luso-Brasileiro Criminologia e Efetividade da Justiça, nos dias 28 a 30 de setembro de 2022. O evento, organizado pelo Centro de Investigação Interdisciplinar Crime, Justiça e Segurança da Escola de Criminologia da Faculdade de Direito da Universidade do Porto (CJS-FDUP) e pelo Grupo de Pesquisa Gestão, Desempenho e Efetividade da Justiça da Escola Nacional de Formação e Aperfeiçoamento de Magistrados (GEJUD-ENFAM), contou com a participação, como palestrantes e mediadores, de professores e alunos das duas instituições, além de renomado Ministro do Superior Tribunal de Justiça brasileiro e professores convidados que são referência na temática.

Este livro é um desdobramento das investigações científicas que foram expostas no referido seminário internacional, que permitiu importantes debates e reflexões sobre cada tema, constituindo-se em importante produto das investigações científicas realizadas no âmbito das duas instituições e do acordo de cooperação acadêmica e científica.

Nesse sentido, esta obra busca, sobretudo, estabelecer uma ponte entre o conhecimento científico e as pesquisas empíricas, de um lado, e a práxis jurisdicional e a efetividade do sistema de justiça penal, de outro. Assim, da amálgama entre investigação científica e práxis judicial, pretende dar maior aplicabilidade e gerar maior impacto às pesquisas na área de Criminologia e, de outro, buscar profissionalizar a atuação jurisdicional na área penal, a fim de que as políticas judiciárias possam ser orientadas a partir de pesquisas teórico-empíricas e com base em dados.

Dessa forma, o presente livro, intitulado "Criminologia e Efetividade da Justiça: Dialéticas de Brasil e Portugal", tem como objetivo analisar em que medida o conhecimento científico já acumulado pela Criminologia contribui para a melhoria da efetividade da justiça criminal. Para tanto, serão discutidos os desafios metodológicos com que os investigadores se deparam nesta atividade, bem como boas práticas da justiça criminal, de modo a apresentar pesquisas realizadas por professores, investigadores seniores e por graduados pelas duas instituições.

Para atingir o seu objetivo, o livro divide-se em quatro partes: inicialmente, abordam-se a Criminologia e as suas contribuições para uma análise crítica da efetividade da justiça; a Parte II trata das boas práticas de enfrentamento à violência doméstica contra a mulher no Brasil e em Portugal; a terceira parte tem como temática as boas práticas na execução penal, analisando, sobretudo, o papel da magistratura e da comunidade na ressocialização; e a quarta e última parte analisa a justiça restaurativa, a despenalização e a avaliação da política criminal.

A primeira parte é intitulada "A Criminologia e as suas Contribuições para Analisar Criticamente a Efetividade da Justiça".

O seu primeiro capítulo, de autoria de Pedro Sousa, trata do tema Criminologia e a avaliação sobre a efetividade da justiça. Propõe que a Criminologia deve desenvolver estudos sobre fenômeno criminal, os seus agentes (ofensores e vítimas) e a reação social. Nesse tocante, mostra como ela tem acumulado conhecimento especializado e desenvolvido competências na realização das necessárias análises de eficácia e de eficiência da Justiça Criminal.

No segundo capítulo, Carlos Magno Gomes de Oliveira e Marcus Alan de Melo Gomes abordam o tema colonialidade, neoliberalismo e seletividade penal no Brasil. O capítulo tem o objetivo de analisar como o desenvolvimento de um modelo de produção econômica europeu e o ressurgimento do poder punitivo produziram um legado oculto da Era Moderna para várias partes do globo, inclusive para o Brasil. Nesse ínterim, o artigo busca analisar como a ideia de raça e a experiência da escravidão moldaram a hierarquia social brasileira e fizeram surgir no país uma classe subalterna, de onde são oriundos os preferencialmente selecionados pelo poder punitivo. A partir da teoria da colonialidade, do pensamento pós-colonial e decolonial, o capítulo desenvolve reflexões sobre os efeitos desse processo histórico nos dias atuais, buscando estimular o debate que motive uma tomada de atitude em prol da construção de uma sociedade livre, justa e solidária, como forma de resistir ao reducionismo de uma racionalidade econômica hegemonizante que desumaniza e tudo transforma em mercadoria.

A seguir, José Neves Cruz aborda as condições causais da eficácia da justiça penal e civil na União Europeia, OCDE e Brasil. O capítulo tem como objetivo apreender as condições que contribuem para uma maior ou menor eficácia do sistema de justiça. Assim, analisa a influência isolada ou combinada das seguintes condições na eficácia dos sistemas de justiça criminal e civil: (i) independência do sistema de justiça de grupos de interesse; (ii) transparência no Estado; (iii.a) desigualdade económica (modelo de justiça criminal); (iii.b); acessibilidade a mecanismos alternativos de resolução de litígios imparciais e eficazes (modelo de justiça civil). Parte do pressuposto de que a eficácia do sistema de justiça dissuade o cometimento de crimes, pois incrementa o seu custo ao elevar a probabilidade de deteção e punição, e de que um sistema de justiça ineficaz conduz a um sentimento de impunidade. Assim, a partir da Análise Qualitativa Comparativa "fuzzy set", busca identificar as condições necessárias e suficientes para alta ou baixa eficácia dos sistemas de justiça criminal e civil na União Europeia, na OCDE e no Brasil.

A segunda parte da obra é intitulada "Boas Práticas de Enfrentamento à Violência Doméstica contra a Mulher: Análises de Brasil e Portugal".

Adriana Ramos de Mello e Taís de Paula Scheer, no primeiro capítulo, tem o objetivo de analisar o enfrentamento da violência doméstica contra a mulher e as boas práticas no âmbito da justiça brasileira. Após traçar um panorama sobre as boas práticas no Poder Judiciário brasileiro em relação à violência doméstica contra as mulheres, analisa, a partir de dados, o fenômeno que vem ceifando a vida de várias mulheres no Brasil e no mundo. Nesse tocante, mostra como os estereótipos e o preconceito de gênero têm prejudicado as mulheres no direito de acesso à justiça, o que levou o CNJ a editar várias resoluções instituindo a Política Nacional para o Enfrentamento à Violência contra a Mulher, o Protocolo Brasileiro para Julgamento com Perspectiva de Gênero e a Obrigatoriedade de Capacitação em Gênero, Raça/Etnia e Direitos Humanos. O capítulo também mostra outras iniciativas criadas pelo Judiciário brasileiro, através de projetos institucionais e da implantação de boas práticas, para aproximar e atender de forma humanizada as mulheres vítimas de violência.

A seguir, Marcela Santana Lobo trata da Justiça em Rede, no Brasil, como medida de efetividade do atendimento das mulheres nas medidas protetivas de urgência. A partir de uma perspectiva interseccional, a autora busca investigar como as mulheres solicitantes de medidas protetivas foram individualizadas nos autos processuais e se os fatores de risco registrados impactaram na análise judicial dos requerimentos formulados, bem como se seus direitos à participação processual e assistência jurídica foram resguardados. Com base em pesquisa exploratória, o capítulo analisa procedimentos de medidas protetivas de urgência que tramitaram em duas unidades judiciais do Tribunal de Justiça do Maranhão (Brasil) em 2019. Ao final, a pesquisa apresenta como resultado a invisibilidade dos dados raciais e dados de classe, bem como a ausência de uma efetiva assistência jurídica à mulher em situação de violência doméstica, evidenciando a relevância da formulação de políticas judiciais que contemplem uma efetivação dos direitos fundamentais das mulheres.

No último capítulo da segunda parte, Sara Cardoso, Jorge Quintas e Rosa Saavedra abordam a avaliação de risco nas forças de segurança portuguesas, analisando o caso particular das pessoas idosas vítimas de violência doméstica. No capítulo, há o objetivo de investigar os instrumentos de avaliação de risco aplicados pelas forças de segurança portuguesas desde 2006, ano da primeira fase de avaliação de risco por parte da Polícia de Segurança Pública (PSP) e da Guarda Nacional Republicana (GNR). Ao constatar a existência de instrumentos generalistas, aplicáveis a todas as vítimas de violência doméstica, os autores entendem que é possível dotar as forças de segurança de um modelo de avaliação de risco específico para pessoas idosas vítimas. Com base nisso, o capítulo apresenta uma proposta de instrumento único de avaliação de risco de violência doméstica e de maus-tratos contra pessoas idosas: o *Assessment Guidelines for Elder Domestic Violence* (AGED), cujos resultados de validação têm demonstrado que este é um instrumento relevante no futuro da avaliação de risco de violência contra pessoas idosas.

A parte III da obra trata das "Boas Práticas na Execução Penal", a partir da análise do "papel da comunidade e da magistratura para um sistema de justiça mais humano e efetivo".

João Teixeira de Matos Júnior, Fabrício Castagna Lunardi e Pedro Miguel Alves Ribeiro Correia, no primeiro capítulo, analisam a execução penal no brasil, a exclusão social e a ressocialização, buscando investigar empiricamente o papel do conselho da comunidade. Após a abordagem teórica, o capítulo traz estudo de caso, com pesquisa jurídico-descritiva e pesquisa documental acerca da atuação do Conselho da Comunidade da Comarca de Macapá para redução da exclusão social e reintegração da pessoa oriunda do sistema prisional à sociedade. No capítulo, foram analisadas as parcerias existentes entre o Conselho da Comunidade da Comarca de Macapá, o Estado do Amapá e o Município de Macapá, as quais se materializam por meio de Convênios que possibilitam capacitação profissional, atividade laboral e acompanhamento psicossocial dos participantes.

O capítulo seguinte trata dos desafios à redução do encarceramento provisório no Brasil, com foco no papel da magistratura para um sistema de justiça mais humano e efetivo. As autoras, Rosimeire Ventura Leite e Fátima Aurora Guedes Afonso Archangelo, abordam o fenômeno do encarceramento provisório no Brasil, enfatizando os contornos massivo e seletivo, bem como o papel de magistrados e magistradas na consolidação de um sistema de justiça penal mais humano e efetivo no que tange às prisões cautelares. A pesquisa, com base em dados empíricos e revisão bibliográfica, busca alinhar a criminologia crítica à concepção humanista do processo penal. Ao final, propõe que a tomada de decisão cautelar reserve a custódia preventiva para as hipóteses legais excepcionais e se revista de caráter político em necessário esforço argumentativo.

A quarta e última parte trata da "Justiça Restaurativa, Despenalização e Avaliação da Política Criminal".

No primeiro capítulo, Claudio Camargo dos Santos aborda a aplicação da justiça restaurativa em crimes dolosos contra a vida, com base em um estudo de caso. Tem o objetivo de analisar como a justiça restaurativa pode contribuir para que pessoas afetadas pelo crime dialoguem sobre o ocorrido, buscando analisar seus motivos e chegar a uma compreensão que impeça o recrudescimento da violência, auxiliando-os a superarem traumas decorrentes do fato. A pesquisa empírica foi realizada por meio de entrevistas com dois personagens de caso ocorrido em Maringá/PR/Brasil que participaram de práticas restaurativas após um deles ser condenado pelo Tribunal do Júri porque atentou contra a vida do outro. No capítulo, o autor conclui que que há formas de responsabilização de infratores, resolução de conflitos e superação de traumas que não são utilizadas no sistema de justiça penal brasileiro, calcado no paradigma punitivo.

O capítulo seguinte traz um estudo sobre a (des)penalização da sonegação fiscal no Brasil. Os autores, Fernando Braga Damasceno e Matheus Andrade Braga, buscam, inicialmente, analisar o analisar o tratamento conferido pelo ordenamento jurídico brasileiro ao crime de sonegação fiscal, a fim de compreender a sua legitimação constitucional e a sua compatibilidade no âmbito de um Estado Democrático e de Direito. O capítulo análise criticamente a (in)existência de respaldo constitucional para a previsão de pena privativa de liberdade relativamente à prática de sonegação fiscal e o tratamento legislativo conferido à sonegação fiscal no Brasil, sobretudo em comparação ao tratamento atribuído a outros crimes análogos. Por fim, analisa se sentido em afirmar que a Constituição impõe o dever de uso da pena de prisão para (ao menos) as formas mais graves de sonegação fiscal.

No último capítulo, Taís Schilling Ferraz analisa a avaliação da política criminal a partir do que os indicadores de reincidência penal revelam (ou não revelam). O capítulo tem o objetivo de investigar o que evidenciam os diferentes dados estatísticos sobre reincidência no Brasil, em que medida eles são suficientes para uma adequada avaliação da política criminal e apontar para possíveis estratégias que poderiam ser adotadas para uma melhor compreensão do fenômeno. O estudo apresenta o que os dados sobre reincidência têm sido capazes de revelar sobre o fenômeno e sobre a efetividade da política criminal. Por fim, busca apresentar algumas propostas para melhor monitoramento, compreensão e possível prevenção da reincidência.

Desejamos a todos uma ótima leitura e excelentes reflexões, bem como que as pesquisas expostas possam auxiliar em uma análise crítica e na transformação da realidade.

Brasília/Brasil, Porto/Portugal, setembro de 2023.

Fabrício Castagna Lunardi
José Neves Cruz
Pedro Sousa
Coordenadores

PARTE I
A CRIMINOLOGIA E AS SUAS CONTRIBUIÇÕES PARA ANALISAR CRITICAMENTE A EFETIVIDADE DA JUSTIÇA

CAPÍTULO 1
CRIMINOLOGIA E A AVALIAÇÃO SOBRE A EFETIVIDADE DA JUSTIÇA

Pedro Sousa[1]

SUMÁRIO
1 Introdução. 2 Criminologia – Unidade na multiplicidade. 3 Avaliação sobre a efetividade da justiça criminal. 4 Considerações finais. Referências.

1 INTRODUÇÃO

De acordo com Queiroz (2000)[2], em sentido objetivo, 'justiça' indica a situação na qual todos e cada um dos membros da sociedade possuem aquilo que se convencionou chamar de 'direito' e que hoje designa o ponto de equilíbrio entre duas ou mais pessoas numa relação de alteridade, isto é, numa relação

[1] Professor Auxiliar da Faculdade de Direito e da Escola de Criminologia da Universidade do Porto, Portugal. É Diretor da Escola de Criminologia. Doutor em Economia, desenvolve investigação no Centro de Investigação Interdisciplinar sobre Crime, Justiça e Segurança (CJS), de que é membro integrado, e ainda no Centro de Investigação Jurídica (CIJ) da FDUP. Tem privilegiado trabalhos científicos relacionados com a avaliação de programas de intervenção no Sistema de Justiça, Violência doméstica, Crimes de colarinho branco, crime organizado e redes criminais.

[2] QUEIROZ, Cristina. Introdução ao Direito. Porto: Faculdade de Direito da Universidade do Porto. 2000. URL: https://hdl.handle.net/10216/83586

em que se reconhece a individualidade e especificidades do outro ou dos outros. "O direito desenha entre as pessoas uma linha ideal de demarcação que tem por objeto determinar de modo tão exato quanto possível o que é de cada um, o que pertence a cada um." (Queiroz, 2000, p. 36)[3]. E para esse equilíbrio, é preciso que a lei estabeleça incentivos que claramente conduzam à internalização de externalidades positivas e negativas pelos agentes que as produzem no exercício das suas atividades correntes.

A lei é um dos processos da criação do direito, sendo sua essência a orientação de comportamentos. Em algumas situações, devidamente tipificadas, as orientações vêm acompanhadas de penas a ser aplicadas a quem viola aquelas orientações e prejudica a realização do direito produzindo dano[4].

Se a lei é caminho para o direito e para a justiça serem respeitadas, alterações que sejam preconizadas sobre a lei, modificações sobre a forma como é aplicada ou quaisquer outras intervenções sobre o sistema de justiça podem conduzir a ajustamentos no estado de direito com repercussões sobre a efetividade da justiça que importa avaliar por recurso a uma análise de eficácia e a uma análise de eficiência, desejavelmente complementares uma da outra. Dado o âmbito do presente capítulo, iremos concentrar a nossa atenção no sistema de justiça criminal e na Criminologia como o domínio de conhecimento científico especialmente habilitado para avaliar os efeitos sobre a efetividade da justiça que possam decorrer de alterações preconizadas sobre a lei penal ou sobre a sua aplicação por parte dos tribunais ou em virtude da implementação de algum programa de intervenção.

Após esta breve introdução, apresenta-se a área de conhecimento científico da Criminologia (secção 2) e explica-se como a avaliação sobre a efetividade da justiça é realizada por via de uma análise de eficácia e por via de uma análise de eficiência (secção 3). Antes das referências bibliográficas, apresentam-se breves considerações finais.

[3] *Idem.*

[4] Por força da atenção dada à Criminologia neste capítulo, atende-se aqui sobretudo ao sistema de justiça criminal.

2 CRIMINOLOGIA – UNIDADE NA MULTIPLICIDADE

'Criminologia', enquanto termo, foi utilizado, de modo percursor, por Paul Topinard (1830-1911), e foi construído inicialmente em termos académicos por Raffaele Garofalo (1851-1934) na sua obra "Criminologia: Studio sul Delitto, Sulle sue Cause e sui Mezzi de Repressione" publicada em Turim, Itália (Newburn, 2017, p.4 [5]). Na sua manifestação moderna, segundo Garland (2002), a Criminologia é o resultado de duas abordagens de trabalho que foram avançando separadas: por um lado, um projeto que procurava identificar os fatores individuais, sociais e contextuais associados ao cometimento de crimes, na esteira de trabalhos de Lombroso (1835-1909) e, por outro lado, um projeto mais voltado para a *governance*, assente em estudos empíricos sobre a administração da Justiça, o funcionamento das prisões, das forças policiais, e a medição da criminalidade. No decurso do século XX e até ao momento, estas duas abordagens têm vindo, gradualmente, a aproximar-se.

O compromisso com uma definição única e definitiva de Criminologia é muito difícil, mas podemos arriscar a tomar as palavras de Sutherland (1937 cit. in Newburn, 2017[6]) para a definir como o estudo do crime, de quem comete o crime, e do sistema de justiça criminal, e para lhe acrescentar também o estudo de potenciais autores do crime, das efetivas e potenciais vítimas, do contexto em que o crime é cometido, e da reação social ao fenómeno. Deste modo, é uma ciência social que procura identificar fatores favoráveis, ou mesmo preditores, do cometimento de crimes, com vista a se desenhar programas de prevenção da criminalidade. Procura compreender como a reinserção social, após reclusão, deve ocorrer. Procura perceber se a aplicação da lei, por exemplo, a nível dos tribunais, respeita o que está legalmente previsto e não deixa espaço à manifestação concreta de estereótipos.

Para estudar esta variedade de objetos, a Criminologia reúne um sistema de contributos de áreas científicas multidisciplinares que alimentam a investigação (e.g. psicologia, biologia, antropologia, sociologia, economia e direito), e de métodos a que recorre (Miller, 2009), pois mais do que uma única área

[5] NEWBURN, Tim. **Criminology**. 3.ª Edição. New York: Routledge. 2017.

[6] *Idem.*

científica e um método são necessários para explicar o cometimento de crimes, a proteção face a tais fenómenos, e a reação social aos mesmos.

Por isso, a Criminologia define-se como um grande domínio *unitas multiplex* (Agra, 2018)[7] que articula a unidade e a diversidade. "É um sistema de pensamento complexo composto por uma enorme dispersão de teorias, de conceitos, de enunciados, de objetos de estudo, de práticas, muitas vezes opostas e contraditórias" (Agra, 2018, p. 22)[8], mas que não se afasta da unidade proporcionada pelo sistema de pensamento criminológico e que tem possibilitado a crescente autonomização do domínio de conhecimento científico investigado e retribuído à comunidade na forma de propostas de intervenção sobre indivíduos – ofensores e vítimas –, entidades e contextos, cientificamente suportadas, e, por essa via, contribuindo para a efetividade da justiça. A autonomização do domínio também tem acontecido a nível de formação de nível superior, com o aparecimento de cursos de graduação (licenciatura) e de pós-graduação (mestrado e doutoramento), num grande número de países. O trabalho de criminólogos é discutido em grandes conferências internacionais, organizadas por sociedades científicas como a *American Society of Criminology* e a *European Society of Criminology*. O trabalho é publicado num número crescente de publicações internacionais com credibilidade e legitimidade científica conferidas pelo recurso habitual ao sistema de *double-blind referee*, sendo crescente a concorrência de estudos realizados com cada vez maior qualidade e respeito pelo método científico. E "*as long as [Criminology] continues to be rigorous in methods, interdisciplinary in approach, and guided by a commitment to justice, it will flourish and continue its emergence as a vital scientific enterprise.*" (Wellford, 2009, p. 17)[9].

Por tudo isso, tem sido crescente a consciencialização de que as decisões políticas, entre elas as que contendem com o sistema de segurança e com o sistema de justiça criminal, deverão estar ancoradas em conhecimento científico

[7] AGRA, Cândido. Elementos para um programa de criminologia integrativa: ação, comunicação e unitas multiplex. In AGRA, Cândido e GOMES, Marcus Alan (Org.). **Criminologia Integrativa: Contributos para uma Comunidade Criminológica de Língua Portuguesa**. Belo Horizonte: Editora D'Plácido, 2018. p. 13-24.

[8] *Idem*.

[9] WELLFORD, Charles. History and Evolution of Criminology. In J. Mitchell Miller (Org.), **21st Century Criminology – A Reference Handbook**. Thousand Oaks: Sage, 2009, p. 10-17.

e, designadamente, em estudos realizados pela Criminologia (Clear e Frost, 2009)[10].

3 AVALIAÇÃO SOBRE A EFETIVIDADE DA JUSTIÇA CRIMINAL

A análise da efetividade da justiça criminal remete-nos para um exercício em que se aprecia a qualidade da lei penal e de suas alterações, bem como da sua aplicação, incluindo-se neste último, os programas especialmente concebidos para intervenção no sistema de justiça, por via de uma análise de eficácia e de uma análise de eficiência, desejavelmente complementares entre si.

A análise de eficácia de uma alteração de um normativo, designadamente em matéria penal, ou de um procedimento ou programa que vise potenciar a melhor aplicação da lei, consiste em comparar os seus resultados esperados com os objetivos e metas previamente fixados. Inscrevem-se neste âmbito estudos em que se procura investigar se a criminalização de determinado comportamento pode dissuadir e se, para comportamentos já criminalizados, a redução do número de episódios desses crimes é conseguida com o aumento da severidade da sanção (e.g., Nagin, 2013[11]; Nagin, Cullen, e Jonson, C. (2018)[12]; Raskolnikov, 2020[13]), com o aumento da celeridade e da certeza com que a punição é aplicada (e.g., Nagin e Pogarsky, 2001[14]), ou ainda com formas alternativas de promover a conformidade com a lei (e.g., no caso

[10] CLEAR, Todd, and FROST, Natasha. Criminology and Public Policy. In J. Mitchell Miller (Org.), **21st Century Criminology – A Reference Handbook**. Thousand Oaks: Sage, 2009, p. 18-26.

[11] NAGIN, Daniel S. Deterrence: a review of the evidence by a criminologist for economists. **Annual Review of Economics**, v. 5, p. 83–105. 2013.

[12] NAGIN, Daniel, CULLEN, Francis, e JONSON, Cheryl. **Deterrence, choice, and crime: Contemporary perspectives.** ***Advances in Criminological Theory***, 23. New York: Routledge. 2018.

[13] RASKOLNIKOV, Alex. Criminal deterrence: A review of the missing literature. **Supreme Court Economic Review**, v. 28, n. 1, p. 1-59. 2020.

[14] NAGIN, Daniel, e POGARSKY, GREG. Integrating celerity, impulsivity, and extralegal sanction threats into a model of general deterrence: Theory and evidence. **Criminology**, v. 39, p. 865-891. 2001.

tributário, Wilks, Cruz, e Sousa, 2019[15]). Incluem-se também, entre outros, estudos sobre o modo como as autoridades devem proceder para que o cidadão compreenda melhor a amplitude da sanção formal prevista na lei (e.g., Apel, 2013[16]), bem como estudos sobre a eficácia de certo tipo de estratégias de policiamento (e.g., Braga, 2005[17]; Weisburd, Wilson, Petersen, e Telep, 2023[18]). Integram-se igualmente nesta corrente de exemplos de estudos de eficácia os que se concentram sobre o impacto da criação de tribunais especializados sobre o processo de decisão judicial (e.g., Cissner, Labriola, e Rempel, 2015[19]), sobre a avaliação de programas desenhados com vista a proteger vítimas de certos tipo de crimes (e.g., Quintas e Sousa, 2018[20]), sobre a reincidência e sobre a revitimização (e.g., Golestani, Owens, e Raissian, 2021[21]) e os que atentam sobre a eficácia da aplicação de sanções alternativas à prisão (e.g., Kury, 2016[22]). Na análise da eficácia do sistema de justiça criminal caberão, também e finalmente, estudos sobre a qualidade das decisões judiciais, colocando-se a questão de saber se aquelas se encontram significativamente associadas apenas a considerações especificadas na lei ou se fatores de natureza extralegal

[15] WILKS, Daniela, CRUZ, José, e SOUSA, Pedro. 'Please give me an invoice': VAT evasion and the Portuguese tax lottery. **International Journal of Sociology and Social Policy**, v. 39, n. 5/6, p. 412-426. 2019.

[16] APEL, Robert. Sanctions, perceptions, and crime: Implications for criminal deterrence. **Journal of Quantitative Criminology**, v. 29, n.1, p. 67–101. 2013.

[17] BRAGA, Anthony A. Hot Spots Policing and Crime Prevention: A Systematic Review of Randomized Controlled Trials. **Journal of Experimental Criminology**, v. 1, n. 3, p. 317–342. 2005.

[18] WEISBURD, DAVID, WILSON, David, PETERSEN, Kevin, e TELEO, Cody. Does police patrol in large areas prevent crime? Revisiting the Kansas City Preventive Patrol Experiment. **Criminology & Public Policy**, v. 22, p. 543-560. 2023.

[19] CISSNER, Amanda, LABRIOLA, Melissa, e REMPEL, Michael. Domestic violence courts: A multisite test of whether and how they change offender outcomes. **Violence Against Women**, v. 21, n. 9, p. 1102-1122. 2015.

[20] QUINTAS, Jorge, e SOUSA, Pedro. **Avaliação Científica do Programa 'Um Passo Mais'**. Porto: Escola de Criminologia da FDUP, 2018.

[21] GOLESTANI, Aria, OWENS, Emily, e RAISSIAN, Kerri (2021). Specialization in Criminal Courts: Decision Making, Recidivism, and Re-victimization in Domestic Violence Courts in Tennessee. 2021. http://dx.doi.org/10.2139/ssrn.3923832

[22] KURY, Helmut. Mediation, restorative justice and social reintegration of offenders: The effects of alternative sanctions on punishment. In: KURY, Helmut, REDO, Slawomir, e EVELYN, Shea (Org.). **Women and Children as Victims and Offenders: Background, Prevention, Reintegration**. Vol. 2. Springer, 2016. p. 249-282.

aparecem associadas às decisões dos tribunais (e.g., Helms e Jacobs, 2002[23]; Bontrager, Barrick, e Stupi, 2013[24]; Agra, Quintas, Sousa e Leite, 2015[25]; Quintas, Sousa e Girão, 2022[26]).

No essencial, na análise de eficácia, procura-se responder a uma questão fundamental: *What works?* (e.g., Przybylski, 2008[27]; Fagan e Buchanan, 2016 [28], Weisburd, Farrington e Gill, 2017 [29], Piza, Welsh, Farrington, e Thomas, 2019 [30]).

A avaliação dos efeitos sobre a efetividade da lei que possam decorrer da alteração da lei, da sua aplicação ou de qualquer intervenção no sistema de justiça criminal, envolve adicionalmente a realização de uma análise de eficiência à alteração pensada para a lei ou a um programa de intervenção no sistema de justiça criminal, pois a concretização destes implica o dispêndio de recursos escassos que admitem utilizações alternativas. O termo 'eficiência' tem que ver exatamente com a preocupação de os recursos escassos serem aplicados na alternativa que permita extrair o maior retorno líquido de cada unidade monetária despendida ou de cada hora de esforço humano utilizada na intervenção no sistema de justiça ou exigidos em virtude da alteração do

[23] HELMS, Ronald, e JACOBS, David. The political context of sentencing: An analysis of community and individual determinants. **Social Forces**, v. 81, n. 2, p. 577-604. 2002.

[24] BONTRAGER, Stephanie, BARRICK, Kelle, e STUPI, Elizabeth. Gender and sentencing: Meta-analysis of contemporary research. **Journal of Gender, Race & Justice**, v. 16, n. 2, p. 349-372. 2013.

[25] AGRA, Cândido, QUINTAS, Jorge, SOUSA, Pedro, e LAMAS LEITE, André. **Homicídios Conjugais – Estudo Avaliativo das Decisões Judiciais**. Lisboa: CIG, Comissão para a Cidadania e Igualdade de Género, 2015.

[26] QUINTAS, Jorge, SOUSA, Pedro, e GIRÃO, Carolina. **As Respostas Judiciais na Criminalidade de Género**. Coimbra: Almedina, 2022.

[27] PRYBYLSKI, Roger. **What Works: Effective Recidivism Reduction and Risk-Focused Prevention Programs. A Compendium of Evidence-Based Options for Preventing New and Persistent Criminal Behavior**. Colorado: Colorado Division of Criminal Justice. 2008.

[28] FAGAN, Abigail, e BUCHANAN, Molly. What works in crime prevention? **Criminology & Public Policy**. v. 15, n. 3, p. 617-649. 2016.

[29] WEISBURD, David, FARRINGTON, David, e GILL, Charlotte. What works in crime prevention and rehabilitation – An Assessment of Systematic Reviews. **Criminology & Public Policy**, v. 16, n. 2, p. 415-449. 2017.

[30] PIZA, Eric, WELSH, Brandon, FARRINGTON, David, e THOMAS, Amanda. CCTV surveillance for crime prevention. **Criminology & Public Policy**, v. 18, n. 1, p. 135-159. 2019.

normativo (e.g., Dhiri e Brand, 1999[31]; Dossetor, 2011[32]; Gorden e Buchanan, 2013[33]). Apesar de ser menos comum do que a análise de eficácia, talvez em virtude da acrescida complexidade metodológica envolvida, a avaliação de eficiência tem sido crescentemente adotada, mesmo fora do âmbito penal, com objetivos de medição de impacto legislativo ou regulatório, por força da promoção exercida por organismos internacionais[34].

Qualquer alteração da lei penal ou uma qualquer intervenção no sistema de justiça, por exemplo, por via de um programa focado na prevenção da reincidência ou da revitimização, provoca custos de ajustamento de comportamentos e de práticas, para além dos custos decorrentes da sua implementação. Pelo lado positivo, serão expectáveis benefícios decorrentes da maior celeridade processual que possa resultar da alteração normativa, da maior qualidade jurídica, e da menor reincidência e revitimização. Uma adequada análise de eficiência, que promova a confiança numa alteração normativa ou num programa de intervenção no sistema de justiça, exige a mais perfeita identificação de todos os custos e benefícios envolvidos, bem como a sua correta tradução em termos monetários (Welsh, Farrington e Sherman, 2001[35]). Como a realização de alguns destes custos e benefícios são dispersos ao longo tempo, é necessário atualizar, para o momento presente (em que se faça a análise de eficiência), os valores daquelas grandezas fazendo uso de recursos de matemática financeira. Acresce relevar, também, que a intangibilidade de algumas das grandezas requer que se utilizem algumas metodologias especiais de estimação, que, ainda neste capítulo e em síntese, serão enunciadas.

[31] DHIRI, Sanjay e BRAND, Sam. **Analysis of Costs and Benefits: Guidance for Evaluators.** Research, Development and Statistics Directorate, Home Office. 1999.

[32] DOSSETOR, Kym. **Cost-benefit Analysis and Its Application to Crime Prevention and Criminal Justice Research**. Australian Institute of Criminology. 2011.

[33] GORDEN, Caroline, eBUCHANAN, Julian. A systematic literature review of doorstep crime: Are the crime-prevention strategies more harmful than the crime? **The Howard Journal of Criminal Justice**, v. 52, n. 5, p. 498-515. 2013.

[34] A avaliação de impacto regulatório (regulatory impact assessment) tem-se disseminado em muitos Estados, sob proposta da OCDE (https://www.oecd.org/governance/regulatory-policy/ria-tool-for-policy-coherence.htm), bem como na Europa, por via de decisões da Comissão Europeia (https://commission.europa.eu/law/law-making-process/planning-and-proposing-law/impact-assessments_en), visando uma melhor produção legislativa.

[35] WELSH, Brandon, FARRINGTON, David, e SHERMAN, Lawrence. **Costs and Benefits of Preventing Crime**. Colorado: WestView, 2001.

No caso concreto da análise de eficiência de um programa de prevenção da criminalidade, é especialmente interessante a forma como são estimados os seus benefícios pois estes correspondem aos custos, indiretos e diretos, dos delitos que se espera venham a ser evitados (e.g., Brand e Price, 2000[36]; Czabanski, 2010[37]; Martinho, Ferreira, e Sousa, 2013[38]; Robert e Godefroy, 1978[39]; Sousa, 2017[40]). Os custos indiretos encontram-se difusamente distribuídos pelos vários crimes e decorrem da existência e do funcionamento de um dispositivo de segurança e de justiça, igualmente disponíveis para toda a comunidade, bem como estão associados ao contexto de maior ou menor insegurança que a presença de crime causa à sociedade. Estes encargos recaem sobre todos os cidadãos independentemente de serem ou não vítimas (Anderson, 1999[41]) por via do pagamento acrescido de impostos ou por conviverem com contextos socioeconómicos mais desfavorecidos, mais prováveis em zonas afetadas por criminalidade mais prevalente. Menos difusos são os custos diretos, i.e., custos diretamente relacionados com um crime específico sobre o qual se centra a atenção. Para a determinação dos custos diretos de um certo tipo de crime, a metodologia mais consensual na literatura é a proposta por Davidson (1999)[42], em que se divide os custos em três grandes categorias: custos de antecipação do crime, custos de consequência, e custos de resposta ao crime. A primeira categoria compreende todos os encargos suportados com estratégias seguidas para reduzir o risco de vitimização, com os comportamentos de evitamento, com a compra de dispositivos de proteção

[36] BRAND, Sam; e PRICE, Richard. ***The economic and social costs of crime***. London: Home Office, 2000.

[37] CZABAŃSKI, Jacek. **Estimates of cost of Crime: History, Methodologies, and implications**. Berlim: Springer, 2010.

[38] MARTINHO, Rita; FERREIRA, Fernando; e SOUSA, Pedro. A Análise de Custo-Benefício e a sua Aplicação aos Programas de Prevenção do Crime. ***Revista da Faculdade de Direito da Universidade do Porto (RFDUP)***, Nº X, p. 313-337, 2013.

[39] ROBERT, Philippe, e GODEFROY, Thierry. **Le cout du crime ou l'economie poursuivant le crime**. Genevè: Masson – Médicine et Hygiène. 1978.

[40] SOUSA, Pedro. Quanto custa o crime? Considerações metodológicas na estimação monetária do valor do dano. In **XX Estudos Comemorativos dos 20 Anos da FDUP**, Vol. II. Coimbra: Livraria Almedina. p. 565-584. 2017.

[41] ANDERSON, David. The aggregate burden of crime. ***Journal of Law and Economics***, v. 42, n.2, p. 611-642. 1999.

[42] DAVIDSON, Dr N. (1999, *Apud* BRAND, S. e PRICE, R., 2000, *op. cit.*).

passiva, entre outros. A segunda categoria envolve tudo quanto resulta como consequência: valor da propriedade privada retirada ou danificada, perdas de produtividade das vítimas, despesas com tratamentos médicos, custos de serviços de apoio à vítima, custos intangíveis relacionados com perda de qualidade de vida, entre outros. Finalmente, no que respeita à terceira categoria, são nela englobados os custos das entidades do sistema de segurança e do sistema de justiça.

Alguns dos custos diretos são de natureza intangível, i.e., abrangem dimensões não transacionadas no mercado e, por isso, não são diretamente convertidas em moeda. É o caso do valor do medo do crime (Dolan e Peasgood, 2007[43]). Para estimar os custos intangíveis, é comum recorrer-se a algumas abordagens entre si complementares: técnicas de estimação da disponibilidade para pagar (*willingness-to-pay*) que envolvem o método das preferências reveladas (e modelos hedónicos) e o método das preferências declaradas; técnicas de obtenção de estimativas de disponibilidade dos indivíduos para aceitar receber uma compensação por danos do crime de que se tenha sido vítima (*willingness-to-accept*); técnicas das estimativas por analogia; e técnicas de estimação por medidas de qualidade de vida (QALY) (Dolan, Loomes, Peasgood, e Tsuchiya, 2005[44]; Sousa, 2017[45]).

Tanto a análise de eficácia como a análise de eficiência recorrem a previsões sobre comportamentos futuros. Por exemplo, para efeitos de análise de eficácia e de análise de eficiência de um programa de prevenção da criminalidade é importante compreender como reagirão os potenciais autores a um aumento da punição legalmente prevista. É na Criminologia, em conhecimentos historicamente acumulados bem como em novas abordagens, que se encontram os instrumentos de medida para se construir previsões sobre os comportamentos. Ao sistema explicativo da reação dos potenciais autores a uma alteração na punição fixada legalmente para algum tipo de comportamento delinquente, constituído pela tríade – severidade, certeza e celeridade

[43] DOLAN, Paul, e PEASGOOD, Tessa. Estimating the economic and social costs of the fear of crime. ***British Journal of Criminology***, v. 47, p. 121-132. 2007.
[44] DOLAN, Paul, LOOMES, Graham, PEASGOOD, Tessa, e TSUCHIYA, Aki. Estimating the intangible victim costs of violent crime. ***British Journal of Criminology***, v. 31, p. 958-976. 2005.
[45] *Op cit.*

(Apel e Nagin, 2014[46]) –, é preciso juntar os ganhos de qualidade na avaliação quando se passa a considerar que a reação dos potenciais autores deve ser estudada num quadro de interação com agentes de autoridade e quando se tem em conta que uma parte importante dos delitos são cometidos por grupos de crime organizado. Estes elementos trazidos à discussão são incorporados na avaliação sobre a efetividade da justiça pela Criminologia ao aplicar o que se sabe da Teoria de Jogos (e.g., Sousa, 2013[47]) e o que se sabe de Análise de Redes Criminais (e.g., Morselli, 2009[48]; Sousa, 2019[49]). Ao modelizar a interação existente entre o potencial autor do delito e as autoridades, a Teoria de Jogos fornece-nos um instrumento de apreciação da reação mais provável do autor face às expectativas que o próprio constrói relativamente à forma como as autoridades monitorizam comportamentos e como aplicam a lei. Quanto à análise de redes criminais, ao possibilitar uma melhor compreensão sobre o modo como um grupo de potenciais autores está estruturado e como reagirá a alterações da lei e das autoridades, permite que a análise de efetividade da justiça seja mais certa.

Por último, é importante integrar na análise da efetividade da justiça o novo contexto em que os delitos crescentemente têm lugar. A cibercriminalidade, enquanto conjunto de ações criminosas ou facilitadoras do cometimento de crimes, que aproveitam de equipamentos e de aplicações informáticas, frequentemente baseadas em sistemas de rede mais ou menos ocultos (Internet, *Dark web*, *Deep web*), tem vindo a assumir uma importância crescente quer na investigação criminal e na atenção dada pelas autoridades, quer também na investigação científica na Criminologia (e.g., Holt e Bossler, 2014[50]; Guedes e

[46] APEL, Robert, e NAGIN, Daniel S. Deterrence. In: 998-1005. BRUINSMA, Gerben e WEISBURD, David (Org.). **Encyclopedia of Criminology and Criminal Justice.** Amsterdam: Springer. 2014. p. 998-1005.

[47] SOUSA, Pedro. Contributos da Economia e da Teoria dos Jogos para a Discussão sobre a Prevenção da Evasão Fiscal. In TEIXEIRA, Glória (ed.), **III Congresso de Direito Fiscal**, Almedina Editora, 2013. p. 433-454.

[48] MORSELLI, Carlo. **Inside Criminal Networks.** New York: Springer. 2009.

[49] SOUSA, Pedro. Análise de Redes de Crime Organizado. **Investigação Criminal, Ciências Criminais e Forenses – IC3F**, n. 4, 2019. p. 43-61.

[50] HOLT, Tomas e BOSSLER, Adam. An assessment of the current state of cybercrime scholarship. **Deviant Behavior**, v. 35, n. 1, p. 20-40. 2014.

Gomes, 2021[51]). Assim, a análise de efetividade do sistema de justiça beneficia do contributo da Criminologia na inclusão de tudo quanto tem sido desenvolvido para melhor compreender o contexto ciber e na relação que mantém com a tendência de muitos desses delitos serem cometidos por grupos (e.g., Leukfeldt, Lavorgna, e Kleemans, 2016[52]; Sousa e Guerreiro, 2021[53]).

4 CONSIDERAÇÕES FINAIS

Alterações na lei, na sua aplicação, ou outras intervenções no sistema de justiça criminal, podem provocar ajustamentos de comportamentos com resultados não triviais e, eventualmente até, prejudiciais para a efetividade da justiça. Interessa, por isso, antes de implementar estas alterações, estudar os seus efeitos, de forma cientificamente fundamentada.

A Criminologia tem vindo a acumular conhecimento muito especializado e adaptado às tendências mais recentes em que o fenómeno criminal tem lugar – criminalidade planeada e executada em grupo e com crescente preponderância da cibercriminalidade – permitindo-lhe participar na avaliação dos efeitos daquele tipo de alterações sobre a efetividade da justiça criminal. Munidos de um conjunto de instrumentos metodológicas, os criminólogos podem, de modo cientificamente sustentado, primeiro, realizar uma análise de eficácia, em que se confronta os efeitos previsíveis com os que se pretendiam obter e, segundo, proceder a uma análise de eficiência em que se apuram os benefícios líquidos da intervenção pensada, confrontando-se os previsíveis benefícios com os previsíveis custos. Neste capítulo breve, explicou-se como se realizam estes dois tipos de análises e sobretudo a complexidade habitualmente associada ao segundo tipo. Relevou-se também a disponibilidade da

[51] GUEDES, Inês e GOMES, Marcus Alan (Org.). *Cibercriminalidade – Novos Desafios, Ofensas e Soluções*. Lisboa: Pactor, 2021.

[52] LEUKFELDT, E. Rutger, LAVORGNA, Anita, e KLEEMANS, Edward. Organised Cybercrime or Cybercrime that is Organised? An Assessment of the Conceptualization of Financial Cybercrime as Organised Crime. **European Journal on Criminal Policy and Research**, v. 23, n. 3, p. 287-300. 2016.

[53] SOUSA, Pedro, e GUERREIRO, Ana. Análise de redes criminais e neutralização da cibercriminalidade organizada. In: GUEDES, Inês e GOMES, Marcus Alan (Org.). Cibercriminalidade – Novos Desafios, Ofensas e Soluções. Lisboa: Pactor, 2021, p. 285-306.

Criminologia e dos seus investigadores para ajudarem as autoridades públicas na tomada de decisões.

É verdade que uma parte da análise sobre a efetividade da justiça criminal se baseia em previsões sobre comportamentos e sobre a evolução de alguns agregados, designadamente económicos (e.g., nível geral de preços, útil na atualização dos valores de benefícios e custos futuros), não estando afastada alguma incerteza nos resultados. Contudo, será sempre preferível as autoridades tomarem decisões com base em previsões com incerteza restringida do que acreditar no senso comum, pois o prejuízo que a comunidade poderá vir a suportar, em termos da efetividade da justiça, em resultado de decisões pouco fundamentadas não é negligenciável nem deve ser desvalorizado.

REFERÊNCIAS

AGRA, Cândido. Elementos para um programa de criminologia integrativa: ação, comunicação e unitas multiplex. In: AGRA, Cândido e GOMES, Marcus Alan (Org.). **Criminologia Integrativa: Contributos para uma Comunidade Criminológica de Língua Portuguesa**. Belo Horizonte: Editora D'Plácido, 2018. p. 13-24.

AGRA, Cândido, QUINTAS, Jorge, SOUSA, Pedro, e LAMAS LEITE, André. **Homicídios Conjugais – Estudo Avaliativo das Decisões Judiciais**. Lisboa: CIG, Comissão para a Cidadania e Igualdade de Género, 2015.

ANDERSON, David. The aggregate burden of crime. ***Journal of Law and Economics***, v. 42, n.2, p. 611-642. 1999.

APEL, Robert. Sanctions, perceptions, and crime: Implications for criminal deterrence. **Journal of Quantitative Criminology**, v. 29, n.1, p. 67–101. 2013.

APEL, Robert, e NAGIN, Daniel. Deterrence. In: BRUINSMA, Gerben e WEISBURD, David (Org.). **Encyclopedia of Criminology and Criminal Justice**. Amsterdam: Springer. 2014. p. 998-1005.

BONTRAGER, Stephanie, BARRICK, Kelle, & STUPI, Elizabeth. Gender and sentencing: Meta-analysis of contemporary research. **Journal of Gender, Race & Justice**, v. 16, n. 2, p. 349-372. 2013.

BRAGA, Anthony A. Hot Spots Policing and Crime Prevention: A Systematic Review of Randomized Controlled Trials. **Journal of Experimental Criminology**, v. 1, n. 3, p. 317–342. 2005.

BRAND, Sam, e PRICE, Richard. ***The economic and social costs of crime***. London: Home Office, 2000.

CISSNER, Amanda, LABRIOLA, Melissa, e REMPEL, Michael. Domestic violence courts: A multisite test of whether and how they change offender outcomes. **Violence Against Women**, v. 21, n. 9, p. 1102-1122. 2015.

CLEAR, Todd, e FROST, Natasha. Criminology and Public Policy. In: MILLER, J. Mitchell (Org.). **21st Century Criminology – A Reference Handbook**. Thousand Oaks: Sage, 2009. p. 18-26.

CZABAŃSKI, Jacek. **Estimates of cost of Crime: History, Methodologies, and implications**. Berlim: Springer, 2010.

DHIRI, Sanjay, e BRAND, Sam. **Analysis of Costs and Benefits: Guidance for Evaluators.** Research, Development and Statistics Directorate, Home Office. 1999.

DOLAN, Paul, e PEASGOOD, Tessa. Estimating the economic and social costs of the fear of crime. ***British Journal of Criminology***, v. 47, p. 121-132. 2007.

DOLAN, Paul, LOOMES, Graham, PEASGOOD, Tessa, e TSUCHIYA, Aki. Estimating the intangible victim costs of violent crime. ***British Journal of Criminology***, v. 31, p. 958-976. 2005.

DOSSETOR, Kym. **Cost-benefit Analysis and Its Application to Crime Prevention and Criminal Justice Research**. Australian Institute of Criminology. 2011.

FAGAN, Abigail, e BUCHANAN, Molly. What works in crime prevention? **Criminology & Public Policy**. v. 15, n. 3, p. 617-649. 2016.

GOLESTANI, Aria, OWENS, Emily, & RAISSIAN, Kerri (2021). Specialization in Criminal Courts: Decision Making, Recidivism, and Re-victimization in Domestic Violence Courts in Tennessee. 2021. http://dx.doi.org/10.2139/ssrn.3923832.

GORDEN, Caroline, and BUCHANAN, Julian. A systematic literature review of doorstep crime: Are the crime-prevention strategies more harmful than the crime? **The Howard Journal of Criminal Justice**, v. 52, n. 5, p. 498-515. 2013.

GUEDES, Inês e GOMES, Marcus Alan (Org.). **Cibercriminalidade – Novos Desafios, Ofensas e Soluções.** Lisboa: Pactor, 2021.

HELMS, Ronald, e JACOBS, David. The political context of sentencing: An analysis of community and individual determinants. **Social Forces**, v. 81, n. 2, p. 577-604. 2002.

HOLT, Thomas, e BOSSLER, Adam. An assessment of the current state of cybercrime scholarship. **Deviant Behavior**, v. 35, n. 1, p. 20-40. 2014.

KURY, Helmut. Mediation, restorative justice and social reintegration of offenders: The effects of alternative sanctions on punishment. In: KURY, Helmut, REDO, Slawomir, e EVELYN, Shea (Org.). **Women and Children as Victims and Offenders: Background, Prevention, Reintegration**. Vol. 2. Springer, 2016. p. 249-282.

LEUKFELDT, E. Rutger, LAVORGNA, Anita, e KLEEMANS, Edward. Organised Cybercrime or Cybercrime that is Organised? An Assessment of the Conceptualization of Financial Cybercrime as Organised Crime. **European Journal on Criminal Policy and Research**, v. 23, n. 3, 2016, p. 287-300.

MARTINHO, Rita; FERREIRA, Fernando; e SOUSA, Pedro. A Análise de Custo-Benefício e a sua Aplicação aos Programas de Prevenção do Crime. ***Revista da Faculdade de Direito da Universidade do Porto (RFDUP)***, Nº X, p. 313-337, 2013.

MORSELLI, Carlo. **Inside Criminal Networks**. New York: Springer. 2009.

NAGIN, Daniel. Deterrence: a review of the evidence by a criminologist for economists. **Annual Review of Economics**, v. 5, p. 83–105. 2013.

NAGIN, Daniel, e POGARSKY, Greg. Integrating celerity, impulsivity, and extralegal sanction threats into a model of general deterrence: Theory and evidence. **Criminology**, v. 39, p. 865-891. 2001.

NAGIN, Daniel, CULLEN, Francis, e JONSON, Cheryl. **Deterrence, choice, and crime: Contemporary perspectives.** ***Advances in Criminological Theory***, 23. New York: Routledge. 2018.

NEWBURN, Tim. **Criminology**. 3.ª Edição. New York: Routledge. 2017.

QUEIROZ, Cristina. **Introdução ao Direito**. Porto: Faculdade de Direito da Universidade do Porto. 2000. URL: https://hdl.handle.net/10216/83586

QUINTAS, Jorge, e SOUSA, Pedro Avaliação Científica do Programa 'Um Passo Mais'. Porto: Escola de Criminologia da FDUP, 2018.

QUINTAS, Jorge, SOUSA, Pedro, e GIRÃO, Carolina. **As Respostas Judiciais na Criminalidade de Género**. Coimbra: Almedina, 2022.

PIZA, Eric, WELSH, Brandon, FARRINGTON, David, e THOMAS, Amanda. CCTV surveillance for crime prevention. **Criminology & Public Policy**, v. 18, n. 1, p. 135-159. 2019.

PRYBYLSKI, Roger. **What Works: Effective Recidivism Reduction and Risk-Focused Prevention Programs. A Compendium of Evidence-Based Options for Preventing New and Persistent Criminal Behavior**. Colorado: Colorado Division of Criminal Justice. 2008.

QUEIROZ, Cristina. Introdução ao Direito. Registo das aulas teóricas – ano letivo 1999-2000. Porto: Faculdade de Direito da Universidade do Porto. 2000. URL: https://hdl.handle.net/10216/83586

RASKOLNIKOV, Alex. Criminal deterrence: A review of the missing literature. **Supreme Court Economic Review**, v. 28, n. 1, p. 1-59. 2020.

ROBERT, Philippe, e GODEFROY, Thierry. **Le cout du crime ou l'economie poursuivant le crime**. Genevè: Masson – Médicine et Hygiène. 1978.

SOUSA, Pedro. Contributos da Economia e da Teoria dos Jogos para a Discussão sobre a Prevenção da Evasão Fiscal. In TEIXEIRA, Glória (ed.), **III Congresso de Direito Fiscal**, Almedina Editora, 2013. p. 433-454.

SOUSA, Pedro. Quanto custa o crime? Considerações metodológicas na estimação monetária do valor do dano. In: **XX Estudos Comemorativos dos 20 Anos da FDUP**, Vol. II. Coimbra: Livraria Almedina, 2017. p. 565-584.

SOUSA, Pedro. Análise de Redes de Crime Organizado. **Investigação Criminal, Ciências Criminais e Forenses – IC3F**, n. 4, 2019. p. 43-61.

SOUSA, Pedro, e GUERREIRO, Ana. Análise de redes criminais e neutralização da cibercriminalidade organizada. In: GUEDES, Inês e GOMES, Marcus Alan (Org.). **Cibercriminalidade – Novos Desafios, Ofensas e Soluções**. Lisboa: Pactor, 2021, p. 285-306.

WEISBURD, David, FARRINGTON, David, e GILL, Charlotte. What works in crime prevention and rehabilitation – An Assessment of Systematic Reviews. **Criminology & Public Policy**, v. 16, n. 2, p. 415-449. 2017.

WEISBURD, DAVID, WILSON, David, PETERSEN, Kevin, e TELEO, Cody. Does police patrol in large areas prevent crime? Revisiting the Kansas City Preventive Patrol Experiment. **Criminology & Public Policy**, v. 22, p. 543-560. 2023.

WELLFORD, Charles. History and Evolution of Criminology. In J. Mitchell Miller (Org.), **21st Century Criminology – A Reference Handbook**. Thousand Oaks: Sage, 2009, p. 10-17.

WELSH, Brandon, FARRINGTON, David, e SHERMAN, Lawrence. **Costs and Benefits of Preventing Crime**. Colorado: WestView, 2001.

WILKS, Daniela, CRUZ, José, e SOUSA, Pedro. 'Please give me an invoice': VAT evasion and the Portuguese tax lottery. **International Journal of Sociology and Social Policy**, v. 39, n. 5/6, p. 412-426. 2019.

CAPÍTULO 2
COLONIALIDADE, NEOLIBERALISMO E SELETIVIDADE PENAL NO BRASIL

Marcus Alan de Melo Gomes[1]
Carlos Magno Gomes de Oliveira[2]

SUMÁRIO

1 Introdução. 2 Colonialidade, colonialismo e poder punitivo. 2.1 Colonização, hierarquização social e poder punitivo. 2.2 Justificativas para a colonização: evangelizar e civilizar. 3 A modernidade e o aparecimento da criminologia etiológica. 3.1 Mudanças no capitalismo e ajustes ao poder punitivo. 3.2 A mudança do paradigma etiológico na criminologia. 4 Raça, racismo, preconceito e discriminação. 4.1 A invenção da raça. 4.2 O "problema negro" do Brasil. 4.3 Racismo, preconceito e discriminação. 5 Subcidadania e seletividade punitiva. 6 Poder punitivo, racionalidade neoliberal e criminalidade encoberta. 7 Considerações finais. Referências.

[1] Juiz de Direito da 9ª Vara Criminal de Belém. Doutor e mestre em Direito das Relações Sociais (área de Direito Penal) pela Pontifícia Universidade Católica de São Paulo. Professor Associado do Instituto de Ciências Jurídicas da Universidade Federal do Pará. marcusalan60@hotmail.com. CV: http://lattes.cnpq.br/0371519214729478.

[2] Juiz da 3ª Vara Criminal de Ananindeua. Mestre em Segurança Pública pelo Instituto de Filosofia e Ciências Humanas da Universidade Federal do Pará. magno.juridico@gmail.com. CV: http://lattes.cnpq.br/4177051106850173.

1 INTRODUÇÃO

"If the misery of our poor be caused not by the laws of nature, but by our institutions, great is our sin."[3]

Darwin escreveu o pensamento acima no diário por ele mantido durante a expedição realizada entre dezembro de 1831 e outubro de 1836 a bordo do navio HMS Beagle. Tal expedição se revelaria fundamental na vida e obra do naturalista inglês, e não menos importante para o pensamento ocidental. Entretanto, a reflexão que fizera questão de registrar não tinha relação direta com suas observações sobre a natureza, mas com a condição das pessoas escravizadas no continente americano abaixo da linha do equador. A condição dos escravizados chegou ao conhecimento de Darwin tanto pelos relatos que ele ouvira durante a expedição, quanto pelo que ele próprio testemunhara, especialmente em duas breves passagens pelo Brasil: Rio de Janeiro, em 1832; e Pernambuco (Recife e Olinda) no ano de 1836. E de tal forma lhe repugnou o que presenciara no Brasil que, em passagem posterior à descrição das cenas testemunhadas, expressa indisfarçado alívio ao partir e o desejo de nunca mais voltar: *"On the 19th of August we finally left the shores of Brazil. I thank God, I shall never again visit a slave-country"*[4]

Passados mais de cento e oitenta anos da visita de Darwin ao país e mais de cento e trinta desde a abolição da escravatura no Brasil, persiste na sociedade brasileira uma grande desigualdade entre os descendentes dos povos submetidos à escravidão (povos indígenas e negros) e a população branca, apesar de ainda ecoar no imaginário nacional o mito de uma democracia racial[5]. E embora o Brasil tenha deixado de ser colônia de Portugal há dois séculos, o país ainda não conseguiu superar a grande desigualdade entre não-brancos e brancos.

[3] DARWIN, Charles. The Voyage Of The Beagle (Illustrated). Reimpressão de 1913, p. 281: "Se a miséria de nossos pobres não é causada pelas leis da natureza, mas por nossas instituições, grande é o nosso pecado" (tradução dos autores).

[4] *Ibdem*, p. 281. Tradução livre dos autores: "No dia 19 de agosto finalmente deixamos a costa do Brasil. Graças a Deus, nunca mais visitarei um país de escravos".

[5] SOUZA, Jessé. **A elite do atraso**: Da escravidão a Bolsonaro. Sextante. Edição do Kindle. Rio de Janeiro, 2019.

Trata-se de tema espinhoso, que põe em questão privilégios, não raramente percebidos como fruto do esforço individual. Todavia, tal é sua importância que a própria reflexão de Darwin que dá início a este texto instiga a indagar sobre acaso natural e cultura; determinismo e liberdade da ação humana; sobre o quanto há efetivamente de natural nas diferenças e quanto há de construção social na desigualdade. Logo, é pertinente investigar sobre o porquê, o quanto e como nossa sociedade e suas instituições têm sido responsáveis pela perpetuação e naturalização da miséria dos descendentes de africanos e de nossos povos originários, tratados como inferiores ao povo europeu desde os primórdios da era colonial.

Eis o ponto de partida do presente trabalho em que se busca demonstrar que o legado do colonialismo corresponde a uma concepção eurocêntrica do mundo, que se perpetua diante da expansão e dominação de uma chamada cultura ocidental; que se impõe pelo poder econômico e pelo poder punitivo; que cria uma visão da humanidade dividida em raças; que se caracteriza por um silenciamento dos saberes não oriundos dessa cultura ocidental; que possui uma concepção própria do que seja racionalidade e desenvolvimento, tanto no campo científico de modo geral, quanto no campo econômico e da política.

Ao final, espera-se demonstrar como a forte hierarquização social de um regime escravocrata de quase quatro séculos moldou a estrutura da sociedade brasileira a partir da noção de raça e naturalizou a posição de brancos no topo da pirâmide social e a de indígenas, pardos e pretos em sua base. Acredita-se ser esta a principal causa de os integrantes dos estratos sociais inferiores serem o alvo preferencial da seletividade penal, do encarceramento em massa e de um "genocidio por goteo[6], a expressão de Eugênio Zaffaroni.[7]

[6] A expressão "genocídio por goteo" diz respeito a ideia de um processo sistemático e gradual de desapossamento, usurpação e degradação cultural de um determinado povo ou grupo social, como resultado de políticas discriminatórias. É usada nas ciências sociais para caracterizar processos de marginalização ou eliminação gradual de um determinado grupo de pessoas com base em questões raciais, étnicas, religiosas ou outros marcadores sociais.

[7] ZAFFARONI, Raul; SANTOS, Ílison Dias dos. **La nueva crítica criminológica**: Criminología en tiempos de totalitarismo financiero. Primera Edición. Quito, 2019, p. 63.

2 COLONIALIDADE, COLONIALISMO E PODER PUNITIVO

Ante outros autores que já pensavam o mundo a partir de uma perspectiva pós-colonial, o conceito de colonialidade foi introduzido pelo sociólogo peruano Aníbal Quijano[8] entre o final dos anos oitenta e início dos anos noventa do século XX, e foi posteriormente elaborado nos escritos de Mignolo[9] sobre decolonialidade. Assim, o colonialismo pode ser conceituado como o movimento de dominação de um povo ou país sobre o outro a partir de uma relação verticalizada que se encerrou em um determinado período histórico. Já a colonialidade se caracteriza como um fenômeno histórico e cultural que faz com que as relações de poder e dominação em todos os campos da vida social colonial se perpetuem e se naturalizem para além do período histórico de ocorrência do colonialismo.

Eis porque uma análise do processo de colonização, dos discursos que buscavam legitimá-la e dos discursos que foram silenciados se revela importante para a compreensão da influência da colonização nos dias de hoje, isto é, da colonialidade. Complementarmente, é preciso criticar a imposição de uma visão de mundo eurocêntrica, que desconsidera todos os demais saberes. Nesse aspecto, o pensamento pós-colonialista de Boaventura de Souza Santos e a postura decolonial convergem no conteúdo daquilo que o sociólogo português propõe e chama de "epistemologias do sul".[10]

2.1 Colonização, hierarquização social e poder punitivo

Para Zaffaroni e Santos, foi a verticalização das sociedades europeias, isto é, o surgimento dos Estados-nação com uma estrutura social fortemente hierarquizada, em que a autoridade máxima e o poder se concentraram na pessoa

[8] QUIJANO, Aníbal. **Colonialidad y modernidad/racionalidade**. Perú Indígena, Lima, v.12, n.29, p.11-20, 1992. Disponível em https://ecumenico.org/colonialidad-y-modernidadracionalidad-1992.

[9] MIGNOLO, Walter D. **Colonialidade**: o lado mais escuro da modernidade. *Introdução de The darker side of western modernity: global futures, decolonial options (Mignolo, 2011), traduzido por Marco Oliveira. Revista Brasileira de Ciências Sociais [online]. 2017, v. 32, n. 94. Disponível em: https://doi.org/10.17666/329402/2017.

[10] SANTOS, Boaventura de Sousa. **A gramática do tempo**: para uma nova cultura política. Belo Horizonte: Autêntica, 2021.

do soberano, que permitiu a esses países lançarem-se à conquista de outros povos e terras[11]. Em outras palavras, foi essa verticalização da sociedade em forma de exército que tornou possível lançar-se à colonização no interesse da classe burguesa. De fato, foi o surgimento na Europa dessa classe urbana de comerciantes – que adquiriu cada vez mais poder econômico e passou a financiar o poder dos reis – o que fez ruir o sistema feudal e permitiu a concentração do poder nas mãos do soberano. Não por acaso, Portugal e Espanha, sendo os primeiros países a terem suas sociedades verticalizadas, saíram na dianteira da colonização.

Uma consequência da verticalização da sociedade europeia em estados nacionais foi o ressurgimento do poder punitivo em lugar das vinganças de sangue e acordos de reparação[12]. Concentrado o poder punitivo na pessoa do soberano, a este coube tomar o lugar da vítima e passar a determinar as punições. Logo o dano praticado pelo indivíduo X contra o indivíduo Y deixava de ser uma questão atinente apenas a ofensor e ofendido. A ofensa se dava contra a própria pessoa do rei, já que ele era a fonte das normas. Portanto, não é difícil perceber como essa mudança permitiu que as mais diversas condutas, independentemente de ensejarem ou não uma ofensa real a alguém, pudessem ser consideradas ofensas ao Estado e ensejassem punições.

O enriquecimento da recém surgida classe burguesa financiou e possibilitou uma revolução cultural, científica e nas artes que se convencionou chamar Renascimento. O Renascimento, para além de buscar um resgate da antiga cultura grega e romana, trouxe também a revolução do conhecimento científico. A tradição dava cada vez mais lugar à razão. E isso permitiu as conquistas e colonização na Ásia, África e América. Inaugura-se a chamada Modernidade ou Era Moderna, que se convencionou situar entre 1453 e 1789, mas cujos efeitos estendem-se aos dias atuais[13].

Essa quadra temporal, que partiria da Revolução Francesa de 1789 até a contemporaneidade, também compreende outro período situado entre 1789 e 1848, denominado por Hobsbawm a "Era das Revoluções" e que dá título

11 ZAFFARONI; SANTOS. *Op.cit., p.21.*

12 ZAFFARONI, Eugênio Raul. **Colonização punitiva e totalitarismo financeiro**: a criminologia do ser-aqui. Tradução de Juarez Tavares. Rio de Janeiro: Da Vinci Livros, 2021, p. 61.

13 MIGNOLO, 2017.

a uma das obras do historiador britânico[14]. Já para Mignolo, entre 1500 e 2000 podem ser identificadas três fases cumulativas da modernidade, mas não exatamente sucessivas: a) uma fase ibérica e católica que tem em sua dianteira Espanha e Portugal e vai de 1500 a 1750 aproximadamente; b) uma fase "coração da Europa", liderada por Inglaterra, França e Alemanha entre 1750-1945; e a fase estadunidense liderada pelos Estados Unidos, de 1945 a 2000. Desde então, uma nova ordem global teria se desenhado: "um mundo policêntrico e interconectado pelo mesmo tipo de economia"[15]. Entretanto, é preciso retroceder ainda à colonização para que se possa melhor entender, especialmente no caso brasileiro, seu efeito sobre os dias de hoje.

2.2 Justificativas para a colonização: evangelizar e civilizar

Portugal e Espanha, que haviam largado na dianteira do colonialismo e que se concentraram em explorar as riquezas naturais de suas colônias, com especial ênfase para metais preciosos, fizeram surgir uma economia fundada na acumulação de metais. Naquele momento histórico, partia-se da ideia de que uma nação seria tão rica quanto mais metais e pedras preciosas pudesse acumular em seus cofres. Não por acaso, essa concepção acerca da economia ficou conhecida por metalismo. E assim é que Portugal e Espanha mantiveram suas economias entre os séculos XVI e XVIII[16]. Para manutenção dessa forma de economia, do lado de cá toda sorte de barbárie foi praticada contra os povos originários e povos escravizados no continente africano. E tudo isso, por reinos que se consideravam cristãos, como que a se guiarem pela máxima segundo a qual "não há pecados ao sul do equador"[17].

Houve vozes que apontaram a incoerência dessas práticas em relação à doutrina cristã, mas caíram em ouvidos moucos. Quando indagado acerca da existência de alma nos povos autóctones do Novo Mundo, o Papa Paulo III

[14] HOBSBAWN, Eric. **A era das revoluções:** 1789-1848. Paz e Terra. Edição do Kindle. São Paulo 2015.

[15] *Ibidem*, p. 4.

[16] ZAFFARONI, Raul Eugênio; SANTOS, Ilson. Op. cit.

[17] SANTOS, Boaventura de Sousa. **Para além do pensamento abissal:** das linhas globais a uma ecologia dos saberes. Novos estudos-CEBRAP, São Paulo, n.79. 2007, p. 74 Disponível em: http://www.scielo.br/pdf/nec/n79/04.pdf.

respondeu afirmativamente na bula *Sublimins Deus*, mas fez a ressalva de que seria uma *anima nullius*, tal como a ideia de *terra nullius*[18]. Prevaleceu, pois, a ideia determinista contida na tese aristotélica do escravo natural, isto é, a de que há homens nascidos para serem livres e outros para serem escravos. Era, afinal, a tese que mais se adequava aos interesses decorrentes do modelo de exploração econômica de então. A justificativa religiosa apenas buscava esconder a finalidade econômica da colonização. E essa mesma ideia de superioridade do europeu se aplicou e justificou também a escravidão e o comércio de vidas humanas oriundas do continente africano.

Enquanto Portugal e Espanha extraíam o máximo que podiam de riquezas de suas colônias, Inglaterra e outros países priorizaram buscar por outros meios os metais preciosos extraídos do Novo Mundo. Desenvolveram sua indústria, pois perceberam que pelo comércio de suas manufaturas acabariam por colocar em seus cofres os metais extraídos das colônias portuguesas e espanholas, sem que para isso tivessem que se dar ao trabalho de conquistar, ocupar, defender e explorar diretamente as colônias de espanhóis e portugueses. Não se desconhece que, paralelamente, também houve a contratação de corsários destinados a atacar os navios ibéricos. Entretanto, foi o desenvolvimento da indústria liderado pela Inglaterra o que efetivamente possibilitou um salto do capitalismo comercial para o capitalismo industrial. E isso levou a uma necessidade de expansão do comércio.[19]

Nessa segunda etapa, em que as demais potências europeias (notadamente Inglaterra, França e Alemanha) também resolveram participar do colonialismo para expansão do comércio, ganha destaque o discurso legitimador de levar a civilização europeia aos povos menos desenvolvidos. O refinado pensamento europeu convenientemente concluiu que os povos do Novo Mundo e de outras partes da Ásia e África eram inferiores ou mesmo sub-humanos. Eis a justificativa civilizatória[20].

Não coincidentemente, é apenas nessa nova fase do capitalismo que o tráfico de escravos e a própria escravidão começam a se tornar abjetos para o pensamento europeu, encabeçado pela Inglaterra, país que antes também

[18] *Ibidem*, p. 75.

[19] HOBSBAWN, 2015, p. 69.

[20] ZAFFARONI; SANTOS, 2019. *Op. cit.*, p. 77.

explorara ativamente o tráfico de escravos entre a África e a América[21]. Essa guinada no capitalismo caracterizou-se não apenas por mudanças importantes no modo de produção e acumulação, mas também ensejou alguns ajustes ao exercício do poder punitivo como se verá adiante.

3 A MODERNIDADE E O APARECIMENTO DA CRIMINOLOGIA ETIOLÓGICA

Cada vez mais fortalecida a classe burguesa europeia com o desenvolvimento da indústria, a necessidade de ser tratada adequadamente havia feito surgir não apenas a grande metáfora fundadora da modernidade, o contrato social, como também os ideais iluministas[22]. O grande legado do pensamento clássico iluminista encontra-se sintetizado na Declaração dos Direitos do Homem e do Cidadão de 1789, o qual pressupõe que todos possuem uma igualdade formal perante a lei, independentemente de gênero, etnia, credo ou convicção política. Tais conquistas buscavam afastar os privilégios decorrentes do nascimento[23], pois o dinamismo exigido à expansão do capitalismo exigia não o deixar limitado pela tradição.

Assim, é durante o período iluminista que se concebem várias das conquistas relacionadas aos ideais de fraternidade, igualdade e liberdade, as quais se fazem presentes nos textos constitucionais de vários Estados democráticos até aos dias de hoje[24]. É a partir dessa época que o exercício do poder punitivo se legitima no pressuposto de que o indivíduo, na condição de detentor de um livre arbítrio, deve receber uma pena compatível com a sua culpabilidade. Surge, portanto, o discurso legitimador do exercício do poder punitivo como uma retribuição proporcional à reprovabilidade da conduta do indivíduo que livremente escolheu delinquir[25]

[21] HOLANDA, Sérgio Buarque de. **Raízes do Brasil**. São Paulo: Companhia das letras. 1995, p. 76.

[22] SANTOS, 2021, p. 89.

[23] ADORNO, Sérgio. **Discriminação racial e justiça criminal em São Paulo.** Novos Estudos Cebrap, São Paulo, 1995. Disponível em https://bradonegro.com/content/arquivo/11122018_194015.pdf., p. 45.

[24] *Ibidem*, p. 46.

[25] ZAFFARONI; SANTOS, 2019. *Op. cit.*, p. 17.

Ao mesmo tempo, há um lado sombrio da modernidade, que não costuma ser tratado, mas é fundamental para o entendimento da colonialidade. E ele diz respeito ao fato de que "ocultadas por trás da retórica da modernidade, práticas econômicas dispensavam vidas humanas, e o conhecimento justificava o racismo e a inferioridade de vidas humanas, que eram naturalmente consideradas dispensáveis"[26]. Em sentido semelhante, Boaventura de Souza Santos fala de uma linha divisória que passou a separar e ocultar um lado da humanidade:

> As teorias do contrato social dos séculos XVII e XVIII são tão importantes por aquilo que dizem como por aquilo que silenciam. O que dizem é que os indivíduos modernos, ou seja, os homens metropolitanos, entram no contrato social abandonando o estado de natureza para formar a sociedade civil. O que silenciam é que com isso se cria uma vasta região do mundo em estado de natureza — um estado de natureza a que são condenados milhões de seres humanos sem quaisquer possibilidades de escapar por via da criação de uma sociedade civil.[27]

Para os contratualistas, as colônias eram o típico exemplo do estado de natureza. E tal estado precisava ser modificado, civilizado. Logo, o europeu representava essas necessárias civilização e racionalidade, a justificar todo esforço para seu avanço, inclusive o uso da violência[28]. De acordo com Wallerstein[29] a grande marca da modernidade foi a emergência de "uma estrutura de controle e administração da autoridade, da economia, da subjetividade, de normas e relações de gênero e sexo que eram conduzidas pelos europeus (...) tanto nos seus conflitos, como na exploração do trabalho e expropriação de terras".

[26] MIGNOLO, 2017, p. 4.
[27] SANTOS, 2007. *Op. cit.* p. 75.
[28] Ibidem, p. 77.
[29] WALLESTEIN, 1974, *apud* MIGNOLO, 2017, p. 11.

3.1 Mudanças no capitalismo e ajustes ao poder punitivo

Embora a Revolução Francesa e a Revolução industrial sejam os grandes frutos da racionalidade moderna, Hobsbawm[30] entende que ambas podem ser vistas como uma só revolução ocorrida entre 1789-1848. Para o historiador britânico, não se tratou de uma revolução da liberdade e da igualdade em geral, nem da economia moderna ou do estado moderno em termos gerais. Foram revoluções de uma determinada região, isto é, de partes da Europa e da América do Norte. Por isso, a Revolução Francesa, de caráter mais político, e a Revolução Industrial (inglesa), de caráter mais técnico, não podem ser consideradas como fatos específicos da França e Inglaterra. Essas revoluções são o triunfo do capitalismo liberal burguês ocorridas naquelas partes específicas da Europa e América do Norte em que França e Inglaterra apenas eram o centro.

A crescente industrialização da Europa, iniciada pela Inglaterra, foi cada vez mais atraindo mão de obra para os centros urbanos, que não tinha como absorvê-la completamente. Tal fato fez surgir nas grandes cidades uma classe de miseráveis que precisava ser contida para proteção da classe burguesa. Assim, é a partir da experiência colonial, com seus exércitos e ocupação territorial, que se criam as primeiras polícias europeias e começa a surgir o interesse em estudar as causas da criminalidade. O surgimento dessa classe de miseráveis e da necessidade de seu controle fez mudar o discurso do livre arbítrio e punição na medida da culpabilidade próprios do ideal iluminista. Tal discurso já não servia aos interesses da segurança burguesa. Em seu lugar surge o discurso da periculosidade e a ideologia da defesa social[31].

Sobretudo a partir de 1859, com a publicação de *A origem das espécies* por Darwin, pôs-se fim à discussão entre monogentistas e poligentistas. Isso se deu diante dos termos robustos e ao mesmo tempo muito claros com que Darwin expusera suas ideias sobre a evolução dos seres vivos a partir de um ancestral comum. E essa facilidade com que as ideias de Darwin foram compreendidas fez com que termos como "adaptação", "sobrevivência do mais apto",

[30] HOBSBAWN, 2015, p. 20.

[31] ZAFFARONI; SANTOS, 2019, p.18.

"luta pela sobrevivência" rapidamente migrassem de seu uso preciso no campo da biologia, para um uso adaptado nos demais ramos da ciência[32].

Esse novo olhar sobre a origem e evolução da vida no planeta possibilitou que nomes da ciência da época – como Herbert Spencer o fez em *Princípios de Sociologia* (1876) – adotassem a ideia de que aquilo que valia para a vida natural, servia para o homem e suas produções. Essa apropriação fez com que ideologias como o darwinismo social; a antropossociologia baseada no índice encefálico; a eugenia, enquanto uma proposta de controle e higiene das raças; e a antropologia criminal de Lombroso e Ferri ganhassem ares de cientificidade.[33]

Segundo Zaffaroni, influenciado pelas ideias de Darwin sobre a evolução[34], Lombroso apresenta o criminoso como alguém que regredira biológica e psicologicamente a patamares inferiores. Tem no branco europeu colonizador o tipo ideal do indivíduo evoluído, e os povos colonizados como o exemplo oposto de seres inferiores, que ainda não teriam atingido o mesmo nível de evolução do europeu. Lombroso vê nos criminosos europeus por ele analisados traços "africanoides" ou "mongolóides" (parecidos com africanos ou ameríndios) que indicariam uma regressão atávica e a causa da conduta criminosa de tais indivíduos[35].

Vez que na ciência de modo geral prevaleciam as ideias deterministas, surgiu a ideologia da defesa social. Substituiu-se a noção iluminista de culpabilidade, fundada na noção de liberdade, pela de periculosidade, fundada no determinismo biopsicológico. Em lugar da visão clássica do criminoso que, dotado de livre arbítrio, escolhia delinquir, o criminoso possuía em sua natureza as causas da delinquência.

32 SCHWARCZ, L. K. M. Usos e abusos da mestiçagem e da raça no Brasil: uma história das teorias raciais em finais do século XIX. **Afro-Ásia**, Salvador, n. 18, 1996. DOI: 10.9771/aa.v0i18.20901. Disponível em: https://periodicos.ufba.br/index.php/afroasia/article/view/20901, p. 83.

33 SEYFERTH, G. **A invenção da raça e o poder discricionário dos estereótipos**. Anuário Antropológico/93. Rio De Janeiro: Tempo Brasileiro, 1995. [S. l.], v. 18, n. 1, p. 175-203. Disponível em: https://periodicos.unb.br/index.php/anuarioantropologico/article/view/6581

34 Charles Darwin havia publicado "A Origem das Espécies" em 1859, cujo título completo original era *On the Origin of Species by Means of Natural Selection or the Preservation of Favored Races in the Struggle for Life* (Em tradução livre: Sobre a Origem das Espécies por meio da Seleção Natural ou a Preservação das Raças Favorecidas na Luta pela Vida).

35 ZAFFARONI, Eugenio Raúl. **A Questão Criminal**. 1ª ed. Rio de Janeiro: Revan, 2013.

3.2 A mudança do paradigma etiológico na criminologia

Desde que se havia começado a perguntar pelas causas da criminalidade, apenas no século XX foi que se passou a buscar as causas para a conduta criminosa nas relações entre o indivíduo e o meio social. De fato, entre os anos vinte e sessenta do século XX, várias teorias sociológicas sobre as causas da criminalidade surgem, tanto na Europa como marcadamente nos Estados Unidos após a Grande Depressão. Entretanto, apesar de o enfoque das relações sociais dos indivíduos ter sido um inegável avanço, essas teorias ainda tomavam o delito como se fosse um fenômeno natural e não consideravam o próprio processo de criação daquilo que é definido como crime[36].

Somente a partir da década de sessenta é que os estudos sociológicos sobre o desvio vão levar ao surgimento das teorias do *labelling approach* ou da reação social. Tais estudos vão se debruçar sobre a análise do processo social de como alguém passa a ser considerado um desviante. E esses estudos fazem constatar que para ser considerado um desviante não basta a prática de um comportamento considerado contrário aos valores de um determinado grupo social. É preciso que haja uma reação por parte desse grupo que acabe por rotular o indivíduo como desviante ao ponto de estigmatizá-lo. Por sua vez, haverá indivíduos contra os quais o rótulo de desviante (ou de criminoso) aderirá com mais facilidade, em regra aqueles socialmente mais vulneráveis[37].

A percepção da necessidade de questionar e analisar o contexto político-social que define a noção de normalidade e desvio foi o que permitiu uma mudança do paradigma da Criminologia etiológica para uma Criminologia Crítica. Esta transforma em objeto de seu estudo o próprio poder punitivo. Afinal, não se pode compreender a criminalidade se não se estuda a ação da própria sociedade que é responsável tanto por definir o que é crime como pela reação contra ele[38].

[36] Ibidem.

[37] BARATTA, Alessandro. **Criminologia Crítica e Crítica do Direito Penal**: introdução à sociologia do direito penal; 3 ed. – Rio de Janeiro: Editora Revan. Tradução de Juarez Cirino dos Santos. 6ª reimpressão 2019.

[38] Ibidem.

Uma vez que o crime nada mais é que um comportamento tido pela sociedade como um desvio mais grave, todas as conclusões que Howard Becker[39] fizera em seus estudos sobre o desvio são aplicáveis ao crime. Logo, assim como nem todos aqueles que praticam um desvio recebem o rótulo de desviante, conclui-se igualmente que nem todos os que praticam crimes chegam a ser rotulados criminosos. Serão criminosos apenas aqueles aos quais a sociedade fizer aderir tal rótulo. Para Zaffaroni, "o que Becker prova é a arbitrariedade do etiquetamento e isso coloca em xeque todos os argumentos com que o direito penal tenta conferir racionalidade ao poder punitivo"[40]. Afinal, é a própria sociedade que, a partir dos valores dominantes, seleciona que condutas considerar crimes e contra quais indivíduos aplicar as punições previamente escolhidas, de modo que lhes caiba o rótulo de criminosos.

A Criminologia Crítica emprega o termo seletividade penal em referência ao processo de criminalização, para apontar que tal processo atinge apenas uma parcela dos indivíduos numa determinada sociedade. E a seletividade se concentra em regra nos indivíduos ou classes sociais mais vulneráveis. Em que pese ser complexo o processo de seleção da população criminosa, não é difícil perceber que:

> [...] se partirmos de um ponto de vista mais geral, e observarmos a seleção da população criminosa dentro da perspectiva macrossociológica da interação e das relações de poder entre grupos sociais, reencontramos, por trás do fenômeno, os mesmos mecanismos de interação, de antagonismo e de poder que dão conta, em uma dada estrutura social, da desigual distribuição de bens e de oportunidades entre indivíduos. Só partindo deste ponto de vista pode-se reconhecer o verdadeiro significado do fato de que a população carcerária, nos países da área do capitalismo avançado, em sua enorme maioria, seja recrutada entre a classe operária e as classes economicamente mais débeis.[41]

[39] BECKER. Howard. **Outsiders. Estudos de Sociologia do Desvio.** Editora Zahar. Tradução de Maria Luiza X. de A. Borges. 2. ed. 2019.

[40] ZAFFARONI, 2013, p. 76.

[41] BARATTA, 2019, p. 106.

Uma vez que a epistemologia da Criminologia Crítica se dá voltada para a realidade europeia ao falar da seletividade punitiva, faz uso de ideias adequadas àquele contexto, onde era perceptível o antagonismo entre as classes detentoras do capital e as detentoras da força de trabalho (proletariado). Todavia, não se pode simplesmente transplantar essas categorias para a nossa realidade, sob pena de forçarmos uma adequação de nossa realidade a uma epistemologia destinada a explicação de outra, num mais puro exemplo de colonialidade do conhecimento. Portanto, partindo apenas da parte em que Baratta nos aponta que a seletividade direciona o exercício do poder punitivo para as classes mais débeis, convém identificar na sociedade brasileira qual é essa classe mais vulnerável, por quem é composta, e quem é o indivíduo sobre o qual mais facilmente o rótulo de criminoso adere. Antes, porém, é preciso analisar como a racionalidade moderna produziu um dos mais eficientes instrumentos de classificação e dominação: a ideia de uma humanidade dividida em raças[42]

4 RAÇA, RACISMO, PRECONCEITO E DISCRIMINAÇÃO

4.1 A invenção da raça

A constatação de que as pessoas humanas eram diferentes entre si não ocorreu apenas na modernidade. Os romanos chamavam de bárbaros a todos os demais povos que mal conheciam e estavam a invadir o continente europeu. Por sua vez, os cristãos chamavam de pagãos a todos que não professassem sua fé, classificando o mundo a partir de uma única religião. Do mesmo modo, a prepotência da ciência determinista e positivista classificou como primitivos os demais povos não ocidentais, especialmente os exóticos povos originários da América, muitas vezes canibais, poligâmicos e nus, costumes estes que escandalizavam as elites pensantes europeias.[43]

[42] QUIJANO, Anibal. **Colonialidade do poder, eurocentrismo e América Latina**. In: QUIJANO, Anibal. A colonialidade do saber: eurocentrismo e ciências sociais, perspectivas latino-americanas. Buenos Aires: CLACSO, 2005, p. 117.

[43] SCHWARCZ, 1996, p. 79.

Desse choque com a diferença advieram as primeiras classificações sobre a diversidade humana. A ausência de critérios precisos fez com que surgissem inúmeras taxonomias, apesar da tendência de reconhecimento de quatro ou cinco grandes troncos, a partir de sua localização geográfica e cor da pele. Esses critérios foram utilizados tanto por Lineu, que identificou seis tipos raciais – americano, europeu, asiático e africano, além do *homo ferus* (selvagem) e *homo monstruosus* (anormal). Já Curvier dividiu a humanidade em três subespécies – caucasiana, etiópica e mongólica – para depois subdividi-las a partir de critérios mistos, físicos e culturais. Portanto, essas primeiras classificações, embora não tenham questionado a unidade da espécie humana, serviram de base para as teorias deterministas que buscaram nas leis naturais a explicação para as diferenças físicas e culturais[44].Inventam-se as raças para que o europeu fosse considerado o homem superior a todos os outros. E, em concordância com esta última assertiva, Hannah Arendt afirmou que:

> A raça foi uma tentativa de explicar a existência de seres humanos que ficavam à margem da compreensão dos europeus, e cujas formas e feições de tal forma assustavam e humilhavam os homens brancos, imigrantes ou conquistadores, que eles não desejavam mais pertencer à mesma comum espécie humana.[45]

Para Seyferth, Curvier teria sido o "inventor" do conceito de tipo biológico para servir de base classificatória, ao considerar os gêneros, espécies e raças como unidades estáveis.

> Sua tipologia de raças humanas invoca uma hierarquia com os negros na base e os brancos no topo, e pressupõe que as diferenças mentais e culturais são produzidas pelas diferenças físicas. As doutrinas raciais posteriores, com o aparato da ciência antropológica, transformaram esses dois pressupostos em dogma, no qual o termo "diferença" passou a significar "desigualdade".[46]

[44] SEYFERTH, 1995, p. 176.

[45] ARENDT, Hannah. **Origens do totalitarismo:** anti-semitismo, imperialismo, totalitarismo. Companhia de Bolso. Edição do Kindle. 2013, p. 249.

[46] Seyferth, 1995, p. 176.

Tanto para Seyferth quanto para Schwarcz, salvo alguma voz dissonante, o pensamento europeu em geral, fazendo do homem branco régua para a humanidade, via nos povos originários indivíduos débeis, inferiores, que ainda não haviam alcançado sua maioridade moral, ao mesmo passo que viam os negros africanos como o maior exemplo de degeneração da espécie humana. Não tardou para que essas concepções deterministas, tomadas a partir de diferenças fenotípicas, fossem tidas como indicativas de inferioridade biológica, psíquica e moral ao branco europeu e utilizadas como elementos justificadores de dominação e aplicação diferenciada do poder punitivo.

4.2 O "problema negro" do Brasil

Em nosso país, a recepção e aceitação dessa visão colonial de raças inferiores e superiores tem em Nina Rodrigues um exemplo de defensor de ideias que hoje soam claramente racistas, mas que na época eram tratadas como científicas. Seyferth expõe uma síntese das ideias defendidas por Nina Rodrigues, que permitem compreender tanto o pensamento então vigente na Europa, como o modo que tais ideias ecoavam na elite do pensamento brasileiro:

> Discutindo a responsabilidade penal ou descrevendo as culturas negras da Bahia, Nina Rodrigues fala na 'impulsividade primitiva' das raças que julga inferiores em geral e impossíveis de civilizar. Rotula os índios simplesmente como selvagens, não afeitos ao trabalho e próximos à extinção, e se detém mais no arrolamento do caráter e da 'evolução mental' dos negros e mestiços, fazendo longas citações de autores brasileiros, como Silvio Romero, e europeus, como Spencer e Tarde. Para ele, os negros têm reduzido desenvolvimento mental, espírito de sujeição, incapacidade de progredir, são brutais, atrasados, desequilibrados fora do seu meio, têm impulso sexual acentuado e violento, nenhuma aptidão para a civilização, mas são bons trabalhadores braçais etc. Os mestiços, de um modo geral, considerados inteligentes, mas associa essa inteligência à inércia, indolência, apatia, desânimo, fraqueza, subserviência, degradação física e moral, imprevidência, impulsividade e outros tantos atributos um tanto contraditórios e associados ao 'vício degenerativo do cruzamento entre raças desiguais'

> — a evolução mental e a ordem moral dos 'inferiores' vistas como incompatíveis com a raça 'superior' branca.[47]

Pouco tempo depois de abolida a escravidão, nesse período compreendido entre o final do Século XIX e início do Século XX, teorias pseudocientíficas sobre efeitos do clima e a degeneração decorrente da mestiçagem com a raça negra mantinham em destaque a preocupação com o futuro do Brasil. O critério da raça foi, portanto, explicitamente utilizado para planejar a nação que se almejava: um Brasil moderno por meio do "melhoramento" de seu povo pelo branqueamento a partir do amplo incentivo à imigração de brancos europeus[48]. Essas preocupações e ideias para a solução do "problema negro" eram apresentadas sem grandes constrangimentos. De fato, foram expostas por uma delegação brasileira no Congresso Universal de Raças ocorrido no ano 1911 em Londres. Ali foram feitas proposições para o embranquecimento do Brasil, cuja aplicação levaria a um momento em que os negros simplesmente deixariam de existir no país.[49]

Para a solução do "problema negro" brasileiro após a abolição, incentivou-se a vinda de imigrantes brancos europeus para o Brasil. Em alguns casos, inclusive com despesas pagas pelo poder público, como ocorreu no Estado de São Paulo, especialmente para com imigrantes italianos. Um claro exemplo do desejo de nossa sociedade ver-se livre dos negros, ao colocar os imigrantes europeus em posições de mais destaque que os negros e mulatos brasileiros. Estes, por sua vez, foram relegados a funções subalternas, como descreve Jessé de Souza:

> Para o negro, sem a oportunidade de competir com chances reais na nova ordem, restavam os interstícios do sistema social: a escória proletária, o ócio dissimulado ou a criminalidade fortuita ou permanente como forma de preservar a dignidade de 'homem livre'. Ao perderem a

[47] Ibidem p. 187.

[48] SEYFERTH, 1995, p. 185-201.

[49] WERMUTH, M. A. D. **Biopolítica e Polícia Soberana: a sociedade escravocrata como chave de compreensão da violência e da seletividade punitiva no Brasil.** Revista Direitos Fundamentais & Democracia, [S. l.], v. 23, n. 3, p. 284–309, 2018. Disponível em: https://revistaeletronicardfd.unibrasil.com.br/index.php/rdfd/article/view/1262

> posição de principal agente do trabalho, os negros perderam também qualquer possibilidade de classificação social. [50]

Apesar dos avanços e mudanças de postura no campo científico, as crenças na superioridade de brancos se encontram profundamente arraigadas no pensamento ocidental, por mais que a ciência tenha procurado destruí-las desde o século passado. Por isso, o seu peso nas mais variadas ideologias nacionalistas, e mesmo em muitas ideologias de classe, ainda é fortemente presente. E isso explica o fato de características fenotípicas consideradas raciais continuarem a produzir significados sociais.[51]

4.3 Racismo, preconceito e discriminação

Diante das muitas definições de racismo, Almeida[52] propõe uma divisão do racismo, para fins didáticos, em individual, institucional e estrutural. Em sua concepção individualista, o racismo é geralmente tido como uma anormalidade, moral ou psicológica. Por isso pode ser tratado no campo da ética, atribuindo-se esse desvio a indivíduos ou grupos. Como irracionalidade, também seria tratado no campo jurídico cível ou penal, o que ensejaria reparações cíveis e sanções penais, respectivamente. Seriam exemplos disso as indenizações por danos morais e os tipos penas que criminalizam determinadas condutas discriminatórias com base na raça. Por essa perspectiva, recusa-se o reconhecimento do caráter político do racismo, de sorte que não haveria sociedades ou instituições racistas, mas apenas indivíduos preconceituosos. Logo, ainda sob essa ótica, o racismo só ocorreria na forma de discriminação direta praticada por indivíduos ou grupos.

A concepção individualista do racismo leva a tratar o racismo apenas como questão imoral ou criminal. Isso leva a uma insuficiência de sua compreensão e, consequentemente, das formas de seu combate.

[50] SOUZA, Jessé. **A elite do atraso**: Da escravidão a Bolsonaro. Sextante. Edição do Kindle. Rio de Janeiro, 2019, p. 87.

[51] SEYFERTH, 1995, p. 185-200.

[52] ALMEIDA, Silvio. **Racismo Estrutural**. Editora Jandaíra. Edição do Kindle. 2019, p. 28-44.

> No fim das contas, quando se limita o olhar sobre o racismo a aspectos comportamentais, deixa-se de considerar o fato de que as maiores desgraças produzidas pelo racismo foram feitas sob o abrigo da legalidade e com o apoio moral de líderes políticos, líderes religiosos e dos considerados "homens de bem".[53]

Por reconhecer um uso indistinto das expressões racismo institucional e racismo estrutural, Almeida destacada a necessidade de distingui-los, uma vez que para a sociologia instituição e estrutura descrevem fenômenos distintos. Logo, a partir da premissa de que as instituições sociais são materialização das determinações formais da vida social, Almeida chega às seguintes conclusões:

> a) instituições, enquanto o somatório de normas, padrões e técnicas de controle que condicionam o comportamento dos indivíduos, resultam dos conflitos e das lutas pelo monopólio do poder social;
> b) as instituições, como parte da sociedade, também carregam em si os conflitos existentes na sociedade. Em outras palavras, as instituições também são atravessadas internamente por lutas entre indivíduos e grupos que querem assumir o controle da instituição. [54]

Portanto, pode-se também concluir que os conflitos resultantes das desigualdades raciais também são parte das instituições. Logo, numa sociedade marcada pelo racismo, as instituições tenderão a atuar de forma racista, porque nelas também tenderão a dominar os valores do grupo dominante. De forma simples, Almeida aponta que as instituições serão racistas tal qual os indivíduos que compõem a sociedade. A questão é que a consolidação de práticas institucionais racistas vai orientar e influenciar a ação de todos os indivíduos no seio social, ante sua normalização. Por isso, o racismo também seria estrutural, já que tanto o racismo individual como institucional seria decorrência de como a sociedade já constituiria suas relações políticas, econômicas, jurídicas, familiares, entre gêneros etc. [55]

[53] *Ibidem*, p. 30.
[54] *Ibidem*, p. 30-34.
[55] *Ibidem*.

Por fim, a estrutura legada pela constituição dessas relações hierarquicamente forjadas sob o colonialismo é o que o se chamaria de colonialidade dentro do pensamento de Aníbal Quijano. No caso brasileiro, a teoria da colonialidade ajuda a entender as relações de poder e dominação permeadas pela raça, gênero e pelo patriarcado que estruturam nossa sociedade, e que se constituem na fonte de tantos conflitos. Entretanto, é preciso ressaltar que, para Almeida, o racismo – isto é, a visão da humanidade dividida de forma hierárquica – é parte integrante da própria estrutura do capitalismo, sem o que não seria possível a apropriação da mais valia. Portanto a hierarquização de indivíduos não seria um resultado apenas do colonialismo, mas parte da organização do modo de produção capitalista.[56]

5 SUBCIDADANIA E SELETIVIDADE PUNITIVA

No caso do Brasil e sua condição de país periférico ou semiperiférico do capitalismo, não se pode simplesmente afirmar que a seletividade penal se concentra sobre o proletariado. Aqui a classe mais subalterna, desde sempre considerada perigosa e necessitada de contenção, é justamente aquela que surge a partir dos escravos libertos. É dessa classe que sempre se temeu algum tipo de reação ou insurgência[57]. Parece não ser por acaso, portanto, que após a Proclamação da República, antes da Constituição de 1891, o Brasil promulga primeiramente o Código Penal por meio do Decreto 847, de 11 de novembro de 1890 com tipos penais indisfarçadamente voltados para os negros, a exemplo da criminalização da prática de capoeira.

Jessé de Souza argumenta que o fato de os escravos terem sido libertos formalmente e deixados à própria sorte fez com que sua sociabilidade, construída sob o regime escravocrata, os laçassem no mercado de trabalho livre sem o menor preparo para tal. Em síntese, o fato de os negros serem formalmente libertos, mas desprovidos de qualquer tipo de reparação material e destituídos de quaisquer bens simbólicos valorizados na sociedade em que agora eram inseridos, fez com que apenas passassem a ser explorados sob outras

[56] *Ibidem*, p. 37-44.

[57] FREYRE, Gilberto. **Casa-grande** & **Senzala**. 42. ed. Rio de. Janeiro: Record, 2001.

formas[58]. A escravidão no Brasil não teria cessado, portanto, em 1888 mediante sua abolição formal pela Lei Áurea. Teria apenas sofrido uma metamorfose a permitir sua perpetuação na sociedade capitalista atual[59].

A abolição da escravidão em 1888 ocorreu sem que os negros tivessem uma preparação para a vida social como pessoas livres, já que antes de 1888 a própria constituição de família e sua manutenção no nível mais básico ficava a cargo de um senhor. Isso fez com que os negros, agora formalmente livres, permanecessem no estrato social mais baixo, ao mesmo tempo em que não tinham os elementos mínimos para possibilitar uma mobilidade social para si nem para seus descendentes. Afinal, aprender a esperar, concentrar-se, ter pensamento prospectivo, conter o impulso sexual e a agressividade não são habilidades naturais, mas socialmente apreendidas. Um núcleo familiar cujos pais não aprenderam essas habilidades, vale dizer, não possuem esse capital cultural[60], não poderá transmiti-las aos filhos.[61]

Assim, a aquisição de capital cultural que poderia ser utilizado para obtenção de capital econômico e consequente mobilidade social resta, se não impedida, seriamente comprometida, fazendo com que as pessoas destituídas de tais habilidades já cheguem à escola apenas para receberem a comprovação de sua inabilidade para outra coisa que não seja a venda de sua força muscular nas atividades mais subalternas e mais mal remuneradas.

Logo, para Souza[62], a existência de um regime escravocrata por quase quatrocentos anos é central para compreender a desigualdade na sociedade brasileira. A perpetuação dos efeitos da escravidão até os dias atuais permite a ruptura com o mito da democracia racial, assim como afasta o determinismo de uma suposta herança de uma patrimonialismo lusitano no trato da coisa pública para justificar nossa sociedade desigual. Permite refutar a explicação dos problemas do Brasil apenas como decorrência de uma corrupção instalada na classe política.

58 SOUZA, 2019.

59 CAVALCANTI, Tiago Muniz. **Sub-humanos**: o capitalismo e a metamorfose da escravidão. Boitempo Editorial. Edição do Kindle. 2021, p. 66.

60 A declarada influência de Bourdieu no pensamento de Souza (2019) se faz sentir no uso dos termos capital cultural e capital simbólico, empregadas pelo sociólogo francês em referência a outros tipos de capital que não o econômico como forma de poder.

61 SOUZA, 2018.

62 SOUZA, 2019, p. 72-87.

Em síntese, essa imensa massa de pessoas que hoje são destituídas de todo ou quase todo tipo de capital econômico e cultural, formada em sua esmagadora maioria por não-brancos, que só dispõem de sua força muscular para a realização de alguma forma de trabalho, constituem a classe social mais subalterna da sociedade. Souza denomina a classe social formada por tais pessoas de subcidadania brasileira ou, ainda, em caráter provocativo, de "ralé brasileira"[63]. A subcidadania brasileira é, portanto, composta por indivíduos facilmente estereotipáveis, tanto fenotipicamente quanto pelo desenvolvimento de um *habitus*[64] diverso da classe média e da elite.

Vez que composta por indivíduos cuja inferioridade foi naturalizada na construção da sociabilidade brasileira, as agências penais concentram sua atuação quase que exclusivamente na subcidadania. Isso ocorre tanto porque a subcidadania é considerada a classe perigosa, como porque é mais vulnerável à própria ação das agências punitivas, como porque se limita à prática de uma criminalidade tosca, ou crimes de rua, mais facilmente detectáveis pelos órgãos responsáveis pela segurança pública. Como consequência, cria-se um ciclo vicioso de estigmatização e marginalização que se estende por gerações. Esse ciclo alimentado por estereótipos e preconceito alimenta a seletividade penal que, por sua vez, alimenta o ciclo intergeracional de criminalização e estigmatização sobre esses indivíduos[65].

Os dados mais recentes do 12º Ciclo do INFOPEN[66], referente à população carcerária existente no Brasil entre janeiro e junho de 2022, permitem

[63] SOUZA, Jessé. A ralé brasileira: quem é e como vive. São Paulo, 2018.

[64] O termo *habitus* é outro conceito central no arcabouço teórico de Bourdieu. O *habitus*, para Bourdieu seria o resultado da interação entre as experiências pessoais de um indivíduo e as estruturas sociais e normas culturais da sociedade em que vivem. Não é uma característica inata ou um simples reflexo da escolha individual, mas sim um conjunto complexo de disposições profundamente enraizadas e difíceis de mudar. É uma estrutura estruturante, o que quer dizer que ao mesmo tempo em que molda os indivíduos, é também moldada pela ação destes. O *habitus*, portanto, ajuda a explicar como os indivíduos pensam e agem a partir de uma segunda natureza socialmente construída, em regra de forma inconsciente.

[65] Confira-se o que dizem a esse respeito ALMEIDA, 2019; BARATTA, 2019; e ZAFFARONI, 2013.

[66] BRASIL. Ministério da Justiça e Segurança Pública. Departamento Penitenciário Nacional. **Levantamento Nacional de Informações Penitenciárias Atualização – janeiro-junho de 2022**. Disponível em: https://www.gov.br/depen/pt-br/servicos/sisdepen/relatorios-e-manuais/relatorios/relatorios-analiticos/br/brasil-junho-2022.pdf.

constatar as características antes apontadas. Nesses dados observa-se um total de 837.443 pessoas privadas de liberdade, das quais 215.029 (25,68%) encontram-se sem condenação, 331.680 (39,61%) estão cumprindo pena em regime fechado, 172.551 (20,6%) em regime semiaberto e 109.023 (13.02%) em regime aberto. No que diz respeito à raça/etnia/cor da pele, essa população carcerária é composta por 199.984 pessoas brancas (23,88%); por 109.446 pessoas de cor preta (13,07%); por 343.442 (41,01%) pessoas de cor parda; por 5.749 pessoas de pele amarela (0,69%); e 1.828 indígenas (0,22%). Quanto ao gênero, 94,55% da população carcerária é de pessoas do sexo masculino.

Os dados sobre faixa etária fazem ver que 317.851 das pessoas privadas de liberdade têm entre 18 e 29 anos (37,95%). Quanto ao nível de escolaridade, apenas pouco mais de meio por cento têm o nível superior completo. Cerca de cinquenta e cinco por cento da população é composta pelos que: a) são analfabetos (2,42%); b) foram alfabetizados sem frequentar curso regular (3,87%); c) possuem o ensino fundamental incompleto (38,67%); ou d) completaram apenas o ensino fundamental (9,82%). A soma dos que possuem o ensino médio incompleto (13,43%) e dos que o completaram (9,58%) corresponde a 23% da população carcerária.[67]

Os dados do 12º Ciclo do INFOPEN mostram que os crimes contra o patrimônio[68] são a maior incidência encontrada na população carcerária total, seguido de perto pelo crime de tráfico de drogas. Entre a população carcerária em 2022, são 303.410 incidências por crime contra o patrimônio e 215.466 pelo crime de tráfico e associação para o tráfico. Entre os crimes patrimoniais, aquele que mais contribuiu para o encarceramento foi o roubo (simples ou majorado), num total de 185.906 incidências. Em segundo lugar vem o crime de tráfico de drogas que possui um total de 185.494 incidências. Importante notar que a taxa de incidência do crime de tráfico de drogas entre a população carceraria feminina (39,17%) é significativamente superior à taxa de incidência por tráfico de drogas entre a população carcerária masculina (25,17%). [69]

Quando observados esses dados em conjunto, as associações decorrentes fazem ver que majoritariamente se encontram privadas de liberdade pessoas

[67] Ibidem.

[68] Todos os crimes previstos do art. 155 ao 189-A do Código Penal Brasileiro (BRASIL, 1941).

[69] BRASIL, 2022.

pretas e pardas jovens, do sexo masculino e de baixa escolaridade, pela prática de crimes patrimoniais ou tráfico de drogas. Ao mesmo tempo, o crime de tráfico de drogas e associação para o tráfico é o responsável por quase quarenta por cento da perda de liberdade da população carcerária feminina.

Percebe-se na população carcerária brasileira incidência preponderante de uma criminalidade tosca praticada por pessoas dos estratos mais inferiores da sociedade, como Baratta e Zaffaroni afirmam ser o perfil dos selecionados preferenciais. Portanto, seja pela suas características étnico-raciais, seja pela sua vulnerabilidade social e tipo de criminalidade em que incorreu, observa-se que o perfil da população carcerária corresponde perfeitamente ao tipo ideal[70] do subcidadão descrito por Souza[71]. Tal constatação demonstra como a colonialidade e o racismo se encontram presentes na atuação seletiva das agências punitivas.

Como se viu em parte anterior deste texto, o racismo é a concepção de que a humanidade se encontra dividida em raças hierarquizadas. Não raramente o termo racismo é usado como metonímia, o que gera incompreensões. Por isso, Almeida faz questão de distinguir racismo, discriminação e preconceito. Para Almeida: "o racismo é uma forma sistemática de discriminação que tem a raça como fundamento, e que se manifesta por meio de práticas conscientes ou inconscientes que culminam em desvantagens ou privilégios para indivíduos, a depender do grupo racial ao qual pertençam."[72] Por sua vez, a discriminação é a concretização de tratamentos diferenciados a membro de grupos racialmente identificados a partir de critérios igualmente raciais. Para discriminar é preciso exercer poder. E, por isso a discriminação pode ser direta ou indireta.[73]

Antes de discorrer sobre o que vem a ser essas duas formas de discriminação, é preciso falar sobre o que se entende como preconceito. A própria constituição da palavra, que expressa a ideia de um conceito prévio, permite ver que "o preconceito racial é o juízo baseado em estereótipos acerca de indivíduos que pertençam a um determinado grupo racializado, e que pode

[70] Tipo ideal em sentido weberiano é uma ferramenta metodológica que concentra todas as características de um determinado modelo de referência para a análise social.

[71] SOUZA, 2018, 2019.

[72] ALMEIDA, 2019, p. 26.

[73] *Ibidem*, p. 27.

ou não resultar em práticas discriminatórias."[74] Por fim, a discriminação racial direta se constitui numa manifestação de repúdio ostensivo contra indivíduos ou grupos, em regra a partir de um único vetor (ex.: o fato de ser judeu, mulçumano negro etc. Já a discriminação indireta é caracterizada pela ausência de uma intenção discriminatória explícita. Isso acontece quando uma norma ou prática não considera ou consegue adequadamente prever as consequências sua própria aplicação[75].

6 PODER PUNITIVO, RACIONALIDADE NEOLIBERAL E CRIMINALIDADE ENCOBERTA

O exposto nas linhas anteriores torna possível relacionar a forma e justificativa do poder punitivo para com o modo de produção econômica de um determinado contexto histórico. De fato, até aqui buscou-se demonstrar como o poder econômico conforma tanto as finalidades não declaradas (reais) e declaradas do poder punitivo como os limites deste poder. Logo, faz-se necessária uma análise acerca do momento atual do capitalismo e sua influência sobre o exercício do poder punitivo. Afinal, é fundamental "buscar compreender a relação entre a forma como o poder é exercido e o modo de ver e atuar no mundo que prevalece em um determinado contexto"[76]

Como já visto, a modernidade se caracteriza pela centralidade da razão e da técnica como meios pelos quais se criaram expectativas de dominar tanto a natureza quanto de superar mazelas sociais. Para concretização de tais expectativas se justificava o próprio emprego da violência. No momento presente persiste a crença de um desenvolvimento civilizatório linear a partir de uma perspectiva eurocêntrica. Entretanto, tal visão é confrontada pela constatação de que, apesar de todo o avanço tecnológico e do conhecimento científico, os objetivos de liberdade, igualdade e fraternidade para a humanidade não foram alcançados para todos.

74 *Ibidem*, p. 26.

75 MOREIRA, 2017, *apud* ALMEIDA, 2019, p. 27.

76 CASARA, Rubens. **Contra a miséria neoliberal**. São Paulo: Autonomia Literária, 2021, p. 19.

A ciência possibilitou multiplicar a produção de alimentos e que sua produção ocorra mesmo em áreas antes consideradas impróprias. A ciência foi o que também encontrou a cura para inúmeras doenças. Há mesmo os que esperam da ciência conjugada ao modo de produção capitalista a possibilidade de tratar o envelhecimento como uma mera doença e superar a finitude de nossa existência.[77] Paradoxalmente, pessoas ainda morrem de fome por doenças curáveis e são mantidas em condições análogas a de escravos. Persiste uma violência e uso da força próprios de um estado de natureza pré-hobbesiano. A racionalidade moderna tanto não pôs fim às mazelas sociais como foi capaz de produzir inúmeros genocídios, entre os quais o praticado contra o povo judeu pelo regime nazista alemão é o exemplo paradigmático.

A modernidade também mudou a relação humana com o tempo e o espaço. O modo como a informação é produzida e disseminada ocorre numa velocidade cada vez maior. E toda a mudança tecnológico produz mudanças na vida social e gera grande impacto no que se tinha por referentes sólidos.[78] Essa transitoriedade e incerteza da modernidade é muito bem caracterizada pelo predicado da liquidez atribuído por Bauman a sua atual fase, em lugar de a ela se referir como pós-modernidade, como o fez inicialmente em seu livro intitulado *Mal-estar na Pós-modernidade*[79].

O presente da modernidade líquida caracteriza-se sobretudo pela preponderância de uma racionalidade de fins econômicos, que supõe no indivíduo moderno uma nova espécie, o *homu economicus*. Este se caracterizaria por tomar decisões em todos os aspectos de sua vida sempre a partir de um cálculo econômico, até mesmo quando praticasse um crime. Esse engrandecimento da racionalidade econômica faz surgir um tipo de pensamento diferente do liberalismo. Em vários aspectos contrário a ele, mas convenientemente chamado de neoliberalismo, passa uma ideia de evolução, o que de fato não é. Trata-se, em verdade, de um pensamento voltado para a superação das conquistas do

[77] HARARI, Yuval Noah. **Homo Deus**. Companhia das Letras. Edição do Kindle. São Paulo. 2016, p. 251.

[78] GARCÍA, José A. Brandarez. **El Gobierno de la Punibilidad**. La complejidad de la política criminal contemporánea, Madrid, 2014.

[79] BAUMAN, Zygmunt. **O Mal-Estar da Pós-Modernidade**. Rio de Janeiro: Jorge Zahar, 1998.

pensamento liberal, em prol da perpetuação do lucro na atividade econômica na atual fase do capitalismo.[80]

É certo que o neoliberalismo, como afirma Casara, é um conceito guarda-chuva utilizado ora para falar de seus efeitos, ora para apontar apenas algumas de suas características, de modo que há quem duvide de sua efetiva existência ou importância[81]. É preciso entender que o neoliberalismo, tendo surgido de tensões doutrinárias da área econômica, pode ser visto como uma forma de gestão contrária ao modelo keynesiano: este mais voltado para o combate da desigualdade social, o que punha em risco o lucro dos detentores do poder econômico. Entretanto, a partir da implementação do neoliberalismo como forma de gestão, ganhou uma dinâmica própria, de modo que, para além de uma nova forma de governar, tornou-se "a nova razão do mundo"[82].

Essa nova racionalidade econômica levada ao extremo defende a necessidade de um certo nível de desemprego, o que serviria para fomentar a competitividade, aumentar a produtividade e reduzir o custo de mão-de-obra, cuja elevação se revelava um problema para os países de capital avançado. Como consequência disso, prega-se a inevitabilidade da exclusão social, de modo que, mesmo naqueles países de capitalismo avançado onde já se havia implementado um estado de bem-estar social, são defendidas a eliminação ou redução de políticas sociais, sob o argumento, entre outros, de fomentar o aumento da produtividade a partir da competitividade entre os trabalhadores, afastando-os do parasitismo.[83]

Para tanto, defende-se um Estado com atuação cada vez menor no campo social. Afinal, parte-se do pressuposto de que o próprio mercado há de se incumbir da gestão da vida social, numa espécie de nova formulação de um darwinismo social e econômico, onde apenas os que tenham merecimento (os mais aptos) se mantenham incluídos. Para os defensores dessa visão, o risco da exclusão social serviria como um estímulo à produtividade e ao desenvolvimento. Eis como o mito da meritocracia serve ao encobrimento do objetivo de reduzir o gasto social com políticas de inclusão para que o Estado não precise recolher impostos sobre o capital econômico, o que contribui para

80 CASARA, 2021, p. 70.

81 Ibidem, p. 42.

82 DARDOT, Pierre; LAVAL, Christian. **A nova razão do mundo**. Boitempo Editorial. 2016.

83 GARCIA, 2014.

o aumento do lucro dos que detêm o capital. De um lado menos impostos a pagar, de outro competição entre trabalhadores em risco de marginalização ou completa exclusão, a possibilitar uma oferta de mão-de-obra cada vez mais barata[84].

Sob tal ótica, que aceita como inevitável a exclusão social, perde sentido falar em ressocialização ou reinserção social como finalidade do exercício do poder punitivo. Basta garantir a existência de mecanismos de gestão e controle da criminalidade e da crescente massa de excluídos, dentro de um modelo que se apresente economicamente eficiente. Portanto, o Estado mínimo da ideologia neoliberal não significa ausência do estado. Ao contrário, o estado continua a se fazer necessário, sobretudo para o exercício do poder punitivo e como tábua de salvação dos atores econômicos nas crises inerentes ao modelo de produção capitalista.[85]

Se já não se esperara reinserir ou ressocializar, vez que a exclusão é algo normal, cria-se, assim, uma lógica de menos atuação do Estado na promoção de políticas públicas destinadas ao combate da desigualdade social e mais exercício do poder punitivo para gestão e controle dos excluídos. Afinal, pela racionalidade neoliberal a concorrência entre os indivíduos é considerada a única forma de gerar eficiência e produtividade, de sorte que o individualismo, o consumismo e a busca constante do interesse próprio caracterizam a nova forma de subjetividade. As ideias de empresa, gestão e governança passam a fazer parte do vocabulário de organização tanto da vida privada como do próprio Estado. A expressão exacerbada dessa lógica obriga indivíduos e o próprio estado a organizarem-se como empresas. Com isso, a não adoção de uma racionalidade econômica tende a gerar uma extrema responsabilização do indivíduo, justificadora de sua exclusão social. A racionalidade neoliberal minou a democracia e a política ao diminuir o papel do estado e priorizar os interesses de corporações multinacionais e corporações financeiras. A técnica, isto é, a ideia de um único modo correto de governar toma o lugar da política. E o modo correto de governar é aquele que gere a economia para atender aos ditames do mercado.[86]

[84] *Ibidem.*

[85] *Ibidem.*

[86] DARDOT; LAVAL, 2016.

Essa racionalidade produziu uma das características da atual fase do capitalismo, que é a imensa financeirização da economia. No capitalismo financeiro, o capital não é utilizado diretamente para o investimento em meios de produção, pelos quais se desempenhará uma atividade que gerará emprego de mão de obra e produzirá mercadorias. Antes, nela o dinheiro se constitui a principal mercadoria. A globalização da economia permite-lhe uma abertura de fronteiras sem igual à circulação do dinheiro, ao mesmo tempo em que as fronteiras físicas são fortemente controladas para impedir o ingresso dos indesejáveis oriundos dos processos de exclusão produzidos mundo a fora[87]

A racionalidade neoliberal produz e perpetua, mas também justifica e naturaliza, a exclusão social mediante sacrifício de conquistas do liberalismo, consideradas direitos sociais. Eis porque esses verdadeiros crimes de lesa-humanidade são apontados como uma criminalidade encoberta, não enxergada, mas praticada diuturnamente pelas elites detentoras do capital financeiro, o que lhes confere imenso poder sobre os destinos da política, mesmo em países ditos democráticos e de capitalismo avançado[88]

O que dizer de países periféricos como o Brasil, que sequer chegaram a concretizar um estado de bem-estar social, ainda que previstos em seus textos constitucionais? Por isso, esse encobrimento a que se referiu acima seria o principal motivo do grave erro em ver na corrupção dos políticos e outros ocupantes de cargos públicos a única causa da perpetuação das desigualdades sociais.

Para Souza, o grande problema de ver a causa dos problemas do Brasil numa suposta herança do patrimonialismo lusitano é que tal ideia carrega um certo determinismo histórico, que costuma ser adotado tanto pela academia quanto pelo senso comum, quando aloca a corrupção apenas nos políticos. Ao mesmo tempo, essa ideia de uma herança maldita interfere na autoestima do brasileiro – a que Souza chama de "complexo de vira-lata" – mas, sobretudo, serve para encobrir o verdadeiro roubo praticado pelo capital financeiro, na medida em que o véu do patrimonialismo/personalismo faz com que não se perceba a economia do país sendo gerida no interesse do capital financeiro, cuja consequência é o uso do dinheiro público, sobretudo, para o pagamento

87 BAUMAN, 1998.

88 ZAFFARONI, 2019, p. 101-112.

dos elevados juros da dívida pública. Essa realidade, ao mesmo tempo em que favorece o aumento da exclusão, concentra a riqueza numa pequena elite do capital financeiro internacional.[89]

Criticando igualmente a financeirização da economia da atual fase do capitalismo, Zaffaroni a chama de macrocriminalidade encoberta, por considerá-la uma forma de crime organizado que atua dentro do sistema econômico e financeiro, influenciando as decisões políticas e prejudicando a população de forma ampla. Para ele, o combate à macrocriminalidade encoberta deve ser uma prioridade das autoridades públicas, já que essas práticas criminosas afetam a democracia, a justiça social e a economia dos países[90].

7 CONSIDERAÇÕES FINAIS

O presente trabalho almejou identificar como a teoria da colonialidade, o pensamento pós-colonial e decolonial podem ser instrumentos aplicados à compreensão da realidade social brasileira. Tais perspectivas teóricas permitem demonstrar como um determinado modo de produção conjugado à invenção da raça e ao ressurgimento do poder punitivo foram instrumentalizados para dominação de povos. E que essa dominação produziu uma sociabilidade fundada na hierarquização entre seres humanos, cujos efeitos se perpetuam até os dias de hoje na realidade brasileira.

A segunda contribuição teórica foi demonstrar que no caso do Brasil, sua classe subalterna e objeto da seletividade penal não é um proletariado possuidor de consciência de classe. Portanto, as categorias criadas a partir de uma epistemologia eurocêntrica não podem ser simplesmente transpostas para nossa realidade. Faz-se necessário identificar até que ponto os achados e teorizações desenvolvidos a partir de heurísticas produzidas em contextos diversos do nosso podem ser aqui aplicadas.

A terceira contribuição consiste em apontar como o neoliberalismo, uma racionalidade econômica, torna-se hegemônica e passa a transformar não somente a economia, mas o estado, a política, a democracia e a formação das

89 SOUZA, 2018,
90 ZAFFARONI, 2019, p. 121-174.

subjetividades. Por outro modo de dizer, a terceira e última contribuição teórica foi apontar como o conjunto das ideias neoliberais tornou-se o "Zeitgeist[91]" do mundo atual. E assim compreendido o neoliberalismo, não há como escapar à conclusão de que essa racionalidade econômica normaliza a exclusão social e contribui para expansão da marginalização e condiciona como e contra quem se exerce o poder punitivo. Ao mesmo tempo, racionalidade econômica busca explicar e justificar o atual estado de coisas.

A contribuição prática que se espera possibilitar encontra-se na conjugação desses pensamentos como ferramenta de análise crítica do papel de nossas instituições e da ação dos próprios indivíduos no combate à miséria e desigualdades. Por outras palavras, aponta-se para a necessidade de descolonização do pensamento e das práticas no âmbito individual e coletivo. Sobretudo o questionamento de como as ideias do neoliberalismo revelam-se contrárias aos objetivos fundamentais de desenvolvimento, erradicação da pobreza, combate à desigualdade e à exclusão; de construção de uma sociedade livre, justa e solidária que promova o bem comum sem preconceitos ou discriminação de qualquer natureza, tal como objetivos previstos no art. 3º da Constituição Federal de 1988.

REFERÊNCIAS

ADORNO, Sérgio. **Discriminação racial e justiça criminal em São Paulo.** Novos Estudos Cebrap, São Paulo, 1995. Disponível em https://bradonegro.com/content/arquivo/11122018_194015.pdf. Acessado em 30 de jul. 2022.

ALMEIDA, Silvio. **Racismo Estrutural**. Editora Jandaíra. Edição do Kindle. 2019.

ARENDT, Hannah. **Origens do totalitarismo:** anti-semitismo, imperialismo, totalitarismo. Companhia de Bolso. Edição do Kindle. 2013.

BARATTA, Alessandro. **Criminologia Crítica e Crítica do Direito Penal**: introdução à sociologia do direito penal; 3 ed. – Rio de Janeiro: Editora Revan. Tradução de Juarez Cirino dos Santos. 6ª reimpressão 2019.

BAUMAN, Zygmunt. **O Mal-Estar da Pós-Modernidade**. Rio de Janeiro: Jorge Zahar, 1998.

[91] Hegel em seu idealismo filosófico defendia que as ideias e as formas de pensamento são a força motriz da história. Assim, o termo *Zeitgeist* (espírito do tempo) era usado em suas obras para descrever a existência de um espírito ou mentalidade que permeia uma determinada época histórica e que molda as crenças, valores e comportamentos das pessoas que nela vivem.

BECKER. Howard. **Outsiders. Estudos de Sociologia do Desvio.** Editora Zahar. Tradução de Maria Luiza X. de A. Borges. 2ªEd. 2019.

BRASIL. Código Penal de 1890. Decreto nº 847, de 11 de outubro de 1890.

______. Constituição (1988). **Constituição da República Federativa do Brasil**. Brasília, DF: Senado, 1988.

______. Ministério da Justiça e Segurança Pública. Departamento Penitenciário Nacional. **Levantamento Nacional de Informações Penitenciárias Atualização – janeiro-junho de 2022**. Disponível em: https://www.gov.br/depen/pt-br/servicos/sisdepen/relatorios-e-manuais/relatorios/relatorios-analiticos/br/brasil-junho-2022.pdf. Acesso em: 14 de mar. 2023.

CASARA, Rubens. **Contra a miséria neoliberal**. São Paulo: Autonomia Literária, 2021.

CAVALCANTI, Tiago Muniz. Sub-humanos (Mundo do trabalho). Boitempo Editorial. Edição do Kindle. 2021.

DARDOT, Pierre; LAVAL, Christian. **A nova razão do mundo**. Boitempo Editorial. 2016.

DARWIN, Charles. The Voyage Of The Beagle (Illustrated). Edição do Kindle. Londres, reimpressão de 1913.

ELIAS, Norbert. **O Processo Civilizador vol. 2**. Zahar. Edição do Kindle. 1993.

FÓRUM BRASILEIRO DE SEGURANÇA PÚBLICA. Anuário **Brasileiro de Segurança Pública 2022**. Disponível em: https://forumseguranca.org.br/wp-content/uploads/2022/07/04 -anuario-2022-morte-de-policiaisnumeros-que-retratam-caminhos-muito-mal-elaborados-de-nossa-sociedade.pdf.Acesso em 31 de jul. de 2022.

FREYRE, Gilberto. **Casa-grande** & **Senzala**. 42. ed. Rio de. Janeiro: Record, 2001.

GARCÍA, José A. Brandarez. **El Gobierno de la Punibilidad**. La complejidad de la política criminal contemporánea, Madrid, 2014.

HARARI, Yuval Noah. **Homo Deus**. Companhia das Letras. Edição do Kindle. São Paulo. 2016.

HOBSBAWN, Eric. **A era das revoluções:** 1789-1848. Paz e Terra. Edição do Kindle. São Paulo 2015.

HOLANDA, Sérgio Buarque de. **Raízes do Brasil**. São Paulo: Companhia das letras. 1995

MIGNOLO, Walter D. **Colonialidade**: o lado mais escuro da modernidade. * * Introdução de The darker side of western modernity: global futures, decolonial options (Mignolo, 2011), traduzido por Marco Oliveira. . Revista Brasileira de Ciências Sociais [online]. 2017, v. 32, n. 94. Disponível em: https://doi.org/10.17666/329402/2017. Epub 22 Jun 2017. ISSN 1806-9053. https://doi.org/10.17666/329402/2017. Acesso em 02 de ago. 2022.

QUIJANO, Aníbal. **Colonialidad y modernidad/racionalidade**. Perú Indígena, Lima, v.12, n.29, p.11-20, 1992. Disponível em https://ecumenico.org/colonialidad-y-modernidadracionalidad-1992. Acesso em 02 de ago. 2022.

QUIJANO, Anibal. **Colonialidade do poder, eurocentrismo e América Latina**. In: QUIJANO, Anibal. A colonialidade do saber: eurocentrismo e ciências sociais, perspectivas latino-americanas. Buenos Aires: CLACSO, 2005.

SAFATLE, V; JÚNIOR, N. da S; DUNKER, C. **Neoliberalismo como gestão do sofrimento psíquico**. SAFATLE, V; JÚNIOR, N. da S; DUNKER, C. (Org.). São Paulo: Autêntica, 2020.

SANTOS, Boaventura de Sousa. **A gramática do tempo**: para uma nova cultura política. Belo Horizonte: Autêntica, 2021.

______. **Para além do pensamento abissal:** das linhas globais a uma ecologia dos saberes. Novos estudos-CEBRAP, São Paulo, n.79, Nov, 71-94. 2007. Disponível em: http://www.scielo.br/pdf/nec/n79/04.pdf. Acesso em: 31 jul. 2022.

SCHWARCZ, L. K. M. Usos e abusos da mestiçagem e da raça no Brasil: uma história das teorias raciais em finais do século XIX. **Afro-Ásia**, Salvador, n. 18, 1996. DOI: 10.9771/aa.v0i18.20901. Disponível em: https://periodicos.ufba.br/index.php/afroasia/article/view/20901. Acesso em: 9 ago. 2022.

SEYFERTH, G. **A invenção da raça e o poder discricionário dos estereótipos**. Anuário Antropológico/93. Rio De Janeiro: Tempo Brasileiro, 1995. , [S. l.], v. 18, n. 1, p. 175–203. Disponível em: https://periodicos.unb.br/index.php/anuarioantropologico/article/view/6581. Acesso em: 31 jul. 2022.

SOUZA, Jessé. **A elite do atraso**: Da escravidão a Bolsonaro. Sextante. Edição do Kindle. Rio de Janeiro, 2019.

______, Jessé. **A ralé brasileira**: quem é e como vive. Leya. Edição do Kindle. 2018.

WEBER, Max. **A Política Como Vocação** seguido de A Ciência Como Vocação. Bookbuilders. 1ª Edição do Kindle, 2020.

WERMUTH, M. A. D. **Biopolítica e Polícia Soberana: a sociedade escravocrata como chave de compreensão da violência e da seletividade punitiva no Brasil.** Revista Direitos Fundamentais & Democracia, [S. l.], v. 23, n. 3, p. 284–309, 2018. DOI: 10.25192/issn.1982-0496.rdfd.v23i31262. Disponível em: https://revistaeletronicardfd.unibrasil.com.br/index.php/rdfd/article/view/1262. Acesso em: 1 ago. 2022

ZAFFARONI, Eugenio Raúl. **A Questão Criminal**. 1ª ed. Rio de Janeiro: Revan, 2013.

______. **Colonização punitiva e totalitarismo financeiro**: a criminologia do ser-aqui. Tradução de Juarez Tavares. Rio de Janeiro: Da Vinci Livros, 2021.

______.; SANTOS, Ílison Dias dos. **La nueva crítica criminológica**: Criminología en tiempos de totalitarismo financiero. Primera Edición. Quito, 2019.

CAPÍTULO 3
CAUSAL CONDITIONS OF THE EFFECTIVENESS OF CRIMINAL AND CIVIL JUSTICE IN THE EUROPEAN UNION, OECD, AND BRAZIL

José Neves Cruz[1]

SUMMARY
1 Introduction. 2 Effectiveness of criminal and civil justice. 3 Causal conditions. 3.1 Independence of the justice system from interest groups. 3.2 Transparency in the State. 3.3 Income inequality. 3.4 Accessibility to impartial, and effective alternative dispute resolution mechanisms. 4 Methodology. 5 Empirical study. 5.1 Models. 5.2. Research cases. 5.3 Calibration thresholds. 5.4 Results. 6 Discussion. 7 Conclusion. Appendix. References.

1 INTRODUCTION

The effectiveness of the justice system is a cornerstone for social interactions to take place in a climate of trust and security. In a country with an

[1] * José N. Cruz (josec@direito.up.pt) is Associate Professor of the Faculty of Law, Universidade do Porto, Portugal. He holds a PhD in Economics. He is member of the Centre for Legal Research (CIJ) and of the European Society of Criminology. He has published several monographies and scientific articles on public choice, white-collar crime, tax compliance, effectiveness of justice and academic ethics. (https://orcid.org/0000-0001-5274-6670).

ineffective justice system, crime tends to increase because the commission of crime becomes attractive due to the lack of costs associated with punishment, as an ineffective justice system allows crimes to go unpunished. There is widespread agreement in the criminological literature that the deterrent effect of a justice system in which crimes are punished quickly and effectively contributes to lower crime rates and a higher sense of security. However, the complexity of societies and economic relations over the last two centuries has contributed to a multiplication of conflicts of interest. It is true that in modern democracies, public resources have also multiplied, as the State expanded its areas of intervention and introduced extensive taxation systems that enabled it to allocate more resources to the justice system. At present, however, the expansion of public resources is quite limited, as society's resistance to tax increases is strong given the high level already achieved. However, the complexity of the social fabric is not decreasing and the demand for the justice system continues to increase. Court overload and lack of resources to meet all demands have therefore become typical of most justice systems in market democracies. Hence, as indicated by Dadurand (2014) [2], the question of how to measure and improve the performance of justice system is increasingly receiving attention. However, there remain conflicting visions of what an effective justice system should be:

> When it comes to defining the effectiveness of the criminal justice system, one is also confronted by competing visions of the purpose of the criminal justice system. A clear tension exists today between at least two opposing visions of that purpose: one inspired by a desire for peace and public safety and focused on preventing crime, resolving conflicts, and 'problem solving' generally, and a more traditional vision based on the affirmation of various legal rights and a reliance on a formal, adversarial adjudicatory process. (Dandurand, 2014, p. 390)[3]

[2] DANDURAND, Yvon. Criminal justice reform and the system's efficiency. **Criminal Law Forum**, v. 25, p. 383–440. 2014. Available in: https://doi.org/10.1007/s10609-014-9235-y. Accessed on: 05 June 2023.

[3] *Idem.*

There is, however, consensus on the disastrous consequences of the ineffectiveness of justice and on the way in which this inefficiency is revealed. Dandurand (2014, p.391)[4] identifies some symptoms of the ineffectiveness of the justice system: "unnecessary delays in completing police investigations, significant case backlogs in courts, lengthy criminal justice processes, unnecessary delays, ineffective hearings; frequent and unnecessary adjournments; age of cases; prolonged pretrial detention, failed prosecutions, or collapsed trials and ineffective trials."

This study is concerned with the effectiveness of criminal and civil justice, i.e. it ignores administrative offences. It seeks to understand whether a number of factors are configured as necessary or sufficient conditions for the existence of low or high effectiveness of criminal and civil justice systems in the countries of the European Union, the Organisation for Economic Co-operation and Development (OECD) and Brazil. For this purpose, the "fuzzy set" Qualitative Comparative Analysis is used, which allows the application of comparative principles in the qualitative study of macro-social phenomena and the identification of necessary and sufficient conditions for a given outcome. The factors examined as possible causal conditions for the degree of effectiveness of criminal justice effectiveness are the independence of the justice system from interest group influence, State transparency and economic inequality. In relation to civil justice, the first two factors are included, and instead of economic inequality, accessibility to impartial and effective alternative dispute resolution mechanisms is considered. It is also evaluated whether these conditions interact and whether there is an asymmetry of causality.

The study begins with a definition of the effectiveness of justice systems, justifying its importance and explaining how it is measured. This is followed by a description of the methodology and the empirical study, starting with the definition of the models, information on the countries included and ending with a description of the results obtained. The study continues with a discussion of the results, highlighting the necessary and sufficient conditions for high and low effectiveness of criminal and civil justice systems, respectively, and identifying possible policy measures. At the end there is a brief conclusion.

[4] *Ibidem.*

2 EFFECTIVENESS OF CRIMINAL AND CIVIL JUSTICE

For many decades, the literature of Criminology has attempted to explain the impact of deterrence on crime. In the eighteenth century, the utilitarian philosophers Beccaria ([1766] 1998) [5] and Bentham ([1789] 1988)[6] postulated that rationally acting individuals analyse the costs and benefits of various behavioural alternatives and choose the one that yields the greatest benefit over the costs. The effectiveness of the justice system in punishing offenders contributes to increasing the costs of committing crimes because punishment has economic, psychological, and social costs. Beccaria proposed a model of punishment based on three elements: certainty, severity, and celerity (Deterrence Theory – DT). Celerity is essential to the effectiveness of the justice system. It is paramount that the causal link between crime and punishment is maintained in both the offender and society. According to Karstedt (2015) [7], an effective justice system reduces the reward of crime and increases the protection of citizens. Thus, when the justice system is effective, it has a deterrent effect.

Deterrence Theory (DT) assumes that offenders exercise rational judgement and are reasonably aware of the potential costs and benefits associated with criminal acts (Becker, 1968[8]). Faced with opportunity to commit a criminal act, a person presumably weighs the costs and benefits of doing so in comparison to other behavioural options. Thus, the effectiveness of the justice system increases the costs of committing crimes. "The more the individual perceives legal sanctions as certain, swift, and/or severe, the greater is the perceived cost of crime and thus the probability of deterrence." (Williams and Hawkings, 1986: p. 546-547)[9]. Certainty and celerity are directly a result

[5] BECCARIA, Cesare. **Dei delitti e delle pene** (Tr. J. F. Costa – 1998). Lisboa: Fundação Calouste Gulbenkian. 1766.

[6] BENTHAM, Jeremy. **An introduction to the principles of morals and legislation** (1988 ed.). New York: Prometheus Books. 1789.

[7] KARSTEDT, Susanne. Does democracy matter? Comparative perspectives on violence and democratic institutions. **European Journal of Criminology**, v. 12, n. 4, p. 457–481. 2015.

[8] BECKER, Gary S. Crime and punishment: An economic approach. **Journal of Political Economy**, v. 76, n.2, p. 167-217. 1968.

[9] WILLIAMS, Kirk R., and HAWKINS, Richard. Perceptual research on general deterrence: a critical review. **Law and Society Review**, v. 20, n. 4, p. 545-572. 1986.

from the effectiveness of the system of justice, because they imply a high probability of being punished in a short time. DT assumes that offenders have rational judgement and are reasonably aware of the potential costs and benefits associated with criminal acts (Becker, 1968)[10]. Parternoster (1987)[11] confirmed that risk-perceptions of committing offenses are inversely correlated with certainty and severity.

DT contains a substantial amount of literature (e.g. Braga 2005[12]; DeAngelo and Hansen, 2014[13]; Dezhbakhsh and Shepherd, 2006[14]; Feess et al., 2018[15]; Hansen, 2015[16]). There have been several reviews of DT (e.g. Apel, 2013[17]; Apel and Nagin, 2011[18]; Cameron, 1988[19]; Chalfin and McCrary, 2017[20]; Nagin, 1998[21], 2013[22]; Paternoster, 1987,

10 BECKER, Gary S. Crime and punishment: An economic approach, *op. cit.*, 1968.

11 PATERNOSTER, Raymond. The deterrent effect of the perceived certainty and severity of punishment: a review of the evidence and issues. **Justice Quarterly**, v. 4, n. 2, p. 173–217. 1987.

12 BRAGA, Anthony A.. Hot Spots Policing and Crime Prevention: A Systematic Review of Randomized Controlled Trials. **Journal of Experimental Criminology**, v. 1, n. 3, p. 317–342. 2005.

13 DEANGELO, Gregory and HANSEN, Benjamin. Life and death in the fast lane: Police enforcement and traffic fatalities. **American Economic Journal: Economic Policy**, v. 6, n. 2, p. 231–257. 2014.

14 DEZHBAKHSH, Hashem and SHEPHERD, Joanna M.. The deterrent effect of capital punishment: Evidence from a 'Judicial Experiment'." Economic Inquiry, v. 44, n. 3, p. 512–535. 2006.

15 FEESS, Eberhard; Schildberg-Hörisch, Hannah; Schramm, Markus and Wohlschlegel, Ansgar (2018) The impact of fine size and uncertainty on punishment and deterrence: Theory and evidence from the laboratory. **Journal of Economic Behavior and Organization**, v. 149 (May), p. 58-73. 2018.

16 HANSEN, Benjamin. Punishment and deterrence: evidence from drunk driving. **American Economic Review**, v. 105, n. 4, p. 1581–1617. 2015.

17 APEL, Robert. Sanctions, perceptions, and crime: Implications for criminal deterrence. **Journal of Quantitative Criminology**, v. 29, n.1, p. 67–101. 2013.

18 APEL, Robert and NAGIN, Daniel S.. General deterrence: A review of recent evidence. In **Crime and Public Policy**. 4th edn. Oxford University Press, New York: p. 411–436. 2011.

19 CAMERON, Samuel. The economics of crime deterrence: A survey of theory and evidence. **Kyklos**, v. 41, n. 2, p. 301–323. 1988.

20 CHALFIN, Aaron and MCCRARY, Justin. "Are U.S. cities underpoliced? Theory and evidence. **Review of Economics and Statistics**, v. 100, n. 1, p. 167-186. 2018.

21 NAGIN, Daniel S. Criminal deterrence research at the outset of the Twenty-First Century. **Crime and Justice**, v. 23, p. 1–42. 1998.

22 NAGIN, Daniel S. Deterrence: a review of the evidence by a criminologist for economists. **Annual Review of Economics**, v. 5, p. 83–105. 2013.

2010[23]). Parternoster (2010: p. 765)[24] concluded that "it is very difficult to state with any precision how strong a deterrent effect the criminal justice system provides." The same author (2010: p. 818)[25] pointed out that "the literature seems to suggest that there is a marginal deterrent effect to some changes in criminal justice policy." For Chalfin and McCrary (2017: 5)[26] "Evidence in favor of deterrence effects is mixed." However, Apel (2013)[27] concluded that the perception of risk in the decision to commit a crime depends on the objective risk of sanction. Karstedt (2015: p. 466)[28] also found a "strong and negative relationship between the rule of law and interpersonal violence."

An effective justice system is characterised by two main elements: 1) it is able to detect and punish the crimes committed; 2) trials are completed quickly.

This study measures the effectiveness of criminal and civil justice systems using the World Justice Project (2021) – Rule of Law Index 2021 (WJP-RLI)[29], which includes some sub-factors that relate to the effectiveness of justice systems.

The degree of effectiveness of the criminal justice (EFFCRJUS) is measured by the average of the scores of the sub-factors of WJP-RLI 8.1 and 8.2. As can be seen in WJP–RLI (2021, p. 19)[30]: the sub-factor "8.1 Criminal investigative system is effective" measures "whether perpetrators of crimes are effectively apprehended and charged. It also measures whether police,

[23] PATERNOSTER, Raymond. How much do we really know about criminal deterrence? **Journal of Criminal Law and Criminology**, v. 100, n. 3, p. 765–823. 2010.

[24] *Idem.*

[25] *Ibidem.*

[26] CHALFIN, Aaron and MCCRARY, Justin. "Are U.S. cities underpoliced? Theory and evidence, *op. cit.*, 2018.

[27] APEL, Robert. Sanctions, perceptions, and crime: Implications for criminal deterrence, *op. cit.*, 2013.

[28] KARSTEDT, Susanne. Does democracy matter? Comparative perspectives on violence and democratic institutions, *op. cit.*, 2015.

[29] WORLD JUSTICE PROJECT. **The World Justice Project (WJP) Rule of Law Index 2021**. 2021. Available in: https://worldjusticeproject.org/sites/default/files/documents/WJP--INDEX-2021.pdf. Accessed on: 18 May 2023. The RLI includes information for all European Union and OECD countries, except Iceland, Israel and Switzerland. Costa Rica and Colombia are also excluded from the study, because they only became members of OECD in 2021 and 2020, respectively.

[30] *Idem.*

investigators, and prosecutors have adequate resources, are free of corruption, and perform their duties competently"; and the sub-factor "8.2 Criminal adjudication system is timely and effective" measures "whether perpetrators of crimes are effectively prosecuted and punished. It also measures whether criminal judges and other judicial officers are competent and produce speedy decisions."

The degree of effectiveness of civil justice (EFFCIJUS) is measured by the average of the scores of the sub-factors of WPJ-RLI 7.5 and 7.6. As can be seen in WJP–RLI (2021, p. 18)[31]: the sub-factor "7.5 Civil justice is not subject to unreasonable delay" measures "whether civil justice proceedings are conducted and judgments are produced in a timely manner without unreasonable delay"; and the sub-factor "7.6 Civil justice is effectively enforced" measures "the effectiveness and timeliness of the enforcement of civil justice decisions and judgments in practice".[32] The data from WJP-RLI (2021)[33] was mainly collected for the year 2020.[34] According to WJP-RLI (2021, p. 181)[35] the information is collected in two surveys:

> World Justice Project in each country: a General Population Poll (GPP) and a series of Qualified Respondents' Questionnaires (QRQs). These two data sources collect up-to-date firsthand information that is not available at the global level, and constitute the world's most comprehensive dataset of its kind. They capture the experiences and perceptions of ordinary citizens and in-country professionals concerning the performance of the state and its agents and the actual operation of the legal framework in their country or jurisdiction.
> (...)
> The GPP questionnaire includes 127 perception-based questions and 213 experience-based questions, along with socio-demographic

[31] *Ibidem.*

[32] For further information about these measures see https://worldjusticeproject.org.

[33] WORLD JUSTICE PROJECT. **The World Justice Project (WJP) Rule of Law Index 2021**, *op. cit.*, 2021.

[34] See in WORLD JUSTICE PROJECT. **The World Justice Project (WJP) Rule of Law Index 2021**, *op. cit.*, 2021, p. 181, the complete description of the years involved in the RLI rankings.

[35] *Idem.*

> information on all respondents. The questionnaire is translated into local languages, adapted to common expressions, and administered by leading local polling companies using a probability sample of 1,000 respondents.
> (...)
> The QRQs complement the household data with assessments from in-country practitioners and academics with expertise in civil and commercial law, criminal and constitutional law, labor law, and public health. These questionnaires gather timely input on a range of topics from practitioners who frequently interact with state institutions. Such topics include information on the efficacy of courts, the strength of regulatory enforcement, and the reliability of accountability mechanisms.

3 CAUSAL CONDITIONS

In examining the effectiveness of criminal and civil justice, three causal conditions were considered. However, the conditions expected to influence these two justice systems are not necessarily the same. The "Independence of the judicial system from interest groups" and the "Transparency in the State" are two causal conditions used to explain the effectiveness of both criminal and civil justice. "Income inequality" is the third causal condition for the effectiveness of the criminal justice system, as the literature shows that inequality increases social tensions and crime and thus puts pressure on the criminal justice system. In contrast, inequality is not expected to lead to more civil conflict and an increase in pressure on the civil justice system, as asymmetries between rich and poor in access to civil justice tend to discourage the poorest from using the justice system to resolve conflicts. The third causal condition for the effectiveness of civil justice system is the existence of "Alternative dispute resolution mechanisms" that reduce pressure on the civil justice system.

A brief explanation of the reasons for including each causal condition and an indication of how they are measured follows.

3.1 Independence of the justice system from interest groups

Public decisions result from the aggregation of citizens' preferences. In democratic countries, the aggregation of preferences is done by the political system, which provides aggregation rules based on the majority of votes. However, most citizens are not well informed and do not recognise the influence of minorities made up of well-informed and organised interest groups[36]. The "Public Choice" literature has shown that well-informed and powerful interest groups (minorities) who have resources, easy access to the "media" and proximity to political power influence public choice in favour of their interests (Becker, 1983[37]; Krueger, 1974[38]; Olson, 1965[39]; Stigler, 1974[40], Tullock, 1967[41]). An interest group can be defined as a group of members (individuals, companies, institutions) who have one or more common interests and who organise themselves, obtain information and use resources to put pressure on public decision-makers to make decisions in favour of the group's interests. Examples of interest groups in democracies are trade unions, professional and business associations, sectoral, cultural and civic associations, environmental and consumer protection movements, sports associations and clubs, voluntary service organisations and corporations.

Pressure from interest groups can also be directed at judicial decisions and affect the functioning of the judicial system. According to Elhauge (1991,

[36] Cfr. CRUZ, José. **Análise económica da procura no mercado político: Quem determina as escolhas públicas: eleitores ou grupos de interesse?** Porto: Vida Económica. 1998. and CRUZ, José. **A influência da burocracia and dos grupos de interesse na escolha pública: Revisão de estudos do século XX and uma aplicação empírica aos municípios portugueses and galegos.** Edição CIJE. Coimbra: Coimbra Editora (impressão). 2009.

[37] BECKER, Gary S. A Theory of competition among pressure groups for political influence. **Quarterly Journal of Economics**, v. 47, n.3, p. 371-400. 1983.

[38] KRUEGER, Anne. The political economy of the rent-seeking society. **American Economic Review**, v. 64, n. 3, p. 291-303. 1974.

[39] OLSON, Mancur. **The logic of collective action**. Cambridge: Harvard University Press. 1965.

[40] STIGLER, George. Free riders y collective action: An appendix to theories of economic regulation. **Bell Journal of Economics and Management Science**, v. 5, n. 2, p. 359-365. 1974.

[41] TULLOCK, Gordon. The welfare costs of tariffs, monopolies, and theft. **Western Economic Journal,** v. 7, p. 224-232. 1967.

p. 34)[42]: "The litigation process cannot be treated as exogenous to interest group theory, because that process is also subject to forms of interest group influence". This was confirmed by Gutmann and Voigt (2019), who found evidence that "prosecutorial independence favors the prosecution of different types of public officials" (Gutmann and Voigt, 2019, p. 1)[43].

The influence of interest groups is to be expected especially in cases involving decisions that may harm the interests of the group (abolition of privileges). It is therefore to be expected that interest groups will exert pressure to avoid or delay unfavourable decisions and to accelerate favourable decisions. Indeed, it is not possible to determine *a priori* whether interest group pressure will speed up or delay judicial decision-making. In the absence of studies on the relationship between the degree of independence of judicial decisions from interest groups and the effectiveness of the justice system, this study is exploratory Therefore, no assumption has been made about how interest groups affect the effectiveness of the justice system, i.e. they are not assumed to increase or decrease the effectiveness of the justice system. This study merely postulates that interest groups can influence judicial procedures and decisions and examines how this relationship plays out in the countries considered. It is assumed that the influence of interest groups on judicial decisions can exist at both the criminal justice and civil justice levels, which is why this condition was included in both models.

The measure of the degree of independence of the justice system from interest groups (INDIG) was also obtained in WJP-RLI (2021)[44] and consists of the scores of the sub-factor "2.2 Government officials in the judicial branch do not use their public office for private gain", which measures "whether judges and judicial officials refrain from soliciting and accepting bribes to perform duties or expedite processes, and whether the judiciary and judicial rulings are free of improper influence by the government, private interests,

[42] ELHAUGE, Einer R. Does interest group theory justify more intrusive judicial review? **The Yale Law Journal**, v. 101, n. 1, p. 31-110. 1991.

[43] GUTMANN, Jerg and VOIGT, Stefan. The independence of Prosecutors and Government accountability. **Supreme Court Economic Review**, 27, p. 1-19. 2019.

[44] WORLD JUSTICE PROJECT. **The World Justice Project (WJP) Rule of Law Index 2021**, *op. cit.*, 2021.

and criminal organizations." (WJP–RLI, 2021, p. 18)[45]. The data from WJP--RLI (2021)[46] was mainly collected for the year 2020.

3.2 Transparency in the State[47]

The principle of transparency has acquired great importance in the context of the new administrative law, which involves significant changes compared to the traditional ways of exercising administrative activity, introducing new concepts and emphasising certain principles such as the principle of transparency or the principle of efficiency.

Several definitions of transparency can be found in the literature. For Chevalier (1988)[48], transparency refers to the concrete relationships in an institution between individuals and groups that are perceived by the observer. Porumbescu (2017)[49] understands transparency as the extent to which external bodies have access to information about the functioning of organisations. Grimmelikhuijsen and Meijer (2014)[50] explain that transparency is the degree of availability of information about an organisation or actor that enables external bodies to monitor the internal functioning or value of the organisation. The principle of transparency enables public decision-makers to be held accountable, as the publication of the actions of the public administration enables governments to be held accountable for the actions and policies adopted. There are two main criteria for transparency in the literature:

45 *Idem.*

46 *Ibidem.*

47 The theoretical aspects of this section are a reproduction in English of CRUZ, José N. Condições causais dos níveis de transparência nos países europeus. **Boletim de Ciências Económicas**, vol. LXIV, p. 71-75. 2021.

48 CHEVALIER, Jacques. **Le mythe de la transparence administrative**, Centre Universitaire de Recherces Administratives et Politiques de Picardie, Informacion et Transparence Administrative, Paris: Presses Universitaires de France (PUF). 1988.

49 PORUMBESCU, Gregory. Does transparency improve citizens' perceptions of government performance? Evidence from Seoul, South Korea. **Administration and Society**, v. 49, n.3, p. 443-468. 2017.

50 GRIMMELIKHUIJSEN, Stephan G. and MEIJER, Albert J. Effects of transparency on the perceived trustworthiness of a government organization: Evidence from an online experiment. **Journal of Public Administration Research and Theory**, v. 24, n. 1, p. 137 – 57. 2014.

(1) Transparency means increasing the quantity and quality of information available to interested parties (*information* transparency dimension)
(2) Transparency means increasing the constraints on decision makers to allow citizens to access information and hold them accountable for their actions (the "accountability" dimension).

As for the information dimension of transparency, according to Williams (2015)[51], transparency takes into account not only the quantity but also the quality of information and the whole infrastructure of information production. The accountability dimension of transparency focuses on the ease of access to information and the behavioural constraints of public or political actors in terms of the obligation to disclose information in a timely and understandable manner, the forms of control and access by citizens and, furthermore, the accountability structures in place.

Several authors present definitions of transparency based on the information dimension of transparency. For Ferranti (2009)[52], transparency is the availability and improvement of the flow of information to the public regarding government action in a timely, comprehensive, relevant, high-quality and reliable manner. Florini (2000)[53] points out that transparency is the disclosure of information by institutions that is relevant to the evaluation of those institutions. Vishwanath and Kaufmann (1999)[54] define transparency as a high flow of timely and reliable economic, social and political information that is accessible to all interested parties. The OECD (2002)[55] focuses on

[51] WILLIAMS, Andrew. A global index of information transparency and accountability. **Journal of Comparative Economics**, v. 43, n. 3, p. 804–824. 2015.

[52] FERRANTI, David; JACINTO Justin; ODY, Anthony and RAMSHAW, Graeme. **How to improve Governance: a new framework for analysis and action**. Washington, DC: Brookings Institution. 2009.

[53] FLORINI, Ann. Does the invisible hand need a transparent glove? **Research Collection School of Social Sciences.** Paper 2092. 2000. Available in: https://ink.library.smu.edu.sg/soss_research/2092. Accessed on: 09 July 2021.

[54] VISHWANATH, Tara and KAUFMANN, Daniel. **Towards transparency in finance and governance**. (September 1999). Available in: SSRN < https://ssrn.com/abstract=258978>. Accessed on: 11 March 2020.

[55] OCDE. **Foreign direct investment for development-maximising benefits, minimising costs**. OECD Secretariat. 2002. Available in: https://www.oecd.org/investment/investmentfordevelopment/1959815.pdf. Accessed on: 09 July 2021.

the elimination of information asymmetries, drawing on Stiglitz (2000)[56], who points out that transparency is just another name for information and therefore greater transparency is a means of minimising information asymmetries in the market.

As for "accountability", there are also several definitions of transparency that essentially focus on easy access to information. Kopits and Craig (1998)[57] define (fiscal) transparency as openness to the public regarding the structure and functions of government, fiscal policy intentions, public sector accounts and projections. Andreula, Chong and Guillén (2009)[58] point out that it is not the information itself that is important, but the fact that the information is potentially discoverable. According to the transparency aspect of "accountability", public authorities can refrain from corrupt behaviour if they know that there is a high probability that this information will be perceived and understood by interested parties.

Cucciniello, Porumbesco and Grimmelikhuijsen (2017)[59] published a summary review of twenty-five years of research (between 1990 and 2015) on governance transparency and summarised the research findings. They found that research on transparency in public administration is sustained and widespread. The findings show that transparency has an impact on citizens in terms of participation, trust in government and satisfaction. It also has an impact on government in terms of accountability, reduction of corruption, improved performance, decision-making processes, financial management and cooperation between governments. The authors noted that the studies mainly focus on three forms of transparency in relation to the object of governance: administrative; policy and budget. The first refers to the structural characteristics and procedures of public organisations and the various functions they perform. The second relates to information about those elected,

[56] STIGLITZ, Joseph E. The contributions of the economics of information to twentieth century economics. **Quarterly Journal of Economics**, v. 115, n. 4, p. 1441–1478. 2000.
[57] KOPITS, George and CRAIG, Jon. Transparency in government operations. **IMF Occasional Paper** 158. Washington: International Monetary Fund. 1998.
[58] ANDREULA, Nicolo, CHONG, Alberto and GUILLÉN, Jorge B. Institutional quality and fiscal transparency, **Inter-American Development Bank Research Paper** 36. 2009.
[59] CUCCINIELLO, Maria; PORUMBESCU, Gregory A. and GRIMMELIKHUIJSEN, Stephan. 25 Years of transparency research: Evidence and future directions. **Public Administration Review**, v. 77, n. 1, p. 32–44. 2017.

from remuneration to participation in various decision-making processes. The third is about how public organisations use their funds and what steps they take to make financial information public. In terms of governance activities, three forms of transparency have also been identified in the literature: in decision-making, in policy and in policy outcomes. Transparency in decision-making has to do with information about the debate and discussions that led to the adoption of a particular policy. Policy transparency refers to information that discusses what a particular policy intends to do, what it does and why it happens. Transparency of policy outcomes includes the information that explains the success of a policy in achieving its objectives.

The results of the study by Cucciniello, Porumbesco and Grimmelikhuijsen (2017)[60] were divided into two areas: impact on government and impact on citizens. The authors conclude that there is evidence of the positive impact of transparency on government. A consistent relationship was found between transparency and corruption, i.e., more transparency leads to less corruption. The authors also conclude that a positive relationship between transparency and the quality of financial management is consistently confirmed in the empirical literature. The authors also found a positive relationship between transparency and government (or public organisations) performance.

As for the impact on citizens, the results of 25 years of research are rather mixed, i.e., there was no clear evidence of a positive relationship between transparency and citizen participation, trust in government and government accountability.

A relationship between the degree of transparency in a country and the effectiveness of its judicial system has not yet been investigated. However, it can be assumed that the greater the institutional transparency in a society, the easier it is to detect and prove deviant behaviour. In other words, transparency is expected to contribute to the effectiveness of the justice system by facilitating access to information and holding decision-makers accountable. Therefore, countries with higher levels of transparency are also expected to have more effective justice systems. This relationship applies to both criminal justice and civil justice.

[60] CUCCINIELLO, Maria; PORUMBESCU, Gregory A. and GRIMMELIKHUIJSEN, Stephan. 25 Years of transparency research: Evidence and future directions, *op. cit.*, 2017.

The degree of transparency (TRANSP) is measured by the average of the scores of the factors of WJP-RLI 1 and 3. Factor 1 ("Constrains on government powers") measures the accountability dimension of transparency and factor 3 ("Open government") measures the information dimension of transparency. As can be seen in WJP–RLI (2021, p. 16)[61], factor 1 includes the following sub-factors:

1.1 Government powers are effectively limited by the legislature: measures whether legislative bodies have the independence and the ability in practice to exercise effective checks on and oversight of the government.
1.2 Government powers are effectively limited by the judiciary: measures whether the judiciary has the independence and the ability in practice to exercise effective checks on and oversight of the government.
1.3 Government powers are effectively limited by independent auditing and review: measures whether comptrollers or auditors, as well as national human rights ombudsman agencies, have sufficient independence and the ability to exercise effective checks on and oversight of the government.
1.4 Government officials are sanctioned for misconduct: measures whether government officials in the executive, legislature, judiciary, and the police are investigated, prosecuted, and punished for official misconduct and other violations.
1.5 Government powers are subject to non-governmental checks: measures whether an independent media, civil society organizations, political parties, and individuals are free to report and comment on government policies without fear of retaliation.
1.6 Transition of power is subject to the law: measures whether government officials are elected or appointed in accordance with the rules and procedures set forth in the constitution. Where elections take place, it also measures the integrity of the electoral process, including access to the ballot, the absence of intimidation, and public scrutiny of election results.

[61] WORLD JUSTICE PROJECT. **The World Justice Project (WJP) Rule of Law Index 2021**, *op. cit.*, 2021.

As can be seen in WJP–RLI (2021, p. 17)[62], factor 3 includes the following sub-factors:

3.1 Publicized laws and government data: measures whether basic laws and information on legal rights are publicly available, presented in plain language, and made accessible in all languages used in the country or jurisdiction. It also measures the quality and accessibility of information published by the government in print or online, and whether administrative regulations, drafts of legislation, and high court decisions are made accessible to the public in a timely manner.
3.2 Right to information: measures whether requests for information held by a government agency are granted, whether these requests are granted within a reasonable time period, if the information provided is pertinent and complete, and if requests for information are granted at a reasonable cost and without having to pay a bribe. It also measures whether people are aware of their right to information, and whether relevant records are accessible to the public upon request.
3.3 Civic participation: measures the effectiveness of civic participation mechanisms, including the protection of the freedoms of opinion and expression, assembly and association, and the right to petition the government. It also measures whether people can voice concerns to various government officers, and whether government officials provide sufficient information and notice about decisions affecting the community.
3.4 Complaint mechanisms: measures whether people are able to bring specific complaints to the government about the provision of public services or the performance of government officers in carrying out their legal duties in practice, and how government officials respond to such complaints.

The data from WJP-RLI (2021)[63] was mainly collected for the year 2020.

[62] *Idem.*
[63] *Ibidem.*

3.3 Income inequality

The relationship between the degree of income inequality and the effectiveness of criminal justice has not yet been studied. However, the criminological literature suggests that inequality is one of the determinants of violent crime[64] (Buonanno and Vargas[65], 2019; Coccia, 2018[66]; Santos, Testa and Weiss, 2018[67]). Rufrancos et al. (2013)[68] examined 17 articles on the relationship between inequality and crime and concluded that: "property crime increases with rising income inequality, and specific measures of violent crime, such as homicide and robbery, also display sensitivity to income inequality over time." (Rufrancos et. al, 2013, p. 1[69]). However, Kim, Seo and Hong (2022)[70] in a meta-analysis for Europe that focused on the relationship between inequality and crime, concluded that inequality has a very small or no effect on crime in Western/Southern Europe and a significant association in Eastern/Northern Europe. The authors claim that the low correlation between inequality and crime in Europe could be due to "the well-developed welfare system, which helps to buffer the adverse effects of being poor." (Kim, Seo and Hong, 2022, p. 573)[71].

[64] A review of the relationship between income inequality and crime can be found in KIM, Bitna; SEO, Chunghyeon and HONG, Young-Oh. A systematic review and meta-analysis of income inequality and crime in Europe: Do places matter? **European Journal on Criminal Policy and Research**, v. 28, p. 573–596. 2022 (p. 575-576).

[65] BUONANNO, Paolo and VARGAS, Juan F. Inequality, crime, and the long run legacy of slavery. **Journal of Economic Behavior and Organization** v. 159 (March), 539-552. 2019.

[66] COCCIA, Mario. Violent crime driven by income inequality between countries. **Turkish Economic Review**, v. 5, n. 1, p. 33-55. 2018.

[67] SANTOS, Mateus R., Testa, Alexander and Weiss, Douglas. B. Where poverty matters: Examining the cross-nation relationship between economic deprivation and homicide. **British Journal of Criminology**, v. 58, n. 2, p. 372-393. 2018.

[68] RUFRANCOS, Hector Gutierrez; POWER, Madeleine; PICKETT, Kate E. and WILKINSON, Richard. Income inequality and crime: A review and explanation of the time–series evidence. **Sociology and Criminology**, v. 1, p. 103. 2013.

[69] *Idem.*

[70] KIM, Bitna; SEO, Chunghyeon and HONG, Young-Oh. A systematic review and meta-analysis of income inequality and crime in Europe: Do places matter?, *op. cit.*, 2022.

[71] *Idem.*

There is also evidence that inequality at the level of non-violent crimes, such as corruption, is associated with higher crime rates (e.g., Policardo and Carrera, 2018[72]; You and Khagram, 2005[73]).

Inequality contributes to the denial of economic opportunities to the most disadvantaged, which increases social tensions and the spread of crime. Cruz (2021)[74] uses institutional anomie theory[75] to show that income inequality contributes to higher levels of homicide and corruption.

It is therefore to be expected that in countries with greater income inequality, crime is also higher and thus a greater congestion in the criminal justice system is more likely. Accordingly, the hypothesis that countries with greater income inequality have lower effectiveness of the criminal justice system is examined.

The degree of income inequality (INEQUAL) is measured by the estimate of Gini index of inequality in equivalized (square root scale) household disposable (post-tax, post-transfer) income.[76] The values of the Gini index were collected in the Standardised World Income Inequality Database (SWIID), which follows a Bayesian approach to standardising observations[77]. As described in Solt (2020)[78], the SWIID maximizes the comparability of available

[72] POLICARDO, Laura and CARRERA, Edgar. J. Sanchez. Corruption causes inequality, or is it the other way around? An empirical investigation for a panel of countries. **Economic Analysis and Policy**, v. 59 (September), p. 92–102. 2018.

[73] YOU, Jong-sung and KHAGRAM, Sanjeev. A comparative study of inequality and corruption. **American Sociological Review**, v. 70, n. 1, p. 136-157. 2005.

[74] CRUZ, José N. A fuzzy-set qualitative comparative analysis of corruption and homicide in Organisation for Economic Co-operation and Development countries through the lens of the Institutional Anomie Theory, **European Journal of Criminology**, First Published 22 Sep 2021. https://doi.org/10.1177/14773708211037898.

[75] Cfr. MERTON Robert K. Social structure and anomie. **American Sociological Review**, v. 3, n. 5, p. 672–682. 1938 and MESSNER Steven F. and ROSENFELD, Richard. **Crime and the American dream** (5th edition – 2012). Belmont CA: Wadsworth Publishing Co. Inc. 1994.

[76] SWIID Version 9.1, May 2021: https://dataverse.harvard.edu/dataset.xhtml?persistentId=doi:10.7910/DVN/LM4OWF. Accessed 09 August 2022.

[77] The data was collected from the OECD Income Distribution Database, the Socio- Economic Database for Latin America and the Caribbean generated by CEDLAS and the World Bank, Eurostat, the World Bank's PovcalNet, the UN Economic Commission for Latin America and the Caribbean, national statistical offices around the world, and many other sources.

[78] SOLT, Frederick. Measuring income inequality across countries and over time: The Standardized World Income Inequality Database. **Social Science Quarterly**, v. 101, n. 3, p. 1183-1199. 2020.

income inequality data for the broadest possible sample of countries and years. A Gini index of 0 represents perfect equality, while an index of 100 represents maximum inequality. The data was collected for the year 2020.[79]

3.4 Accessibility to impartial, and effective alternative dispute resolution mechanisms

The means of alternative dispute resolution (ADR) are procedures that serve as an alternative to court proceedings and essentially fall within the scope of civil procedural justice. According to Frade (2003)[80], ADR has made it possible to meet the demand for quick and effective solutions, especially in relation to consumption and credit. The same author points out that the provision of ADR mechanisms relieves judicial bodies of many less important proceedings and allows them to focus on the investigation and evaluation of more complex and legally challenging cases, thereby improving the quality of judicial production itself. The use of ADR mechanisms thus relieves the civil justice system and makes it more effective. Hensler (2003)[81] describes the ADR experience in the United States, the country that introduced ADR in the judicial system, and points out that "there has been a dramatic decrease in the fraction of civil cases reaching trial." (Hensler, 2003, p. 167)[82]. Neto and Bonmann (2020)[83] show that ADR makes society economically and socially better off compared to court proceedings.

For Frade (2003)[84], the main benefits of alternative dispute resolution lie in facilitating access to justice, especially for the most disadvantaged, taking into account lower costs, a certain informality and greater celerity. Moreover,

[79] Japan – 2028; Slovakia – 2019.

[80] FRADE, Catarina. A resolução alternativa de litígios and o acesso à justiça: A mediação do sobreendividamento. **Revista Crítica de Ciências Sociais**, v. 65, Maio, p. 107-128. 2003.

[81] HENSLER, Deborah R. Our courts, ourselves: how the alternative dispute resolution movement is re-shaping our legal system. **Penn State Law Review**, v. 108, n. 1, p. 165-198. 2003.

[82] *Idem.*

[83] NETO, Orlando da Silva and BONMANN, Elton. The social benefits of enhancing the use of alternative dispute resolution mechanisms: An introductory economic approach. **Revista Jurídica Luso- Brasileira**, v. 6, n. 4, p. 2241 – 2268. 2020.

[84] FRADE, Catarina. A resolução alternativa de litígios and o acesso à justiça: A mediação do sobreendividamento, *op. cit.*, 2003.

these mechanisms take into account the interests and feelings of the parties and aim for a win-win solution, resulting in less personal and social stigma. However, according to Neto and Bonmann (2020, p. 2264)[85], the benefits are not only for the parties to the conflict, but for society as a whole, as it "allows for more productive ways to allocate time and resources, consequently causing the enhancement of economic growth and society's quality of life". In addition, ADR is a major benefit for civil justice: "ADR may solve the problem of over-burdened courts" (Neto and Bonmann, 2020, p. 2243)[86].

The measure of the degree of access to alternative dispute resolution mechanisms (ADR) was also obtained in WJP-RLI (2021)[87] and consists of the scores of the sub-factor "7.7 Alternative dispute resolution mechanisms are accessible, impartial, and effective", which measures "whether alternative dispute resolution mechanisms (ADRs) are affordable, efficient, enforceable, and free of corruption" (WJP–RLI, 2021, p. 18)[88]. The data from WJP-RLI (2021)[89] was mainly collected for the year 2020.

4 METHODOLOGY

The methodology employed in this research is the fuzzy-set Qualitative Comparative Analysis (fsQCA), based on Ragin (2000[90], 2008[91]). FsQCA uses Boolean algebra to implement principles of comparison in the qualitative study of macrosocial phenomena and is well-established in the social science

[85] NETO, Orlando da Silva and BONMANN, Elton. The social benefits of enhancing the use of alternative dispute resolution mechanisms: An introductory economic approach, *op. cit.*, 2020.

[86] *Idem.*

[87] WORLD JUSTICE PROJECT. **The World Justice Project (WJP) Rule of Law Index 2021**, *op. cit.*, 2021.

[88] *Idem.*

[89] *Ibidem.*

[90] RAGIN, Charles C. **Fuzzy-set social science**. Chicago Il: University of Chicago Press. 2000.

[91] RAGIN, Charles C. **Redesigning social inquiry: Fuzzy sets and beyond**. Chicago Il: University of Chicago Press. 2008.

literature (Pappas and Woodside, 2021[92]; Roig-Tierno, Gonzalez-Cruz and Llopis-Martinez, 2017[93]).

With fsQCA, it is possible to find the necessary and sufficient conditions (pathways of causality) for a given outcome. Computer algorithms developed by electrical engineers in the 1950s provide techniques to simplify this type of data. In this study, the data were computed using the fsQCA 3.0 software package developed by Charles Ragin and Sean Davey, which uses the Quine-McCluskey algorithm.[94]

Using the fsQCA method for macro studies has several advantages. First, it does not require a large number of cases to validate the results. Second, it allows for multiple causality, i.e., different combinations of conditions (causal pathways) can explain the level of effectiveness of the justice system. Finally, we can explore the hypothesis of non-symmetry, i.e., we can find out whether or not the conditions for a high level of effectiveness in a country's justice system are the opposite of the conditions for a low level of effectiveness.

The "fuzzy set" is one of the variants of Qualitative Comparative Analysis (QCA). Here the variables are categorical with the value "zero" or "one", and the value "one" means that the case belongs to a certain set.[95] In contrast, the fsQCA allows gradations in the degree of membership to a certain set (continuous variable). In the fsQCA, the degree of membership to the sets varies on a scale between "zero" (non-member) and "one" (maximum membership), with the value 0.5 representing the point of maximum ambiguity. The conversion of variable values into degrees of membership to sets is called data calibration.

92 PAPPAS, Ilias O. and WOODSIDE, Arch G. Fuzzy-set Qualitative Comparative Analysis (FSQCA): Guidelines for research practice in information systems and marketing. **International Journal of Information Management**, v. 58. 2021.

93 ROIG-TIERNO, Norat; GONZALEZ-CRUZ; Tomas F. and LLOPIS-MARTINEZ, Jordi. An overview of qualitative comparative analysis: A bibliometric analysis. **Journal of Innovation and Knowledge**, v. 2, n. 1, p. 15-23. 2017.

94 . Available in: http://www.socsci.uci.edu/~cragin/fsQCA/software.shtml. Accessed on 19 September 2022.

95 Each set of data corresponds to what is called a variable in multivariate analysis. In the nomenclature of the methodology, the explanatory variables are the conditions and the dependent variable is the result ("outcome").

The fsQCA uses the term causality within Boolean logic. It should be noted that no statistical causality tests are performed. The procedure is to determine the extent to which a given set contains or is contained in the other set. According to Boolean logic, condition A is a necessary condition for outcome K if for each case (in this study for each country) the degree of membership in set A is consistently greater than or equal to the degree of membership in set K, i.e., K is a subset of A. Condition B (which can be a defined as a combination of conditions, e.g. high transparency and low inequality) is a sufficient condition for K to occur if for all cases the degree of membership in condition B is consistently less than or equal to the degree of membership in K. This means that B is a subset of K.[96]

The fsQCA implies two key concepts: consistency and coverage. According to Ragin (2000)[97], consistency indicates the degree to which cases that are members of a particular condition (or combination of conditions) are also members of the outcome. If the consistency of a causal pathway is low, it is not supported by empirical evidence. According to Fiss (2011)[98], in fsQCA, the consistency of a causal pathway must be at least 90% (0.9) to consider it a necessary condition, and the consistency of a causal pathway must be at least 75% (0.75) to consider it a sufficient condition. In addition, the consistency of a solution (set of all causal pathways that constitute sufficient conditions) must be greater than 75 % (0.75).

Coverage refers to the number of cases for which a particular causal pathway is valid. Unlike consistency, the fact that the coverage of a causal pathway is low does not mean that it is less relevant. However, a coverage of a solution of more than 50% (0.5) is desirable for it to be considered valid.

In this study, the data of the sets are calibrated in the range between zero and one, using as thresholds the percentiles 95 (full membership),

[96] Combinations of conditions are not considered in the study of necessary conditions, since the "and" in the sense of logic corresponds to the combination of conditions (A and B), the values of the combination set being obtained by the minimum membership value of each case in the combined sets. If the individual conditions are not necessary conditions (the values of membership in A are not consistently greater than the values of membership in K), logically no combination of these conditions is necessary either.

[97] RAGIN, Charles C. **Fuzzy-set social science**, *op. cit.*, 2000.

[98] FISS, Peer C. Building better causal theories: A fuzzy set approach to typologies in organization research. **Academy of Management Journal**, v. 54, n.2, p. 393–420. 2011.

50 (central point); 5 (full non-membership): Values above 0.5 indicate membership in a particular set: the closer to percentile 95, the higher the degree of membership in the set; values below 0.5 indicate non-membership in a particular set: the closer to percentile 5, the higher the degree of membership in the negation (~) – logical complement – of the set; values near percentile 50 are points of maximum ambiguity. As mentioned by Choi and Cho (2018)[99], percentiles are commonly used in fsQCA studies: "one general method used for calibration is by using three anchor values (percentiles 0.95, 0.5, and 0.05) to convert raw data to fuzzy score." (Choi and Cho 2018: p. 4417[100]). This approach is appropriate when there is no clear theoretical or empirical knowledge on how to determine the midpoints (points of maximum ambiguity) of fuzzy membership values. Indeed, there is no theoretical or empirical evidence on what values of justice system effectiveness, interest group influence, inequality and access to alternative dispute resolution mechanisms should lie in the grey area between "in" (belonging to the set) and "out" (belonging to the logical complement of the set).

The fsQCA offers three solutions: the complex solution, the intermediate solution, and the parsimonious solution. The solution refers to "a combination of pathways supported by a high number of cases for which the rule 'the combination leads to the outcome' is consistent" (Pappas and Woodside 2021, p. 11[101]). The intermediate solution is part of the complex solution and includes the parsimonious solution. Thus, the parsimonious solution represents the core conditions that cannot be omitted from any solution. The complex and parsimonious solutions are calculated without simplifying assumptions.

The complex solution is limited, because it excludes all counterfactual combinations (remainders, i.e., the combinations of conditions with no case member, all set to false in the complex solution). This limitation is greater when the number of cases is relatively small, as is the case in this study.

[99] CHOI, Kyoungho and CHO, Jung Keun. Exploring fuzzy set Qualitative Comparative Analysis to health-related OECD data. International. Journal of Applied. **Engineering Research**, v. 13, n. 6, p. 4415-4422. 2018. Available in: https://www.ripublication.com/ijaerl8/ijaervl3n6_172.pdf. Accessed on: 09 August 2022.

[100] *Idem.*

[101] PAPPAS, Ilias O. and WOODSIDE, Arch G. Fuzzy-set Qualitative Comparative Analysis (FSQCA): Guidelines for research practice in information systems and marketing, *op. cit.*, 2021.

The parsimonious solution includes all possible counterfactual combinations that can contribute to a logically simpler solution, regardless of theoretical cues (it includes remainders that are in harmony with theoretical and empirical knowledge – easy counterfactuals – and also difficult counterfactuals).

The intermediate solution also incorporates remainders, but only those that are plausible counterfactuals (easy counterfactuals). The intermediate solution uses theory-based assumptions (about how a condition contributes to the outcome). It "is based on information about the causal conditions that the user inputs based on his or her substantive knowledge." (Ragin 2008: p. 144[102]). Three assumptions inspired by previous findings were included in this study: a positive relationship between transparency and the effectiveness of criminal and civil justice; a negative relationship between inequality and the effectiveness of criminal justice; and a positive relationship between access to alternative dispute resolution mechanisms and the effectiveness of civil justice. Introducing these assumptions into the algorithm allows for the identification of the easy counterfactuals that feed into the intermediate solution.

According to Fiss (2011)[103], the combination of the parsimonious and intermediate solutions provides a clearer and more detailed view of the results: The core conditions are included in the parsimonious solution, and the core and peripheral conditions are included in the intermediate solution.

5 EMPIRICAL STUDY

5.1 Models

The aim of this study is to investigate whether the degree of independence of the justice system from interest groups (INDIG), the degree of transparency (TRANSP) and the degree of income inequality (INEQUAL) are necessary or sufficient conditions (alone or in combination) for high or low effectiveness of a country's criminal justice system (EFFCRJUS)

[102] RAGIN, Charles C. **Redesigning social inquiry: Fuzzy sets and beyond**, *op. cit.*, 2008.

[103] FISS, Peer C. Building better causal theories: A fuzzy set approach to typologies in organization research, *op. cit.*, 2011.

EFFCRJUS = f(INDIG; TRANSP; INEQUAL) – (high effectiveness of criminal justice model)
~[104] *EFFCRJUS = g(INDIG; TRANSP; INEQUAL)* – (low effectiveness of criminal justice model)
It also seeks to determine whether the degree of independence of the justice system from interest groups (INDIG), the degree of transparency (TRANSP) and the degree of access to alternative dispute resolution mechanisms (ADR) are necessary or sufficient conditions (alone or in combination) for high or low effectiveness of a country's civil justice system (EFFCIJUS).
EFFCIJUS = f(INDIG; TRANSP; ADR) – (high effectiveness of civil justice model)
~ *EFFCIJUS = g(INDIG; TRANSP; ADR)* – (low effectiveness of civil justice model)

The possibility of a causal asymmetry between high and low effectiveness of criminal and civil justice is also explored.

5.2 Research cases

This study covers 39 cases (countries), including Brazil, the European Union and OECD countries – with the exception of Iceland, Israel and Switzerland (not assessed in WJP-RLI, 2021) and Costa Rica and Colombia, which only became members of the OECD in 2021 and 2020, respectively.[105]

There are major differences among OECD members, as Castles and Obinger (2008)[106] point out, but they share a common reference: they are committed to democracy, the market economy, and OECD policy standards.

104 "~" Is the logical complement – "negation".

105 Australia, Austria, Belgium, Brazil, Bulgaria, Canada, Chile, Croatia, Cyprus, Czechia; Denmark, Estonia, Finland, France, Germany, Greece, Hungary, Ireland, Italy, Japan, Korea (South), Latvia, Lithuania, Luxembourg, Malta, Mexico, Netherlands, New Zealand, Norway, Poland, Portugal, Romania, Slovakia, Slovenia, Spain, Sweden, Turkey, United Kingdom, and United States.

106 CASTLES, Francis. G. and OBINGER, Herbert. Worlds, families, regimes: country clusters in European and OECD area public policy. **West European Politics**, v. 31, n. 1-2, p. 321-344. 2008.

5.3 Calibration thresholds

As mentioned earlier, fsQCA requires calibration, i.e., a decision about how to define membership in sets. As described above, data were calibrated in the range between zero and one, using as thresholds the percentiles 95 (full membership), 50 (central point); 5 (full non-membership). After calibration, values above 0.5 indicate membership in a given set; values below 0.5 indicate non-membership in a given set; values near 0.5 are points of maximum ambiguity. The anchor values for the calibration of the sets (variables) can be found in Table 1.

Table 1. Sets and fsQCA calibration thresholds

SETS	Full membership - percentile 95	Central point - percentile 50	Full non-membership - percentile 5
EFFCRJUS	0.707	0.610	0.382
EFFCIJUS	0.836	0.600	0.330
INDIG	0.980	0.880	0.570
TRANSP	0.896	0.715	0.501
INEQUAL	42.880	30.100	24.390
ADR	0.860	0.780	0.650

Data for the sets and calibrated data are in the Appendix.

5.4 Results

Necessary conditions

Table 2. Necessary conditions for high/low effectiveness of criminal justice system

Sets	Outcome: HIGH EFFCRJUS		Outcome: LOW EFFCRJUS	
	Consistency	Coverage	Consistency	Coverage
INDIG	**0.908018**	0.829290	0.482057	0.404313
~INDIG	0.347762	0.422342	0.796465	0.888291
TRANSP	0.838170	0.829197	0.472951	0.429684
~ TRANSP	0.423512	0.466667	0.811998	0.821680
INEQUAL	0.550910	0.585162	0.715586	0.698015
~INEQUAL	0.715691	0.732628	0.574719	0.540282

Table 2 shows that the consistency of all conditions, with one exception, is less than 0.9. Thus, there is only one necessary condition for a high effectiveness of the criminal justice system: a high degree of independence of the justice system from interest groups is a necessary condition for a high effectiveness of the criminal justice system. This means that interest groups can interfere in judicial decision-making and make it ineffective by causing delays or even causing proceedings not to end in a decision. Furthermore, these results show that there is an asymmetry between high and low criminal justice effectiveness scores, as a low degree of independence of the justice system from interest groups is not a necessary condition for low criminal justice effectiveness. The absence of necessary conditions for low effectiveness of the criminal justice system means that this low effectiveness is not necessarily due to interest group influence, lack of transparency or inequality. Thus, explaining criminal justice effectiveness is not limited to the causal conditions listed in Table 2. Other factors can also contribute to its understanding. Examining such factors is beyond the scope of this study.

Table 3. Necessary conditions for high/low effectiveness of civil justice system

Sets	Outcome: HIGH EFFCIJUS		Outcome: LOW EFFCIJUS	
	Consistency	Coverage	Consistency	Coverage
INDIG	0.891892	0.785714	0.496132	0.432165
~INDIG	0.355431	0.416368	0.753997	0.873357
TRANSP	0.891892	0.851095	0.462610	0.436496
~ TRANSP	0.409485	0.435230	0.842187	0.885095
ADR	0.848037	0.815596	0.482723	0.459049
~ADR	0.437532	0.461042	0.806086	0.839871

As far as civil justice is concerned, Table 3 shows that a high degree of independence from interest groups and a high degree of transparency are very close to being necessary conditions for a high effectiveness of the civil justice system, as their consistency scores are close to 0.9. Strictly speaking, however, none of the conditions listed in Table 3 is a necessary condition for high or low civil justice effectiveness. This means that other factors may influence the effectiveness of civil justice. Examining such factors is beyond the scope of this study.

Sufficient conditions

The aim of this study is to identify the necessary and sufficient conditions for high and low criminal and civil justice effectiveness using the fsQCA method. The results are presented for the intermediate solution, which allows for the incorporation of assumptions through theoretical and empirical guidance. As mentioned above, a positive relationship was assumed between the degree of transparency and the effectiveness of criminal and civil justice, a negative relationship between the degree of inequality and the effectiveness of criminal justice, and a positive relationship between the availability of alternative dispute resolution mechanisms and the effectiveness of civil justice.

No assumptions were made about the influence of interest groups, as there could be conflicts of interest between them in relation to the effectiveness of the justice system.

The parsimonious solution is also presented (in bold in the tables). As can be seen from the tables below, there are no differences between the two solutions for almost all pathways that are sufficient conditions for low or high criminal and civil justice effectiveness. Only for the sufficient conditions for low criminal justice effectiveness do they differ. Thus, the introduction of assumptions into the analysis has little impact on the results.

Table 4 shows the analysis of sufficient conditions for high effectiveness of the criminal justice system.

Table 4. Sufficient conditions for high effectiveness of the criminal justice system

Pathways	Raw coverage	Consistency	Member cases
INDIG	0.908018	0.82929	Denmark (0.96,0.97), Finland (0.95,0.92), Ireland (0.95,0.93), Japan (0.95,0.88), Norway (0.95,0.95), Sweden (0.94,0.61), NewZealand (0.92,0.86), UKingdom (0.92,0.91), Australia (0.89,0.88), Canada (0.89,0.9), Germany (0.89,0.91), Luxembourg (0.89,0.88), Belgium (0.86,0.54), Austria (0.82,0.98), Cyprus (0.65,0.9) USA (0.57,0.72)

The prefix '*' denotes "and"; '~' means low membership in a set ('low'). In **bold** the conditions that incorporate the *parsimonious solution*. The numbers in parentheses after the name of each member case represent the Fuzzy Score for the combination of conditions represented in each pathway (membership in the pathway), followed by the Fuzzy Score for the outcome (membership in the outcome); Assumptions: high transparency, low income inequality. Technical Notes: Frequency Cutoff: 1.0; Consistency Cutoff: 0.828341; Solution Coverage: 0.908018; Solution Consistency: 0.82929.

As Table 4 shows, the sufficiency analysis yields only one sufficient condition for high criminal justice effectiveness: a high degree of independence of the justice system from interest groups is a sufficient (and, as shown above, a necessary) condition for high criminal justice effectiveness. Transparency and inequality are not among the sufficient conditions for high criminal justice effectiveness. The last column of Table 4 lists the countries for which both the causal condition and the outcome apply. All countries are developed EU and OECD countries. Southern and Eastern European countries (from the former Soviet Union) and South American countries do not belong to the group of countries with high criminal justice effectiveness.

Table 5. Sufficient conditions for low effectiveness of the criminal justice system

Pathways	Raw coverage	Consistency	Member cases
~**INDIG** * ~TRANSP	0.762185	0.902919	Bulgaria (0.95,0.88), Turkey (0.95,0.94), Mexico (0.93,0.99), Hungary (0.88,0.79), Brazil (0.84,0.99), Croatia (0.84,0.88), Romania (0.8,0.81), Slovenia (0.71,0.87), Greece (0.66,0.85), Italy (0.65,0.75), Slovakia (0.6,0.87), Chile (0.52,0.88), Poland (0.52,0.75)
~ **INDIG** * INEQUAL	0.621853	0.897912	Mexico (0.95,0.99), Turkey (0.91,0.94), Bulgaria (0.89,0.88), Brazil (0.84,0.99), Romania (0.72,0.81), Italy (0.66,0.75), Latvia (0.66,0.72), Chile (0.57,0.88), Greece (0.55,0.85), Portugal (0.52,0.87)

The prefix '*' denotes "and"; '~' means low membership in a set ('low'). In **bold** the conditions that incorporate the *parsimonious solution*. The numbers in parentheses after the name of each member case represent the Fuzzy Score for the combination of conditions represented in each pathway (membership in the pathway), followed by the Fuzzy Score for the outcome (membership in the outcome).; Assumptions: low transparency, high income inequality. Technical Notes: Frequency Cutoff: 1.0; Consistency Cutoff: 0.839385; Solution Coverage: 0.778789; Solution Consistency: 0.892572.

Table 5 shows two different pathways that are sufficient conditions for low effectiveness of the criminal justice system. First, a low degree of independence of the justice system from interest groups combined with a low degree of transparency is a sufficient condition for low criminal justice effectiveness. Second, a low degree of independence of the justice system from interest groups combined with a high degree of income inequality is a sufficient condition for low criminal justice system effectiveness. This reflects a certain asymmetry between the sufficient conditions for high and low effectiveness of the criminal justice system. However, according to the parsimonious solution, only a low degree of independence of the justice system from interest groups is a sufficient condition for low effectiveness of the criminal justice system, indicating a symmetry between the conditions for high and low effectiveness respectively. The conditions included in the pathways are in line with theoretical expectations. Above all, it is clear from these findings that ensuring the independence of the criminal justice system from the influence of interest groups is an essential prerequisite for the effectiveness of criminal justice. Sufficient conditions for low criminal justice effectiveness are found in South American countries (Brazil, Chile and Mexico), several Eastern European countries (from the former Soviet Union), and Greece, Italy and Portugal from Southern Europe.

Table 6. Sufficient conditions for high effectiveness of the civil justice system

Pathways	Raw coverage	Consistency	Member cases
TRANSP	0.891892	0.851095	Denmark (0.96,0.93), Norway (0.96,0.96), Finland (0.95,0.9), Sweden (0.92,0.96), NewZealand (0.89,0.81), Netherlands (0.88,0.9), Germany (0.87,0.95), Estonia (0.84,0.83), Australia (0.82,0.78), Belgium (0.82,0.59), Luxembourg (0.82,0.82), UKingdom (0.8,0.71), Austria (0.73,0.9), France (0.6,0.62), Lithuania (0.6,0.94), Latvia (0.52,0.53),
INDIG * ADR	0.795512	0.867631	Denmark (0.95,0.93), Norway (0.95,0.96), Estonia (0.89,0.83), Germany (0.89,0.95), Netherlands (0.87,0.9), Austria (0.82,0.9), Sweden (0.82,0.96), Australia (0.75,0.78), Belgium (0.75,0.59), Japan (0.75,0.81), Luxembourg (0.68,0.82), France (0.65,0.62), NewZealand (0.59,0.81)

The prefix '*' denotes "and"; '~' means low membership in a set ('low'). In **bold** the conditions that incorporate the *parsimonious solution*. The numbers in parentheses after the name of each member case represent the Fuzzy Score for the combination of conditions represented in each pathway (membership in the pathway), followed by the Fuzzy Score for the outcome (membership in the outcome).; Assumptions: high transparency, high alternative dispute resolution. Technical Notes: Frequency Cutoff: 1.0; Consistency Cutoff: 0.795918; Solution Coverage: 0.916879; Solution Consistency: 0.824015.

As can be seen from Table 6, there are two different pathways that are sufficient conditions for high effectiveness of the civil justice system. First, a high level of transparency is a sufficient condition for a high level of effectiveness of the civil justice system. Second, a high degree of independence of the justice system from interest groups combined with a high degree of access to alternative dispute resolution mechanisms is a sufficient condition for high civil justice effectiveness. These findings are consistent with theoretical expectations. Similar to criminal justice, independence from the influence of interest groups is also important for the effectiveness of civil justice. Sufficient conditions for high civil justice effectiveness are found in the developed EU and OECD countries as well as in three Eastern European countries (from the former Soviet Union), namely Estonia, Lithuania and Latvia. The other Eastern European, Southern European (Greece, Italy and Portugal) and South American countries (Brazil, Chile and Mexico) do not belong to the group of countries with high civil justice effectiveness.

Table 7. Sufficient conditions for low effectiveness of the civil justice system

Pathways	Raw coverage	Consistency	Member cases
~TRANSP	0.842187	0.885095	Hungary (0.99,0.94), Turkey (0.99,0.89), Bulgaria (0.95,0.78), Mexico (0.93,0.96), Brazil (0.9,0.95), Poland (0.89,0.88), Croatia (0.87,0.94), Romania (0.8,0.65), Cyprus (0.75,0.85), Malta (0.74,0.82), Greece (0.73,0.9), Slovenia (0.71,0.65), Italy (0.65,0.96), Slovakia (0.6,0.78), Czechia (0.55,0.69), Chile (0.52,0.73),
~INDIG	0.753997	0.873357	Mexico (1,0.96), Bulgaria (0.95,0.78), Slovakia (0.95,0.78), Turkey (0.95,0.89), Hungary (0.88,0.94), Brazil (0.84,0.95), Croatia (0.84,0.94), Romania (0.84,0.65), Slovenia (0.72,0.65), Greece (0.66,0.9), Italy (0.66,0.96), Chile (0.57,0.73), Czechia (0.52,0.69), Poland (0.52,0.88), Portugal (0.52,0.77)

The prefix '*' denotes "and"; '~' means low membership in a set ('low'). In **bold** the conditions that incorporate the *parsimonious solution*. The numbers in parentheses after the name of each member case represent the Fuzzy Score for the combination of conditions represented in each pathway (membership in the pathway), followed by the Fuzzy Score for the outcome (membership in the outcome).; Assumptions: low transparency, low alternative dispute resolution. Technical Notes: Frequency Cutoff: 1.0; Consistency Cutoff: 0.833133; Solution Coverage: 0.858174; Solution Consistency: 0.856408.

Table 7 shows two different pathways that are sufficient conditions for low effectiveness of the civil justice system. First, a low degree of transparency is a sufficient condition for low effectiveness of the civil justice system. Second, a low degree of independence of the justice system from interest groups is a sufficient condition for low civil justice effectiveness. This shows that there is a quasi-symmetry between the sufficient conditions for high and low effectiveness of civil justice, since the only difference between high and low effectiveness is that the degree of access to alternative dispute resolution mechanisms appears in the sufficient conditions for high effectiveness of civil justice. The sufficient conditions included in the pathways are in line with theoretical expectations. In contrast to the results for criminal justice, the results for civil justice do not emphasise the degree of independence of the justice system from interest groups as much in relation to the other causal factors, as the degree of transparency proves to be equally important among the sufficient conditions for high or low effectiveness of civil justice. Sufficient conditions for low civil justice effectiveness are found in South American countries, several Eastern European countries (from the former Soviet Union) and Greece, Italy and Portugal from Southern Europe.

Tables 6 and 7 also show that the parsimonious and intermediate solutions are identical, so the results are not sensitive to the inclusion of assumptions.

6 DISCUSSION

The results of fsQCA show that the behaviour of the causal conditions included in the models explaining the effectiveness of criminal and civil justice systems is consistent with theoretical expectations. Thus, it can be shown that the more independent the justice system is from the influence of interest groups and the greater the transparency in the institutions, the greater the effectiveness of criminal and civil justice, and vice versa. Furthermore, it is confirmed that the greater the inequality, the lower the effectiveness of criminal justice, and the better the access to alternative dispute resolution mechanisms, the greater the effectiveness of civil justice.

The causal condition that was found to be critical to criminal and civil justice effectiveness is the degree of independence of the justice system from interest groups, as this is a necessary and sufficient condition for greater criminal justice effectiveness and encompasses all sufficient conditions for lower criminal justice effectiveness and greater effectiveness and lower civil justice effectiveness. The results also show that the effect of economic inequality on criminal justice effectiveness and the effect of accessibility of alternative dispute resolution on civil justice effectiveness interact with the degree of independence of the justice system from interest groups.

The role of transparency in public institutions (including the judiciary) also emerges as an important causal element in the effectiveness of the civil justice system.

The findings also show that there is an almost complete correspondence between criminal and civil justice, in terms of which countries have high or low effectiveness of criminal and civil justice: countries with high effectiveness of justice systems include the Western and Northern European countries and the more developed OECD countries included in the study; countries with low effectiveness of justice systems include the Southern European and Eastern European countries (former Soviet republics) and the countries of South America. All the sufficient conditions for low criminal and civil justice effectiveness apply to the South American countries of Brazil, Chile and Mexico, which means that promoting the effectiveness of the justice in these countries is particularly difficult, as it simultaneously requires measures to strengthen the independence of the justice system from interest groups, reforms to promote institutional transparency and policies to combat economic inequality. Among the countries of the European Union that were not part of the Soviet Union and are therefore more mature democracies, the southern European countries – Greece, Italy and Portugal – stand out negatively because of the low effectiveness of their justice systems. In these countries, the conditions for low effectiveness of criminal and civil justice are present, mainly due to the low degree of independence of the justice system from the influence of interest groups.

Estonia, Lithuania and Latvia are three countries of the former Soviet Union, i.e. relatively young democracies, which have a high effectiveness of the civil justice system, whereas Latvia at the same time has a low effectiveness of the criminal justice system.

Several guidelines for formulating public policies to improve the effectiveness of justice systems can be derived from the study's findings. First and foremost, urgent measures need to be taken to reduce the influence of private and political interests on the justice system. This may include, in particular, the establishment of better mechanisms for evaluating the performance of judges and other judicial actors, possibly involving personalities from other fields of activity and not only professional colleagues. In addition, setting greater limits on the incompatibility of judges and prosecutors with the exercise of functions in the private sector or in politics that are not limited to the duration of the exercise of judicial functions will reduce the attractiveness of taking up private interests. Not to be neglected is the use of other preventive tools, such as the establishment and effective application of codes of ethics with effective monitoring of compliance in judicial institutions or the establishment of compliance mechanisms in judicial institutions that include anonymous reporting systems.

Greater transparency is also desirable. In the judicial dimension, transparency in judicial institutions should be improved through greater use of electronic means and less interference of discretionary power in the conduct of proceedings. In addition, freely accessible online publication of decisions and procedural elements of all judicial bodies should be introduced, subject of course to data protection and privacy requirements. In order to increase the stigma attached to unethical or deviant behaviour by judges, prosecutors and other legal actors, it would be beneficial if offences and the corresponding penalties were widely publicised. An incentive for better performance could also be created by publishing the best performance appraisal results of judicial staff.

Finally, it seems socially beneficial to redesign the justice system to mitigate inequalities in access to justice by reducing costs for the most disadvantaged and improving and expanding the functioning of alternative dispute resolution mechanisms. These should also be subject to rigorous monitoring and performance evaluation and include economically attractive terms for quality justice providers. In addition, it may be beneficial to amend legislation to create institutions and mechanisms that promote faster decision-making by the judiciary, particularly with regard to facilitating and expediting the acquisition of information that is crucial for the presentation of evidence in court. One of the ways to achieve this could be to increase the permeability for the application of cooperative justice by developing mechanisms that allow a defendant to receive a benefit in return for his or her cooperation in criminal investigations. Of course, this should only be possible if it is justified and proportionate, taking into account the guarantee rights and respect for the rules, principles and values of a State based on the rule of law. Finally, the judiciary, including the criminal police, must be provided with resources that enable it to fulfil its mission more quickly and efficiently, bearing in mind that the use of financial resources in this area is a worthwhile investment from an economic point of view, apart from the added social value of effectively combating behaviour that causes social harm.

7 CONCLUSION

First, this study shows that the degree of independence of the justice system from interest groups is a necessary and sufficient condition for higher effectiveness of criminal justice and also influences the performance of civil justice. In countries where "improper influence by the government, private interests and criminal organizations." (WJP-RLI, 2021, p. 18)[107] is higher, the effectiveness of criminal and civil justice is lower. Second, the results highlight that transparency has a great impact on the effectiveness of civil justice and also influences criminal justice. Third, income inequality combined with low independence of the justice from interest groups is a sufficient condition for

[107] WORLD JUSTICE PROJECT. **The World Justice Project (WJP) Rule of Law Index 2021**, *op. cit.*, 2021.

low criminal justice effectiveness. Fourth, the access to alternative dispute resolution mechanisms contributes to the effectiveness of civil justice.

It can also be concluded from the findings that countries with higher levels of democratic maturity tend to experience higher levels of effectiveness of criminal and civil justice systems and vice versa.

Some policy conclusions emerge from the findings. Since an inefficient judicial system does not act as a deterrent but, on the contrary, increases the attractiveness of committing crimes, controlling the influence of interest groups on the judicial system must be a political priority. It is therefore desirable to take measures aimed at strengthening the control of the performance of judicial actors and at further limiting the intertwining of interests between the exercise of judicial functions and the exercise of political or private functions. Measures should also be taken to increase the transparency in the public institutions, including courts, and to develop and qualify alternative dispute resolution mechanisms. Finally, it emphasises the need to address economic inequality, not only to make access to justice more democratic, but more generally to reduce social conflict.

Overall, this study sheds light on several new aspects of judicial effectiveness that have not been extensively addressed in the literature, thus providing some insights for future research.

A limitation of the study beyond the limitations of fsQCA described in Roig-Tierno, Gonzalez-Cruz and Llopis-Martinez (2017: 17-18)[108] is that generalising the results to countries other than those included in the study should be done with caution, as the analysis is qualitative, i.e. based on cases. Another limitation of the study stems from the fact that it is a macro-level study and the indicators are very general and under-densified.

[108] ROIG-TIERNO, Norat; GONZALEZ-CRUZ; Tomas F. and LLOPIS-MARTINEZ, Jordi. An overview of qualitative comparative analysis: A bibliometric analysis, *op. cit.*, 2017.

APPENDIX

Table 8. Data sets

COUNTRIES	INDIG	TRANSP	INEQUAL	ADR	EFFCRJUS	EFFCIJUS
Australia	0.95	0.805	32.6	0.81	0.675	0.7
Austria	0.93	0.775	27.5	0.85	0.745	0.775
Belgium	0.94	0.805	26	0.81	0.615	0.63
Brazil	0.71	0.555	46.6	0.65	0.265	0.33
Bulgaria	0.58	0.51	38.9	0.65	0.46	0.485
Canada	0.95	0.81	29.4	0.76	0.68	0.6
Chile	0.85	0.71	45.4	0.74	0.455	0.51
Croatia	0.71	0.58	29.5	0.72	0.455	0.36
Cyprus	0.9	0.635	30.1	0.77	0.68	0.445
Czechia	0.87	0.7	24.4	0.8	0.645	0.53
Denmark	0.99	0.905	26.9	0.86	0.72	0.8
Estonia	0.95	0.815	30.9	0.86	0.58	0.725
Finland	0.98	0.895	26	0.78	0.69	0.775
France	0.9	0.74	30	0.82	0.605	0.64
Germany	0.95	0.83	29.8	0.85	0.685	0.835
Greece	0.81	0.645	30.9	0.75	0.48	0.4
Hungary	0.67	0.415	28.3	0.65	0.51	0.35
Ireland	0.98	0.81	28.6	0.84	0.695	0.595
Italy	0.81	0.67	33.7	0.7	0.525	0.325
Japan	0.98	0.71	32.7	0.81	0.675	0.715
KoreaRep	0.87	0.71	33.6	0.85	0.69	0.805
Latvia	0.81	0.72	35	0.69	0.54	0.61
Lithuania	0.83	0.74	35.4	0.78	0.63	0.81
Luxembourg	0.95	0.805	29.6	0.8	0.675	0.72
Malta	0.88	0.64	28.2	0.7	0.555	0.465
Mexico	0.31	0.525	42.6	0.58	0.25	0.305
Netherlands	0.97	0.835	27.4	0.83	0.61	0.775
NewZealand	0.96	0.84	31.6	0.79	0.67	0.715
Norway	0.98	0.915	26.2	0.91	0.705	0.845
Poland	0.87	0.565	29.7	0.77	0.525	0.42
Portugal	0.87	0.72	32.1	0.8	0.465	0.49

Romania	0.71	0.615	34.1	0.77	0.5	0.545
Slovakia	0.57	0.685	22.6	0.67	0.465	0.485
Slovenia	0.78	0.65	24.3	0.79	0.465	0.545
Spain	0.88	0.715	32	0.82	0.58	0.51
Sweden	0.97	0.865	26.7	0.82	0.625	0.855
Turkey	0.57	0.34	39.9	0.68	0.395	0.41
UKingdom	0.96	0.8	31.4	0.78	0.685	0.67
USA	0.89	0.715	37.7	0.74	0.64	0.64

Table 9. Calibrated data

COUNTRIES	INDIG	TRANSP	INEQUAL	ADR	EFFCRJUS	EFFCIJUS
Australia	0.89	0.82	0.64	0.75	0.88	0.78
Austria	0.82	0.73	0.2	0.93	0.98	0.9
Belgium	0.86	0.82	0.1	0.75	0.54	0.59
Brazil	0.16	0.1	0.98	0.05	0.01	0.05
Bulgaria	0.05	0.05	0.89	0.05	0.12	0.22
Canada	0.89	0.83	0.41	0.39	0.9	0.5
Chile	0.43	0.48	0.97	0.28	0.12	0.27
Croatia	0.16	0.13	0.42	0.2	0.12	0.06
Cyprus	0.65	0.25	0.5	0.44	0.9	0.15
Czechia	0.48	0.45	0.05	0.68	0.75	0.31
Denmark	0.96	0.96	0.16	0.95	0.97	0.93
Estonia	0.89	0.84	0.55	0.95	0.4	0.83
Finland	0.95	0.95	0.1	0.5	0.92	0.9
France	0.65	0.6	0.49	0.82	0.48	0.62
Germany	0.89	0.87	0.46	0.93	0.91	0.95
Greece	0.34	0.27	0.55	0.33	0.15	0.1
Hungary	0.12	0.01	0.28	0.05	0.21	0.06
Ireland	0.95	0.83	0.31	0.9	0.93	0.49
Italy	0.34	0.35	0.7	0.14	0.25	0.04
Japan	0.95	0.48	0.65	0.75	0.88	0.81
KoreaRep	0.48	0.48	0.69	0.93	0.92	0.93
Latvia	0.34	0.52	0.76	0.11	0.28	0.53
Lithuania	0.38	0.6	0.78	0.5	0.65	0.94

Luxembourg	0.89	0.82	0.43	0.68	0.88	0.82
Malta	0.5	0.26	0.27	0.14	0.33	0.18
Mexico	0	0.07	0.95	0.01	0.01	0.04
Netherlands	0.94	0.88	0.19	0.87	0.5	0.9
NewZealand	0.92	0.89	0.59	0.59	0.86	0.81
Norway	0.95	0.96	0.11	0.99	0.95	0.96
Poland	0.48	0.11	0.45	0.44	0.25	0.12
Portugal	0.48	0.52	0.62	0.68	0.13	0.23
Romania	0.16	0.2	0.72	0.44	0.19	0.35
Slovakia	0.05	0.4	0.02	0.07	0.13	0.22
Slovenia	0.28	0.29	0.05	0.59	0.13	0.35
Spain	0.5	0.5	0.61	0.82	0.4	0.27
Sweden	0.94	0.92	0.14	0.82	0.61	0.96
Turkey	0.05	0.01	0.91	0.09	0.06	0.11
UKingdom	0.92	0.8	0.58	0.5	0.91	0.71
USA	0.57	0.5	0.86	0.28	0.72	0.62

REFERENCES

ANDREULA, Nicolo, CHONG, Alberto and GUILLÉN, Jorge B. Institutional quality and fiscal transparency, **Inter-American Development Bank Research Paper** 36. 2009.

APEL, Robert. Sanctions, perceptions, and crime: Implications for criminal deterrence. **Journal of Quantitative Criminology**, v. 29, n.1, p. 67–101. 2013.

APEL, Robert and NAGIN, Daniel S. General deterrence: A review of recent evidence. In **Crime and Public Policy**. 4th edn. Oxford University Press, New York: p. 411–436. 2011.

BECCARIA, Cesare. **Dei delitti and delle pene** (Tr. J. F. Costa – 1998). Lisboa: Fundação Calouste Gulbenkian. 1766.

BECKER, Gary S. Crime and punishment: An economic approach. **Journal of Political Economy**, v. 76, n.2, p. 167-217. 1968.

BECKER, Gary S. A Theory of competition among pressure groups for political influence. **Quarterly Journal of Economics**, v. 47, n.3, p. 371-400. 1983.

BENTHAM, Jeremy. **An introduction to the principles of morals and legislation** (1988 ed.). New York: Prometheus Books. 1789.

BRAGA, Anthony A. Hot Spots Policing and Crime Prevention: A Systematic Review of Randomized Controlled Trials. **Journal of Experimental Criminology**, v. 1, n. 3, p. 317–342. 2005.

BUONANNO, Paolo and VARGAS, Juan F. Inequality, crime, and the long run legacy of slavery. **Journal of Economic Behavior and Organization** v. 159 (March), 539-552. 2019.

CAMERON, Samuel. The economics of crime deterrence: A survey of theory and evidence. **Kyklos**, v. 41, n. 2, p. 301–323. 1988.

CASTLES, Francis. G. and OBINGER, Herbert. Worlds, families, regimes: country clusters in European and OECD area public policy. **West European Politics**, v. 31, n. 1-2, p. 321-344. 2008.

CHALFIN, Aaron and MCCRARY, Justin. "Are U.S. cities underpoliced? Theory and evidence. **Review of Economics and Statistics**, v. 100, n. 1, p. 167-186. 2018.

CHEVALIER, Jacques. **Le mythe de la transparence administrative**, Centre Universitaire de Recherces Administratives et Politiques de Picardie, Informacion et Transparence Administrative, Paris: Presses Universitaires de France (PUF). 1988.

CHOI, Kyoungho and CHO, Jung Keun. Exploring fuzzy set Qualitative Comparative Analysis to health-related OECD data. International. Journal of Applied. **Engineering Research**, v. 13, n. 6, p. 4415-4422. 2018. Available in: https://www.ripublication.com/ijaer18/ijaerv13n6_172.pdf. Accessed on: 09 August 2022.

COCCIA, Mario. Violent crime driven by income inequality between countries. **Turkish Economic Review**, v. 5, n. 1, p. 33-55. 2018.

CRUZ, José. **Análise económica da procura no mercado político: Quem determina as escolhas públicas: eleitores ou grupos de interesse?**. Porto: Vida Económica. 1998.

CRUZ, José. **A influência da burocracia and dos grupos de interesse na escolha pública: Revisão de estudos do século XX and uma aplicação empírica aos municípios portugueses and galegos.** Edição CIJE. Coimbra: Coimbra Editora (impressão). 2009.

CRUZ, José N. Condições causais dos níveis de transparência nos países europeus. **Boletim de Ciências Económicas**, vol. LXIV, p. 71-75. 2021.

CUCCINIELLO, Maria; PORUMBESCU, Gregory A. and GRIMMELIKHUIJSEN, Stephan. 25 Years of transparency research: Evidence and future directions. **Public Administration Review**, v. 77, n. 1, p. 32–44. 2017.

DANDURAND, Yvon. Criminal justice reform and the system's efficiency. **Criminal Law Forum**, v. 25, p. 383–440. 2014. Available in: https://doi.org/10.1007/s10609-014-9235-y. Accessed on: 05 June 2023.

DEANGELO, Gregory and HANSEN, Benjamin. Life and death in the fast lane: Police enforcement and traffic fatalities. **American Economic Journal: Economic Policy**, v. 6, n. 2, p. 231–257. 2014.

DEZHBAKHSH, Hashem and SHEPHERD, Joanna M. The deterrent effect of capital punishment: Evidence from a 'Judicial Experiment'." **Economic Inquiry**, v. 44, n. 3, p. 512–535. 2006.

ELHAUGE, Einer R. Does interest group theory justify more intrusive judicial review? **The Yale Law Journal**, v. 101, n. 1, p. 31-110. 1991.

FEESS, Eberhard; Schildberg-Hörisch, Hannah; Schramm, Markus and Wohlschlegel, Ansgar (2018) The impact of fine size and uncertainty on punishment and deterrence: Theory and evidence from the laboratory. **Journal of Economic Behavior and Organization**, v. 149 (May), p. 58-73. 2018.

FERRANTI, David; JACINTO Justin; ODY, Anthony and RAMSHAW, Graeme. **How to improve Governance: a new framework for analysis and action**. Washington, DC: Brookings Institution. 2009.

FISS, Peer C. Building better causal theories: A fuzzy set approach to typologies in organization research. **Academy of Management Journal**, v. 54, n.2, p. 393–420. 2011.

FLORINI, Ann. Does the invisible hand need a transparent glove? **Research Collection School of Social Sciences.** Paper 2092. 2000. Available in: https://ink.library.smu.edu.sg/soss_research/2092. Accessed on: 09 July 2021.

FRADE, Catarina. A resolução alternativa de litígios and o acesso à justiça: A mediação do sobreendividamento. **Revista Crítica de Ciências Sociais**, v. 65, Maio, p. 107-128. 2003.

GRIMMELIKHUIJSEN, Stephan G. and MEIJER, Albert J. Effects of transparency on the perceived trustworthiness of a government organization: Evidence from an online experiment. **Journal of Public Administration Research and Theory**, v. 24, n. 1, p. 137 – 57. 2014.

GUTMANN, Jerg and VOIGT, Stefan. The independence of Prosecutors and Government accountability. **Supreme Court Economic Review**, 27, p. 1-19. 2019.

HANSEN, Benjamin. Punishment and deterrence: evidence from drunk driving. **American Economic Review**, v. 105, n. 4, p. 1581–1617. 2015.

HENSLER, Deborah R. Our courts, ourselves: how the alternative dispute resolution movement is re-shaping our legal system. **Penn State Law Review**, v. 108, n. 1, p. 165-198. 2003.

KARSTEDT, Susanne. Does democracy matter? Comparative perspectives on violence and democratic institutions. **European Journal of Criminology**, v. 12, n. 4, p. 457–481. 2015.

KIM, Bitna; SEO, Chunghyeon and HONG, Young-Oh. A systematic review and meta--analysis of income inequality and crime in Europe: Do places matter? **European Journal on Criminal Policy and Research**, v. 28, p. 573–596. 2022.

KOPITS, George and CRAIG, Jon. Transparency in government operations. **IMF Occasional Paper** 158. Washington: International Monetary Fund. 1998.

KRUEGER, Anne. The political economy of the rent-seeking society. **American Economic Review**, v. 64, n. 3, p. 291-303. 1974.

MERTON Robert K. Social structure and anomie. **American Sociological Review**, v. 3, n. 5, p. 672–682. 1938.

MESSNER, Steven F. and ROSENFELD, Richard. **Crime and the American dream** (5th edition – 2012). Belmont CA: Wadsworth Publishing Co. Inc. 1994.

NAGIN, Daniel S. Criminal deterrence research at the outset of the Twenty-First Century. **Crime and Justice**, v. 23, p. 1–42. 1998.

NAGIN, Daniel S. Deterrence: a review of the evidence by a criminologist for economists. **Annual Review of Economics**, v. 5, p. 83–105. 2013.

NETO, Orlando da Silva and BONMANN, Elton. The social benefits of enhancing the use of alternative dispute resolution mechanisms: An introductory economic approach. **Revista Jurídica Luso- Brasileira**, v. 6, n. 4, p. 2241 – 2268. 2020.

OCDE. **Foreign direct investment for development-maximising benefits, minimising costs**. OECD Secretariat. 2002. Available in: https://www.oecd.org/investment/investmentfordevelopment/1959815.pdf. Accessed on: 09 July 2021.

OLSON, Mancur. **The logic of collective action**. Cambridge: Harvard University Press. 1965.

PAPPAS, Ilias O. and WOODSIDE, Arch G. Fuzzy-set Qualitative Comparative Analysis (FSQCA): Guidelines for research practice in information systems and marketing. **International Journal of Information Management**, v. 58. 2021.

PATERNOSTER, Raymond. The deterrent effect of the perceived certainty and severity of punishment: a review of the evidence and issues. **Justice Quarterly**, v. 4, n. 2, p. 173–217. 1987.

PATERNOSTER, Raymond. How much do we really know about criminal deterrence? **Journal of Criminal Law and Criminology**, v. 100, n. 3, p. 765–823. 2010.

POLICARDO, Laura and CARRERA, Edgar. J. Sanchez. Corruption causes inequality, or is it the other way around? An empirical investigation for a panel of countries. **Economic Analysis and Policy**, v. 59 (September), p. 92–102. 2018.

PORUMBESCU, Gregory. Does transparency improve citizens' perceptions of government performance? Evidence from Seoul, South Korea. **Administration and Society**, v. 49, n.3, p. 443-468. 2017.

RAGIN, Charles C. **Fuzzy-set social science**. Chicago II: University of Chicago Press. 2000.

RAGIN, Charles C. **Redesigning social inquiry: Fuzzy sets and beyond**. Chicago II: University of Chicago Press. 2008.

ROIG-TIERNO, Norat; GONZALEZ-CRUZ; Tomas F. and LLOPIS-MARTINEZ, Jordi. An overview of qualitative comparative analysis: A bibliometric analysis. **Journal of Innovation and Knowledge**, v. 2, n. 1, p. 15-23. 2017.

RUFRANCOS, Hector Gutierrez; POWER, Madeleine; PICKETT, Kate E. and WILKINSON, Richard. Income inequality and crime: A review and explanation of the time–series evidence. **Sociology and Criminology**, v. 1, p. 103. 2013.

SANTOS, Mateus R., Testa, Alexander and Weiss, Douglas. B. Where poverty matters: Examining the cross-nation relationship between economic deprivation and homicide. **British Journal of Criminology**, v. 58, n. 2, p. 372-393. 2018.

SOLT, Frederick. Measuring income inequality across countries and over time: The Standardized World Income Inequality Database. **Social Science Quarterly**, v. 101, n. 3, p. 1183-1199. 2020.

STIGLER, George. Free riders y collective action: An appendix to theories of economic regulation. **Bell Journal of Economics and Management Science**, v. 5, n. 2, p. 359-365. 1974.

STIGLITZ, Joseph E. The contributions of the economics of information to twentieth century economics. **Quarterly Journal of Economics**, v. 115, n. 4, p. 1441–1478. 2000.

TULLOCK, Gordon. The welfare costs of tariffs, monopolies, and theft. **Western Economic Journal,** v. 7, p. 224-232. 1967.

VISHWANATH, Tara and KAUFMANN, Daniel. **Towards transparency in finance and governance**. (September 1999). Available in: SSRN < https://ssrn.com/abstract=258978>. Accessed on: 11 March 2020.

WILLIAMS, Andrew. A global index of information transparency and accountability. **Journal of Comparative Economics**, v. 43, n. 3, p. 804–824. 2015.

WILLIAMS, Kirk R., and HAWKINS, Richard. Perceptual research on general deterrence: a critical review. **Law and Society Review**, v. 20, n. 4, p. 545-572. 1986.

WORLD JUSTICE PROJECT. **The World Justice Project (WJP) Rule of Law Index 2021**. 2021. Available in: https://worldjusticeproject.org/sites/default/files/documents/WJP-INDEX-2021.pdf. Accessed on: 18 May 2023.

YOU, Jong-sung and KHAGRAM, Sanjeev. A comparative study of inequality and corruption. **American Sociological Review**, v. 70, n. 1, p. 136-157. 2005.

PARTE II
BOAS PRÁTICAS DE ENFRENTAMENTO À VIOLÊNCIA DOMÉSTICA CONTRA A MULHER: ANÁLISES DE BRASIL E PORTUGAL

CAPÍTULO 1
O ENFRENTAMENTO DA VIOLÊNCIA DOMÉSTICA CONTRA A MULHER: AS BOAS PRÁTICAS NO ÂMBITO DA JUSTIÇA BRASILEIRA

Adriana Ramos de Mello[1]
Taís de Paula Scheer[2]

SUMÁRIO

1 Introdução. 2 Arcabouço normativo no enfrentamento à violência doméstica contra as mulheres. 3. Boas práticas do sistema de justiça brasileiro. 4 Considerações finais. Referências.

[1] Juíza de Direito do Tribunal de Justiça do Estado do Rio de Janeiro (TJ-RJ). Doutora em Direito Público e Filosofia Juridicopolítica pela Universidade Autônoma de Barcelona. Professora do Mestrado Profissional e líder do Grupo de Estudos e Pesquisas sobre Gênero, Direitos Humanos e Acesso à Justiça da ENFAM. **Coordenadora Estadual da Mulher em Situação de Violência Doméstica e Familiar (COEM/TJRJ).**

[2] Juíza de Direito do Tribunal de Justiça do Estado do Paraná (TJ-PR). Mestranda em Direito e Poder Judiciário na Escola Nacional de Formação de Magistrados (ENFAM). Integrante da CEVID/TJ-PR, gestão 2023/2024. Pesquisadora no Núcleo de Estudos e Pesquisas sobre Gênero, Direitos Humanos e Acesso à Justiça (ENFAM) e no Núcleo de Estudos do Sistema Criminal e Controle Social (PPGD-UFPR).

1 INTRODUÇÃO

O Comitê da Convenção sobre a Eliminação de Todas as Formas de Discriminação contra a Mulher (CEDAW) da Organização das Nações Unidas (ONU) vem reconhecendo que os Estados e a sociedade civil estão priorizando a eliminação da violência de gênero contra as mulheres na América Latina. Todavia, apesar dos avanços no que se refere às ações nesse sentido, a violência de gênero continua generalizada em todos os países e apresenta altos níveis de impunidade. Os números alarmantes ainda representam um obstáculo crítico para se alcançar a igualdade substantiva entre mulheres e homens e configura uma grave violação de direitos humanos. O direito das mulheres a uma vida livre de violência é inseparável e interdependente em relação aos outros direitos humanos, incluindo o direito à vida, à saúde, à liberdade e sua agressão pode equivaler à tortura ou a tratamentos cruéis, desumanos e degradantes em determinadas circunstâncias[3]. Os números da violência de gênero contra as mulheres aumentam de forma vertiginosa e apontam os parceiros íntimos como os principais responsáveis pelas agressões.

No ano de 2021, segundo o relatório da ONU, os parceiros íntimos ou outros familiares cometeram 56% dos assassinatos de mulheres no mundo (cerca de 45 mil mulheres). Isso significa que, no mundo, em média, cinco mulheres ou meninas foram mortas a cada hora, por alguém de sua própria família, ou seja, para mulheres e meninas, o lugar mais perigoso é o lar.

De acordo com o *Global Gender Gap Report* do Fórum Econômico Mundial publicado em 2022, a igualdade de gênero precisará de mais 132 anos para ser efetivada em termos globais[4].

[3] CONSELHO NACIONAL DE JUSTIÇA. **Recomendação Geral n. 35 sobre Violência de Gênero contra as Mulheres do Comitê para Eliminação de Todas as Formas de Discriminação contra a Mulher (CEDAW)**. Série Tratados Internacionais de Direitos Humanos. Trad. Neri Accioly. Brasília, 2019. Disponível em: https://www.cnj.jus.br/wp-content/uploads/2019/09/769f84bb4f9230f283050b7673aeb063.pdf. Acesso em: 07 abr. 2023.

[4] WEFORUM. **Global Gender Gap Report 2022**. Disponível em: https://www.weforum.org/reports/global-gender-gap-report-2022/. Acesso em: 19 mar. 2023; PIMENTEL, Silvia; BIANCHINI, Alice. **Feminismo (s)**. São Paulo: Matrioska, 2021, p. 201. Esse *ranking* de diferenças globais entre gêneros é publicado desde 2006 e engloba as variáveis de participação e oportunidade econômica, educação, capacitação política, e saúde e sobrevivência avaliadas com notas de 0 a 1 (1 equivale a plena igualdade).

Estudo recente da ONU Mulheres ainda não divulgado traz dado estarrecedor: "No ritmo atual, a ONU Mulher prevê que serão necessários 300 anos para se atingir a igualdade entre homens e mulheres", explica o secretário-geral da ONU, Antonio Guterres, ao apontar o retrocesso na proteção de direitos[5].

No Brasil, a realidade não é diferente. A pesquisa *Visível e invisível: a vitimização de mulheres no Brasil* (4. ed., 2023) elaborada pelo Fórum Brasileiro de Segurança Pública e pelo Instituto Datafolha constatou um aumento em todas as formas de violência sofridas pelas brasileiras em 2022. Do total, 28,9% das mulheres relataram terem sido vítimas de algum tipo de violência ou agressão, o que corresponde a um crescimento de 4,5% em relação aos dados anteriores, demonstrando o agravamento das violências sofridas por mulheres no Brasil[6]. Identificou-se a prevalência da violência doméstica, pois 58,1% dos autores de violência são companheiros, cônjuges, namorados e ex-companheiros, ex-cônjuges e ex-namorados. Em sua maioria, 73,7% dos casos, o local das violências é a residência[7].

A violência doméstica deve ser entendida em seus múltiplos aspectos, uma vez que não se trata apenas de uma lide penal comum, em razão do vínculo afetivo e/ou familiar ou convívio doméstico pré-existente entre as partes (art. 5º da Lei n. 11.340/2006), e dos desdobramentos daí decorrentes, com reflexos na esfera familiar, econômica, social e psicológica.

A partir da perspectiva crítica feminista, e por meio das lentes de gênero, o que explica essa violência é a desigualdade estrutural de gênero nas

[5] UOL NOTÍCIAS. **Igualdade de gêneros precisará de 300 anos para ser alcançada, diz secretário-geral da ONU**. Disponível em: https://noticias.uol.com.br/ultimas-noticias/rfi/2023/03/07/igualdade-de-generos-precisara-de-300-anos-para-ser-alcancada-diz-secretario-geral-da-onu.htm. Acesso em: 07 mar. 2023.

[6] BUENO, Samira; MARTINS, Juliana; BRANDÃO, Juliana; SOBRAL, Isabela; LAGRECA, Amanda. **Visível e invisível**: a vitimização de mulheres no Brasil. Infográfico. 4. ed. 2023. Fórum Brasileiro de Segurança Pública. Disponível em: https://forumseguranca.org.br/wp-content/uploads/2023/03/visiveleinvisivel-2023-infografico.pdf. Acesso em: 04 mar. 2023, p. 21.

[7] BUENO, Samira; MARTINS, Juliana; BRANDÃO, Juliana; SOBRAL, Isabela; LAGRECA, Amanda. **Visível e invisível**: a vitimização de mulheres no Brasil. Infográfico. 4. ed. 2023. Fórum Brasileiro de Segurança Pública. Disponível em: https://forumseguranca.org.br/wp-content/uploads/2023/03/visiveleinvisivel-2023-infografico.pdf. Acesso em: 04 mar. 2023, p. 31.

sociedades, baseada no machismo, que supervaloriza o homem e seus interesses e necessidades, ao mesmo tempo que subjuga e oprime as mulheres, ao impor papéis de gênero e estereótipos reproduzidos nas normas jurídicas, valores e condutas sociais.

A violência doméstica e familiar contra a mulher é um grande desafio para o Poder Judiciário, pois há muitos casos para serem julgados. Para além disso, as políticas públicas demandam atuação preventiva e protetiva do sistema de justiça.

Esse enfrentamento está alicerçado no tripé punição, proteção e prevenção a partir de normativas nacionais e internacionais. Os movimentos feministas demonstraram durante suas lutas por direitos das mulheres, a importância da resposta estatal para a efetiva repressão dos casos de violência doméstica, mas a proteção da mulher também se revelou necessária a partir da articulação dos atores do sistema de justiça e da interlocução das diversas esferas estatais para se promover sua proteção integral.

A prevenção, por sua vez, significa conscientizar a sociedade a respeito dessa desigualdade de gênero e da violência daí decorrente, é de implantação e resultados mais lentos, mas capaz de reduzir em longo prazo os índices de violência doméstica.

Apesar das previsões normativas e de maior visibilidade midiática e social do tema, as respostas estatais, especialmente do sistema de justiça, a estruturação de políticas públicas e a consolidação de redes de proteção dependem de vontade política com pouca adesão e inconsistência temporal e programática[8].

Diante desse cenário, boas práticas do sistema de justiça merecem destaque e serão apresentadas por região, a fim de demonstrar o quanto já se avançou, embora ainda seja necessário progredir de maneira significativa.

[8] LEITE, Isabela; MOTTER, Andressa. Com orçamento previsto de R$ 7,7 milhões, Casa da Mulher Brasileira não recebeu nenhum pagamento em 2022. **Globo News.** Disponível em: https://g1.globo.com/sp/. Acesso em: 20 mar. 2023; RESENDE, Thiago. Bolsonaro cortou 90% de verba de violência contra a mulher. **Folha de S. Paulo**. Disponível em: https://www1.folha.uol.com.br/cotidiano/2022/09/bolsonaro-cortou-90-da-verba-de-combate-a-violencia-contra-a-mulher.shtml. Acesso em: 20 mar. 2023.

2 ARCABOUÇO NORMATIVO DE ENFRENTAMENTO À VIOLÊNCIA DOMÉSTICA

A professora e socióloga feminista Heleieth Saffioti defende a existência de uma verdadeira "conspiração do silêncio"[9], que cerca a violência doméstica, porque as mulheres em situação de violência se sentem envergonhadas ou culpadas pela atitude violenta do parceiro íntimo, o que as impede de denunciar ou até mesmo de relatar a situação para familiares e amigos, além de procurar a autoridade policial.

> Como a família é considerada um ninho de afeto, as pessoas sentem-se envergonhadas em admitir, mesmo para amigos, que um membro da família pratique violência. Assim, qualquer que seja a modalidade de violência, geralmente se forma em torno de uma conspiração do silêncio. Ninguém fala sobre o assunto[10].

Essa conspiração foi retratada na pesquisa *Visível e invisível: a vitimização de mulheres no Brasil*. O estudo revela que 45% das mulheres não fizeram nada em relação à agressão, o que também incrementa a cifra oculta dessa violência; apenas 32,9% procuraram ajuda da família ou de amigos[11].

O fenômeno da violência contra a mulher, em especial a ocorrida no âmbito doméstico e nas relações afetivas e intrafamiliares, gera graves consequências não apenas para a mulher, impactando seu desenvolvimento pessoal em múltiplos aspectos, como a autonomia para o exercício de profissões, saúde física e mental[12], mas também para o desenvolvimento econômico e social do país.

[9] SAFFIOTI, Heleieth. Violência doméstica ou a lógica do galinheiro. *In*: KUPSTAS, M. (org.) **Violência em debate**. São Paulo: Moderna, 1997, p. 53.

[10] SAFFIOTI, Heleieth. Violência doméstica ou a lógica do galinheiro. *In*: KUPSTAS, M. (org.) **Violência em debate**. São Paulo: Moderna, 1997, p. 53.

[11] BUENO, Samira; MARTINS, Juliana; BRANDÃO, Juliana; SOBRAL, Isabela; LAGRECA, Amanda. **Visível e invisível**: a vitimização de mulheres no Brasil. Infográfico. 4. ed. 2023. Fórum Brasileiro de Segurança Pública. Disponível em: https://forumseguranca.org.br/wp-content/uploads/2023/03/visiveleinvisivel-2023-infografico.pdf. Acesso em: 04 mar. 2023, p. 2.

[12] ZANELLO, Waleska. **Saúde mental, gênero e dispositivos** – cultura e processos de subjetivação. Curitiba: Appris, 2018.

Em contraponto ao incremento da violência doméstica, normativas nacionais e internacionais buscam mecanismos de enfrentamento à violência, como no âmbito internacional, a CEDAW, e Recomendações posteriores, a exemplo da Convenção de Belém do Pará, Agenda 2030 da ONU, Lei Maria da Penha, Lei do Feminicídio, Lei Mariana Ferrer e Resoluções do Conselho Nacional do Justiça.

No âmbito da ONU, em 1979, foi promulgada a Convenção sobre a Eliminação de Todas as Formas de Discriminação contra a Mulher (CEDAW), conhecida como Convenção da Mulher, da qual o Brasil é signatário[13].

Trata-se do primeiro tratado internacional a dispor amplamente sobre os direitos humanos da mulher, conceituar a discriminação contra a mulher[14], na qual se inclui a violência de gênero, e a estabelecer medidas para combatê-la. O documento prevê o dever de se promover a proteção jurídica dos direitos das mulheres, à luz do princípio da igualdade e da vedação de toda forma de discriminação, e de derrogar leis, regulamentos e práticas que respaldem a tolerância da discriminação às mulheres (art. 2º, 'c', 'f' e 'g')[15].

Embora a Convenção não explicite o tema da violência contra a mulher, o Comitê CEDAW da ONU expediu a Recomendação Geral n. 19/1992 (atualizada pela Recomendação Geral n. 35/2017) sobre a matéria, reconhecendo que "a violência baseada no gênero é uma forma de discriminação que inibe a capacidade das mulheres de gozarem os direitos e liberdades numa base de igualdade com os homens"[16].

No âmbito do Sistema Interamericano de Proteção aos Direitos Humanos, o Brasil foi sede, em 1994, do Encontro Internacional em Belém do Pará, ocasião em que fora aprovada pela Assembleia Geral da OEA a Convenção Interamericana para Prevenir, Punir e Erradicar a Violência contra a Mulher,

[13] BRASIL. **Decreto n. 4.377, de 13 de setembro de 2002**. Promulga a Convenção sobre a Eliminação de Todas as Formas de Discriminação contra a Mulher, de 1979, e revoga o Decreto n. 89.460, de 20 de março de 1984. Diário da Justiça Eletrônico, Brasília, DF. Disponível em: http://www.planalto.gov.br/ccivil_03/decreto/2002/d4377.htm. Acesso em: 20 jan. 2022.

[14] BRASIL. **Decreto n. 4.377/2002**. Art. 1º

[15] BRASIL. **Decreto n. 4.377/2002**. Art. 2º.

[16] ONU. CEDAW. **Recomendação 19**. Antecedentes, item 1. Disponível em: https://www.enfam.jus.br/wp-content/uploads/2020/04/Recomendac%CC%A7a%CC%83o-19-CEDAW-1.2.pdf. Acesso em: 28 dez. 2021.

ratificada pelo Brasil em 27 de novembro de 1995 (Decreto n. 1.973/1996) e que viria a embasar a Lei Maria da Penha anos depois.

O conceito de gênero foi incorporado pela Convenção de Belém do Pará, explicitando que a violência contra a mulher pode ser, além de física e sexual, também psicológica, e ocorrer na esfera pública ou privada, firmando um conceito de violência doméstica e intrafamiliar.

Ademais, ao longo da Convenção, são definidas as formas pelas quais a violência pode se manifestar, os direitos das mulheres relacionados à vida livre de violência, e os deveres dos Estados Partes relacionados à prevenção, à punição e à erradicação da violência, assim como os mecanismos interamericanos de proteção.

Em 1998, as organizações de direitos humanos Comitê Latino-Americano e do Caribe para a Defesa dos Direitos da Mulher (CLADEM) e o Centro pela Justiça e o Direito Internacional (CEJIL) denunciaram junto à Comissão de Direitos Humanos da Organização dos Estados Americanos (OEA) o caso Maria da Penha Fernandes[17], que sofreu tentativa de feminicídio por duas vezes por seu ex-marido.

Em 4 de abril de 2001, pela primeira vez, a Comissão Interamericana de Direitos Humanos (CIDH/OEA) emitiu o Relatório n. 54/01 (Caso 12.051) constatando a negligência e a omissão do Brasil em relação à violência íntima.

A Comissão Interamericana destacou que a omissão por parte do Estado não foi pontual, mas sistemática. Ressaltou, ainda, tratar-se de uma "tolerância de todo o sistema, que não faz senão perpetuar as raízes e fatores psicológicos, sociais e históricos que mantêm e alimentam a violência contra a mulher"[18].

A Lei Maria da Penha é um exemplo bem-sucedido de *advocacy*[19] do feminismo brasileiro como ator político, capaz de impulsionar políticas públicas

[17] O caso Maria da Penha também foi denunciado pelas organizações feministas ao Comitê CEDAW em 2003, que proferiu recomendação ao Estado brasileiro para criação de legislação específica sobre violência doméstica e tomasse medidas para monitorar a aplicação e efetividade da lei. PANDJIARJIAN, Valéria. "Maria da Penha: una mujer, un caso, una ley". **Revista CLADEM**, n. 9, año 6, p. 38-51, 2007.

[18] PIOVESAN, Flávia; PIMENTEL, Silvia. A Lei Maria da Penha na perspectiva da responsabilidade internacional do Brasil. *In*: CAMPOS, Carmen Hein de. **Lei Maria da Penha comentada em uma perspectiva jurídico-feminista**. Rio de Janeiro: Lumen Juris, 2011, p. 110.

[19] "Esse processo de *advocacy* incluiu um conjunto de características-chave tal como definidas por Schuler e Thomas (1997), dentre as quais: forte organização, análise clara da questão,

voltadas para se efetivar a cidadania das mulheres, especialmente no que se refere a enfrentar a violência contra a mulher.

Esse diploma legal criou mecanismos para coibir a violência doméstica e familiar contra a mulher, estabelecendo medidas para a prevenção, a assistência e a proteção às mulheres em situação de violência.

A perspectiva de gênero foi explicitamente incorporada pela Lei Maria da Penha, que além de trazer normas para se enfrentar a violência doméstica, também prevê o dever estatal de promover a prevenção dessa violência e responsabilizar os agressores, além de reconhecer em seu art. 6º que essa violência configura uma das formas de violação dos direitos humanos, em sintonia com as normativas internacionais sobre o tema[20].

> Como parâmetro para um modelo mais eficiente no trato da violência doméstica contra a mulher, poderia se pensar numa combinação entre o poder de punir do Estado e a proteção efetiva da mulher. Há sempre que se ter cuidado nessa balança para que não se penda exclusivamente para o modelo punitivo, que é reconhecidamente seletivo, e por isso sozinho nunca seria capaz de solucionar o complexo fenômeno da violência doméstica. De outro giro, também importante que não seja banalizada a responsabilização do agressor, sob pena de ser mantido o déficit de proteção ao qual as mulheres foram e são submetidas ao longo da história mundial[21].

A Lei Maria da Penha é um marco normativo que permitiu uma guinada paradigmática no tratamento da violência doméstica e familiar contra a mulher, partindo de uma concepção de gênero, apontando diversas políticas

estratégia dinâmica, grupo de apoio ou de constituintes significativo, mobilização e ação visíveis". BARSTED, Leila Linhares. Lei Maria da Penha: uma experiência bem-sucedida de *advocacy* feminista. *In*: CAMPOS, Carmen Hein de (org.). **Lei Maria da Penha**: comentada em uma perspectiva jurídico-feminista. Rio de Janeiro: Lumen Juris, 2011, p. 15.

[20] BRASIL. **Lei n. 11.340/2002.** "Art. 6º. A violência doméstica e familiar contra a mulher constitui uma das formas de violação dos direitos humanos".

[21] TÁVORA, Mariana Fernandes. O sistema português. *In*: ÁVILA, Thiago André Pierobom de. **Modelos europeus de enfrentamento à violência de gênero**: experiências e representações sociais. Brasília: eSMPU, 2014, p. 192.

públicas e dando concretude à complexidade do fenômeno ao prever normas de caráter preventivo, protetivo e assistencial, além de punitivo.

Diante das novidades trazidas pela Lei Maria da Penha, o Poder Judiciário deverá assumir a responsabilidade pelo enfrentamento à violência doméstica e familiar contra a mulher no sistema de justiça.

Trata-se de uma virada paradigmática[22], conforme leciona Carmem Hein Campos, que não restringe suas lentes ao réu no sistema de justiça criminal, mas lança luzes sobre os interesses e as demandas das mulheres em situação de violência, com normas de prevenção e de acolhimento.

Valoriza-se o contexto histórico do relacionamento, eventuais dependências emocionais e econômicas das mulheres e o conjunto de violências anteriores praticadas pelo agressor e/ou vivenciadas pela mulher, para compreender o quanto a liberdade da mulher estava comprometida nesse relacionamento violento, além das consequências daí advindas.

Essa lei inovou os paradigmas legais vigentes até então, superou a noção meramente punitivista e retributivista do direito penal e trouxe mecanismos multidisciplinares de acolhimento e de encaminhamento da mulher e familiares à rede de proteção, assim como do autor da violência aos grupos reflexivos de sensibilização e de conscientização por meio das medidas protetivas de urgência.

No âmbito do CNJ, que tem como atribuição aperfeiçoar e fiscalizar o Poder Judiciário brasileiro, foi editada a Portaria n. 15/2017, que instituiu a Política Judiciária Nacional de Enfrentamento à Violência contra as Mulheres no Poder Judiciário. Seu escopo foi ampliado pela Resolução n. 254/2018[23].

Em 2021, foi lançado o Protocolo para Julgamento com Perspectiva de Gênero, composto por três partes: 1) conceitos; 2) guia para magistrados e magistradas; 3) questões de gênero específicas de diversos ramos da justiça. A adoção obrigatória do Protocolo consta da Resolução CNJ n. 492/2023, que estabelece, para adoção de perspectiva de gênero nos julgamentos em

[22] CAMPOS, Carmen Hein de. **Lei Maria da Penha comentada em uma perspectiva jurídico-feminista**. Rio de Janeiro: Lumen Juris, 2011, p. 17.

[23] BRASIL. **Resolução n. 254, de 4 de setembro de 2018**. Institui a Política Judiciária Nacional de Enfrentamento à Violência contra as Mulheres pelo Poder Judiciário e dá outras providências. Brasília: Poder Executivo, 2018. Disponível em: https://atos.cnj.jus.br/files/resolucao_254_04092018_05092018142446.pdf. Acesso em: 19 mar. 2023.

todo o Poder Judiciário, as diretrizes do protocolo aprovado pelo Grupo de Trabalho formado pela Portaria CNJ n. 27/2021, que institui a obrigatoriedade de capacitação de magistrados e magistradas, relacionada a direitos humanos, gênero, raça e etnia, em perspectiva interseccional, e cria o Comitê de Acompanhamento e Capacitação sobre Julgamento com Perspectiva de Gênero no Poder Judiciário e o Comitê de Incentivo à Participação Institucional Feminina no Poder[24].

Em síntese, o Protocolo observa o diálogo multinível com os sistemas internacionais de proteção e foi criado para orientar a magistratura no julgamento de casos concretos, enfatizando a relação íntima do direito com as desigualdades no Brasil, mas também seu potencial emancipatório.

A Meta 08/2022 do CNJ exige do Judiciário dinamicidade e criatividade para julgar as demandas relacionadas à violência doméstica com prioridade e diminuição do acervo. No âmbito internacional, a Agenda 2030 da ONU elencou os objetivos 5 (igualdade de gênero), 10 (redução das desigualdades) e 16 (paz, justiça e instituições fortes), que somente poderão ser atingidos por meio do combate eficaz da violência contra a mulher. Essa Agenda, inclusive, é tema da Meta 09/2022 do CNJ, que visa difundir a cultura da inovação em todos os segmentos da justiça e nas interações com os Objetivos de Desenvolvimento Sustentável da Agenda 2030 da ONU.

Em Portugal, no ano de 2009, foi editada legislação específica (Lei n. 112) de proteção às vítimas da violência doméstica trazendo novo estatuto jurídico e social ao tema, o que lhe conferiu também maior visibilidade[25].

[24] BRASIL. **Resolução n. 492, de 17 de março de 2023**. Estabelece, para adoção de Perspectiva de Gênero nos julgamentos em todo o Poder Judiciário, as diretrizes do protocolo aprovado pelo Grupo de Trabalho constituído pela Portaria CNJ n. 27/2021, institui obrigatoriedade de capacitação de magistrados e magistradas, relacionada a direitos humanos, gênero, raça e etnia, em perspectiva interseccional, e cria o Comitê de Acompanhamento e Capacitação sobre Julgamento com Perspectiva de Gênero no Poder Judiciário e o Comitê de Incentivo à Participação Institucional Feminina no Poder Judiciário. Brasília: Poder Executivo. Disponível em: https://atos.cnj.jus.br/files/original144414202303206418713e177b3.pdf. Acesso em: 13 abr. 2023.

[25] TÁVORA, Mariana Fernandes. O sistema português. *In*: ÁVILA, Thiago André Pierobom de. **Modelos europeus de enfrentamento à violência de gênero**: experiências e representações sociais. Brasília: eSMPU, 2014, p. 186.

Essa legislação não possui perspectiva de gênero, mas protege a todos, no âmbito doméstico, sem distinção de gênero, além de abranger crianças e homens.

> A par das discussões dogmáticas acerca de como deve ser concebida a violência de gênero, se exclusivamente contra a mulher ou não, fato é que as vítimas a serem protegidas pela lei portuguesa podem ser as mulheres, mas também homens, crianças e idosos. Nesse particular, cremos que a não explicitação de uma política com recorte específico de gênero é uma perda, pois, conforme já assinalado alhures, quando essa questão é trazida de forma clara para a ordem jurídica, há evidentemente maiores chances de transformação social[26].

Contudo, em Portugal, a rede nacional de proteção à vítima de violência doméstica foi instituída pela Lei n. 112/2009, e tem como público-alvo as mulheres em situação de violência doméstica decorrente das relações íntimas de afeto, constituída pelo órgão da Administração Pública responsável pela área de cidadania e da igualdade de gênero, pelas casas-abrigo, pelos centros de atendimento e centros de atendimento especializado, assim como a rede dos núcleos de atendimento e grupos de ajuda mútua[27]. Desde 2010, há também um programa estatal para agressores domésticos denominado Programa para Agressores de Violência Doméstica (PAvD), com duração de seis meses[28].

As boas práticas do sistema de justiça no eixo da prevenção, abrangendo conscientização e proteção às mulheres em situação de violência merecem destaque por se tratar da novidade da Lei Maria da Penha que reconhece a complexidade da violência doméstica, demandam interlocução e integração entre os Poderes Executivo e Judiciário.

[26] TÁVORA, Mariana Fernandes. O sistema português. *In*: ÁVILA, Thiago André Pierobom de. **Modelos europeus de enfrentamento à violência de gênero**: experiências e representações sociais. Brasília: eSMPU, 2014, p. 187.

[27] TÁVORA, Mariana Fernandes. O sistema português. *In*: ÁVILA, Thiago André Pierobom de. **Modelos europeus de enfrentamento à violência de gênero**: experiências e representações sociais. Brasília: eSMPU, 2014, p. 139-140; 178.

[28] TÁVORA, Mariana Fernandes. O sistema português. *In*: ÁVILA, Thiago André Pierobom de. **Modelos europeus de enfrentamento à violência de gênero**: experiências e representações sociais. Brasília: eSMPU, 2014, p. 182.

3 EXEMPLOS DE BOAS PRÁTICAS DO PODER JUDICIÁRIO BRASILEIRO

Extraiu-se do rol de programas e ações de violência contra a mulher algumas boas práticas dos Tribunais de Justiça dos Estados descritas no *site* do CNJ[29]. São 8 boas práticas espalhadas por 5 regiões do Brasil.

Em comum, as iniciativas relacionadas aos grupos reflexivos para autores de violência (aspecto da conscientização individual), grupos de acolhimento para mulheres (aspecto da proteção) e conscientização por meio de palestras nas escolas e na sociedade em geral (prevenção).

Na região norte, se destaca a boa prática *Programa de Rádio Justiça por Elas,* criado em agosto de 2016 pela Assessoria de Comunicação do Tribunal de Justiça do Amapá[30], que trata de temas relativos às mulheres, dissemina informações sobre direitos e deveres, divulga e entrevistas e conta com a participação do ouvinte.

No nordeste, o projeto *Justiça em seu bairro – mulher merece respeito*[31], desenvolvido em 2013, visa conscientizar diversos segmentos sociais a respeito da Lei Maria da Penha, por meio de palestras nos centros comunitários de bairros, incluindo o Exército, universidades, escolas públicas e privadas.

Na região centro-oeste, o projeto *Protetivas Online* do TJ-MS[32], semelhante ao *SOS Mulher Medida Protetiva On-line* do TJ-MT[33], permite o requerimento virtual das medidas protetivas de urgência, garantindo celeridade no trâmite de concessão e acesso efetivo à justiça. No TJ-DFT, o projeto *Maria da Penha*

[29] CONSELHO NACIONAL DE JUSTIÇA. CNJ. **Boas práticas de violência contra a mulher**. Brasília. Disponível em: https://www.cnj.jus.br/programas-e-acoes/violencia-contra-a-mulher/boas-praticas-4/. Acesso em: 17 mar. 2023.

[30] Programa "Justiça por Elas" estreou pela Rádio Universitária 96.9 FM.

[31] CONSELHO NACIONAL DE JUSTIÇA. CNJ. **Boas práticas de violência contra a mulher**. Brasília. Disponível em: https://www.cnj.jus.br/programas-e-acoes/violencia-contra-a-mulher/boas-praticas-4/. Acesso em: 17 mar. 2023.

[32] BRASIL. Tribunal de Justiça do Mato Grosso do Sul. **Protetivas On-line completam 1 ano e relatório anual detalha perfil de vítimas e agressores**. 12 ago. 2021. Disponível em: https://www.tjms.jus.br/noticia/59797. Acesso em: 20 mar. 2023.

[33] MATO GROSSO. SOS MULHER. **Medida Protetiva On-line Violência Doméstica contra a Mulher**. Disponível em: https://sosmulher.pjc.mt.gov.br/. Acesso em: 20 mar. 2023.

vai à escola: educar para prevenir e coibir a violência doméstica e familiar contra a mulher[34] procura promover e divulgar a Lei Maria da Penha nas escolas públicas do Distrito Federal[35].

No sudeste, o *Projeto Violeta*[36] do TJ-RJ, em convênio com o Ministério Público e a Defensoria Pública, de março de 2013, procura garantir a segurança e a proteção máxima das mulheres vítimas de violência doméstica e familiar, acelerando o acesso à justiça daquelas que estão com sua integridade física e até mesmo com a vida em risco. Todo o processo deve ser concluído em cerca de 4 horas: a vítima registra o caso na delegacia, que o encaminha de imediato para apreciação do juiz. Depois de ser ouvida e orientada por uma equipe multidisciplinar do Juizado, ela sai com uma decisão judicial em mãos (Premiação *Innovare*, 11. ed.).

Outro projeto em andamento no TJ-RJ na seara da violência doméstica e familiar é o *Protocolo Violeta-Laranja*. Trata-se de um instrumento criado em 2018, que busca assegurar que as medidas protetivas de urgência sejam apreciadas de maneira célere nos processos de feminicídio tentado e consumado. Além disso, procura reduzir o lapso temporal entre o registro do fato e a decisão judicial que concede medidas protetivas e encaminhamento das vítimas à rede de enfrentamento à violência, e dar maior efetividade e proteção às vítimas sobreviventes e indiretas nos processos de feminicídio[37].

[34] CONSELHO NACIONAL DE JUSTIÇA. CNJ. **Boas práticas de violência contra a mulher**. Brasília. Disponível em: https://www.cnj.jus.br/programas-e-acoes/violencia-contra-a-mulher/boas-praticas-4/. Acesso em: 17 mar. 2023.

[35] Diversos projetos: Aplicativo Viva Flor; Projeto PAVIO (acompanhamento de casos complexos); Policiamento de Prevenção Orientada à Violência Doméstica (PROVID/PMDF); Ações voltadas à prevenção da violência sexual; Formação de policiais – parceria com SSP e PMDF; Programa Instrução Lei Maria da Penha (grupos reflexivos para profissionais da SSP); Programa Prata da Casa (capacitação para Juizados de Violência Doméstica); Grupos Reflexivos de Homens; Palestras e Seminários para instituições da rede e a comunidade; Com respeito, sem violência (material informativo para homens). TRIBUNAL DE JUSTIÇA DO DISTRITO FEDERAL E DOS TERRITÓRIOS. **Violência contra a mulher**. Disponível em: https://www.tjdft.jus.br/informacoes/cidadania/nucleo-judiciario-da-mulher#programas--projetos-e-a--es. Acesso em: 12 abr. 2023.

[36] CONSELHO NACIONAL DE JUSTIÇA. CNJ. **Boas práticas de violência contra a mulher**. Brasília. Disponível em: https://www.cnj.jus.br/programas-e-acoes/violencia-contra-a-mulher/boas-praticas-4/. Acesso em: 17 mar. 2023.

[37] O Protocolo Violeta-Laranja foi implementado, inicialmente, através de um Protocolo de Atuação e Colaboração entre as I, II, III e IV Varas dos Tribunais do Júri, o I Juizado de

Com o intuito de auxiliar as mulheres e seus filhos menores vítimas de violência doméstica e familiar quando em situação de grave ameaça ou risco durante o período noturno, a Central Judiciária de Acolhimento da Mulher Vítima de Violência Doméstica (CEJUVIDA) foi criada pelo Ato Executivo n. 2.610/2010 da Presidência do PJERJ. Integrada ao Plantão Judiciário, a CEJUVIDA foi concebida para servir como um núcleo integrado de apoio aos juízes e aos delegados de polícia que, fora do horário forense, precisam garantir o encaminhamento emergencial seguro e célere de mulheres e seus filhos menores às casas-abrigo[38].

Outro projeto necessário foi a criação do *Maria da Penha Virtual*, um *web app*, uma página que se comporta como um aplicativo que pode ser acessado de qualquer dispositivo eletrônico, por meio do *link* https://maria-penha-virtual.tjrj.jus.br. Por isso, não precisa ser baixado, não ocupa espaço na memória do aparelho e mantém a segurança da vítima de violência doméstica.

A tecnologia foi desenvolvida por estudantes e pesquisadores do Centro de Estudos de Direito e Tecnologia da UFRJ (CEDITEC) alinhados aos objetivos de desenvolvimento sustentável da ONU – igualdade de gênero, paz, justiça – com o intuito de oferecer para a sociedade um meio eletrônico simples e de fácil acesso, com requisitos possíveis para a mulher vítima de violência doméstica e familiar realizar o pedido de medida protetiva de urgência. À vista disso, o aplicativo foi extremamente importante durante a pandemia da Covid-19, pois a vítima não precisava se deslocar.

No *Maria da Penha Virtual*, a vítima informa seus dados pessoais, os do agressor e informações acerca da agressão sofrida, além de poder anexar fotos e áudios como meios de prova. A depender do caso, escolhe as medidas protetivas nos termos da Lei Maria da Penha. Ao final, é gerado, em formato "pdf",

Violência Doméstica e Familiar contra a Mulher da Comarca da Capital do Estado do Rio de Janeiro e o Núcleo de Defesa dos Direitos da Mulher Vítima de Violência de Gênero (NUDEM). Posteriormente, foi expandido, automaticamente, em todo o Estado do Rio de Janeiro, através do Provimento 82/2020, no Capítulo I, Seção II, Subseção IX. ESTADO DO RIO DE JANEIRO. Poder Judiciário. **Protocolo Violeta Laranja**. Disponível em: https://www.tjrj.jus.br/web/guest/observatorio-judicial-violencia-mulher/projetos/protocolo-violeta-laranja. Acesso em: 07 abr. 2023.

[38] ESTADO DO RIO DE JANEIRO. Poder Judiciário. **Central Judiciária de Acolhimento da Mulher Vítima de Violência Doméstica** (Cejuvida). Disponível em: https://www.tjrj.jus.br/web/guest/observatorio-judicial-violencia-mulher/cejuvida. Acesso em: 07 abr. 2023.

uma petição de medida protetiva de urgência distribuída automaticamente para o juizado competente.

Inicialmente, o projeto-piloto envolveu os Juizados Especializados com competência em Violência Doméstica e Familiar contra a Mulher do Município do Rio de Janeiro (I, II, III, IV, V, VI e VII – Centro do Rio de Janeiro, Campo Grande, Jacarepaguá, Bangu, Leopoldina e Barra da Tijuca, respectivamente), alcançando, posteriormente, a partir da cientificação do seu funcionamento, os Juizados de Violência Doméstica das Comarcas de Itaboraí, São João de Meriti e Três Rios, em meados de fevereiro de 2022. Além disso, a ferramenta se expandiu, a partir de 8 de março de 2022, para abarcar todos os Juizados de Violência Doméstica e Familiar contra a Mulher do Estado do Rio de Janeiro.

A tecnologia permitiu observar os dados estatísticos do projeto *Maria da Penha Virtual* que demonstram um crescimento progressivo de casos de violência doméstica. Em 2021, foram registrados 766 atendimentos, ao passo que, em 2022, o número subiu para 1.939 (mais que o dobro em relação a 2021). Somente em janeiro e fevereiro de 2023, foram realizados 356 atendimentos, praticamente a metade do ano de 2021.

Ressalta-se que, com a eficácia dos registros, em 14 de dezembro de 2021, o Aplicativo Maria da Penha Virtual conquistou o 1º lugar no Prêmio CNJ Juíza Viviane Vieira do Amaral na categoria Tribunais. O prêmio em questão contemplava seis categorias: tribunais, magistrados, sistema de justiça criminal, mídia, produção acadêmica e organizações não governamentais e recebeu 83 inscrições. Além de dar visibilidade às ações de prevenção e de combate à violência familiar e doméstica, o Prêmio CNJ Juíza Viviane Vieira do Amaral busca conscientizar o Poder Judiciário sobre a necessidade de vigília permanente no enfrentamento a esse tipo crescente de violência[39].

No sul, os Juizados de Violência Doméstica, em Porto Alegre, possuem diversas boas práticas[40]. Dentre elas destaca-se o *Projeto Borboleta*, iniciado em março de 2014, no qual estagiários de psicologia de universidades conveniadas fazem o acolhimento humanizado das mulheres que aguardam a

[39] ESTADO DO RIO DE JANEIRO. Tribunal de Justiça. **Maria da Penha Virtual**. Disponível em: https://www3.tjrj.jus.br/mariapenhavirtual/. Acesso em: 07 abr. 2023.

[40] CONSELHO NACIONAL DE JUSTIÇA. CNJ. **Boas práticas de violência contra a mulher**. Brasília. Disponível em: https://www.cnj.jus.br/programas-e-acoes/violencia-contra-a-mulher/boas-praticas-4/. Acesso em: 17 mar. 2023.

chamada para as audiências e se encontram em sala especialmente destinada para essa finalidade. Na sala de espera e acolhimento, há espaço também para as crianças (brinquedoteca e fraldário) e sanitário exclusivo. O Aplicativo PLP 2.0 de celular, sem custo algum, permite acionar a central de operações da polícia e recebe o pedido de socorro. A mulher é localizada através do serviço de GPS que imediatamente dispara a informação para a guarnição da polícia mais próxima para o socorro. Além disso, grava imagem e som do local para servir de prova no processo.

No âmbito do sistema de justiça, a pesquisa da série Casoteca *Práticas de enfrentamento à violência contra as mulheres: experiências desenvolvidas pelos profissionais de segurança pública e do sistema de justiça*, elaborada em 2019 pelo Fórum Brasileiro de Segurança Pública, traz diversas boas práticas.

Nesse estudo, as boas práticas foram divididas em duas categorias: 1) voltada aos profissionais da segurança pública; 2) voltada aos profissionais do sistema de justiça, contemplando a rede de enfrentamento à violência contra a mulher. Ao todo, foram recebidas 66 inscrições de 19 Estados e do Distrito Federal. Ao final, o comitê decidiu por documentar 15 iniciativas (11 na categoria 1 e 4 na categoria 2)[41].

Na categoria 1, o foco é nos profissionais da segurança pública, porta de entrada do sistema de justiça, com destaque às seguintes boas práticas: Intervenção Policial em Ocorrências de Violência Doméstica; Curso de Padronização da Ação Policial com foco ao combate à violência contra a mulher; Programa Mulher Protegida; Programa de Pesquisa e Capacitação Continuada dos Policiais Civis do Estado de São Paulo em Feminicídio e Investigação sob a Perspectiva de Gênero.

O programa *Intervenção Policial em Ocorrências de Violência Doméstica* (Inpovid) é de iniciativa da Polícia Militar do Distrito Federal, em cooperação com o TJ-DFT e visa implementar conteúdos relativos ao atendimento policial às mulheres em situação de violência doméstica, buscando incorporá-los à

[41] FÓRUM BRASILEIRO DE SEGURANÇA PÚBLICA. **Práticas de enfrentamento à violência contra as mulheres**: experiências desenvolvidas pelos profissionais de segurança pública e do sistema de justiça. Casoteca FBSP, 2019. São Paulo: Fórum Brasileiro de Segurança Pública, 2020, v. 3, 216p. Disponível em: https://forumseguranca.org.br/wp-content/uploads/2021/02/casoteca-2018-site.pdf. Acesso em: 20 mar. 2023, p. 7-8.

matriz curricular de formação de policiais militares, em todos os níveis de gestão da carreira.

O programa *Curso de padronização da ação policial com foco no enfrentamento da violência contra a mulher* é uma iniciativa da Polícia Militar de Alagoas, mais especificamente da Patrulha Maria da Penha (PMP), e tem por meta padronizar e qualificar a ação dos policiais militares das outras unidades por meio de capacitações.

O programa *Mulher Protegida* é uma política pública da Secretaria de Estado da Segurança e da Defesa Social da Paraíba (SESDS), existente desde 2014. Instituído por lei estadual, em 2017, está previsto no Plano Estadual de Segurança Pública da Paraíba – o *Paraíba pela Paz*. Fruto de um trabalho em rede formado pelas Polícias Civil e Militar, Secretaria Estadual da Mulher e da Diversidade Humana, Tribunal de Justiça e Ministério Público, o *Mulher Protegida* abarca uma série de ações voltadas ao enfrentamento da violência contra as mulheres, desde a criação de um aplicativo para acionar policial destinado a mulheres em situação de risco até a instituição de uma Patrulha Maria da Penha e a realização de atividades de prevenção, incluindo palestras e panfletagens.

O programa de *Pesquisa e Capacitação Continuada dos Policiais Civis do Estado de São Paulo em Feminicídio e a Investigação sob a Perspectiva de Gênero* é uma iniciativa da Academia de Polícia (Acadepol) que visa à capacitação dos policiais civis, em todas as carreiras, para incorporar a perspectiva de gênero nas investigações de mortes violentas de mulheres. O programa desenvolveu também, por meio da formação de um grupo de trabalho interno, a primeira diretriz e o primeiro manual para a investigação de feminicídios de São Paulo com base nas diretrizes nacionais.

O programa *Patrulha Maria da Penha* está presente em diversos estados (Paraná, Maranhão, Piauí, São Paulo, Rio de Janeiro) e tem por objetivo capacitar a Polícia Militar ou as Guardas Municipais para a fiscalização das medidas protetivas de urgência, com atendimento emergencial e de rotina por meio da elaboração de relatórios periódicos.

4 CONSIDERAÇÕES FINAIS

A violência de gênero contra as mulheres está arraigada na sociedade e baseada em múltiplos fatores estruturais relacionados ao gênero, como o reforço dos papéis de gênero, a necessidade de se afirmar o controle masculino em relação às mulheres, as assimetrias de poder nas relações conjugais, na dominação masculina, na aceitação e tolerância da sociedade em relação à violência contra a mulher, normas sociais que impõem às mulheres posição de inferioridade e de subalternidade. Todos esses fatores juntos e associados contribuem para perpetuar a violência de gênero contra as mulheres e a impunidade generalizada relacionada aos crimes de gênero.

O Poder Judiciário vem sendo chamado a decidir sobre questões de gênero e violência contra as mulheres. O Comitê CEDAW da ONU, por sua vez, tem observado uma série de obstáculos e de restrições que impedem as mulheres de realizar o seu direito de acesso à justiça, com base na igualdade, incluindo a falta de proteção jurisdicional efetiva dos Estados em relação a todas as dimensões do acesso à justiça.

Mesmo diante de avanços na legislação nacional e de significativos compromissos internacionais assumidos pelo Brasil, as mulheres ainda sofrem com altos índices de violência e enfrentam diversas dificuldades para acessar a justiça, como a concentração dos tribunais nas principais cidades e sua não disponibilidade em regiões rurais e remotas, a falta de tempo e de dinheiro necessários para acessá-los, a complexidade dos procedimentos, a falta de assistência jurídica qualificada para todas as mulheres, além de julgamentos e de decisões insensíveis a gênero.

Visando cumprir obrigações internacionais, o CNJ editou a Resolução nº 254/2018 instituindo a Política Nacional de Enfrentamento à Violência contra a Mulher e a Resolução nº 492/2023, instituindo a adoção de perspectiva de gênero nos Julgamentos do Poder Judiciário, além de exigir a capacitação de magistrados e de magistradas, relacionada a direitos humanos, gênero, raça e etnia, em perspectiva interseccional, e criar o Comitê de Acompanhamento e Capacitação sobre Julgamento com Perspectiva de Gênero no Poder Judiciário e o Comitê de Incentivo à Participação Institucional Feminina no Poder Judiciário.

Outras iniciativas foram criadas pelo Poder Judiciário incluindo projetos institucionais e a implantação de boas práticas para aproximar e atender de forma humanizada às mulheres vítimas de violência do Poder Judiciário. A educação a partir de uma perspectiva de gênero se revela fundamental para as mulheres tomarem conhecimento dos seus direitos, pois aquelas que não os conhecem, não têm como reivindicá-los, nem como exigir do Poder Judiciário que sua demanda seja atendida de forma célere, imparcial, livre de mitos, preconceitos e de estereótipos de gênero, com a devida diligência.

Nesse sentido, é fundamental que programas educacionais sobre direitos das mulheres e igualdade de gênero integrem os currículos escolares de todos os níveis de ensino a todas as pessoas, incluindo homens e meninos, a sociedade em geral, os agentes do sistema de justiça, não apenas a magistratura, mas o Ministério Público, a Defensoria Pública, os profissionais da segurança pública e a OAB.

Existe ainda uma longa jornada a ser seguida pela igualdade material entre homens e mulheres, no entanto, a largada já foi dada. Agora, basta seguir firme nesse caminho rumo à um sistema de justiça mais célere, justo e acessível a todas as pessoas que procuram punição e reparação por seus direitos violados.

REFERÊNCIAS

BOURDIEU, Pierre. **O poder simbólico**. Trad. Fernando Tomaz. Lisboa: Difel, 2001.

BARSTED, Leila Linhares. Lei Maria da Penha: uma experiência bem-sucedida de *advocacy* feminista. *In*: CAMPOS, Carmen Hein de (org.). **Lei Maria da Penha**: comentada em uma perspectiva jurídico-feminista. Rio de Janeiro: Lumen Juris, 2011.

BRASIL. **Decreto n. 1.973, de 1º de agosto de 1996**. Promulga a Convenção Interamericana para Prevenir, Punir e Erradicar a Violência contra a Mulher, concluída em Belém do Pará, em 9 de junho de 1994. Disponível em: http://www.planalto.gov.br/ccivil_03/decreto/1996/d1973.htm. Acesso em: 23 jan. 2022.

BRASIL. **Decreto n. 4.377, de 13 de setembro de 2002**. Promulga a Convenção sobre a Eliminação de Todas as Formas de Discriminação contra a Mulher, de 1979, e revoga o Decreto n. 89.460, de 20 de março de 1984. Diário da Justiça eletrônico, Brasília, DF. Disponível em: http://www.planalto.gov.br/ccivil_03/decreto/2002/d4377.htm. Acesso em: 20 jan. 2022.

BRASIL. **Resolução n. 254, de 4 de setembro de 2018**. Institui a Política Judiciária Nacional de Enfrentamento à Violência contra as Mulheres pelo Poder Judiciário e dá outras providências. Brasília: Poder Executivo, 2018. Disponível em: https://atos.cnj.jus.br/files/resolucao_254_04092018_05092018142446.pdf. Acesso em: 19 mar. 2023.

BRASIL. **Resolução n. 492, de 17 de março de 2023**. Estabelece, para adoção de Perspectiva de Gênero nos julgamentos em todo o Poder Judiciário, as diretrizes do protocolo aprovado pelo Grupo de Trabalho constituído pela Portaria CNJ n. 27/2021, institui obrigatoriedade de capacitação de magistrados e magistradas, relacionada a direitos humanos, gênero, raça e etnia, em perspectiva interseccional, e cria o Comitê de Acompanhamento e Capacitação sobre Julgamento com Perspectiva de Gênero no Poder Judiciário e o Comitê de Incentivo à Participação Institucional Feminina no Poder. Brasília: Poder Executivo. Disponível em: https://atos.cnj.jus.br/files/original1444142023032064187l3e177b3.pdf. Acesso em: 13 abr. 2023.

BRASIL. Tribunal de Justiça do Mato Grosso do Sul. **Protetivas On-line completam 1 ano e relatório anual detalha perfil de vítimas e agressores.** 12 ago. 2021. Disponível em: https://www.tjms.jus.br/noticia/59797. Acesso em: 20 mar. 2023.

BUENO, Samira; MARTINS, Juliana; BRANDÃO, Juliana; SOBRAL, Isabela; LAGRECA, Amanda. **Visível e invisível**: a vitimização de mulheres no Brasil. Infográfico. 4. ed. 2023. Fórum Brasileiro de Segurança Pública. Disponível em: https://forumseguranca.org.br/wp-content/uploads/2023/03/visiveleinvisivel-2023-infografico.pdf. Acesso em: 04 mar. 2023.

CONSELHO NACIONAL DE JUSTIÇA. CNJ. **Boas práticas de violência contra a mulher**. Brasília. Disponível em: https://www.cnj.jus.br/programas-e-acoes/violencia--contra-a-mulher/boas-praticas-4/. Acesso em: 17 mar. 2023.

CONSELHO NACIONAL DE JUSTIÇA. CNJ. **Resolução CNJ n. 235, de 13 de julho de 2016**. Dispõe sobre a padronização de procedimentos administrativos decorrentes de julgamentos de repercussão geral, de casos repetitivos e de incidente de assunção de competência previstos na Lei 13.105/2015 (Código de Processo Civil), nos tribunais superiores e de segunda instância. Diário da Justiça Eletrônico, CNJ, Brasília, DF, n. 120, p. 8-14, 14 jul. 2016.

CONSELHO NACIONAL DE JUSTIÇA. **Recomendação Geral n. 35 sobre Violência de Gênero contra as Mulheres do Comitê para Eliminação de Todas as Formas de Discriminação contra a Mulher (CEDAW)**. Série Tratados Internacionais de Direitos Humanos. Trad. Para o português: Neri Accioly. Brasília, 2019. Disponível em: https://www.cnj.jus.br/wp-content/uploads/2019/09/769f84bb4f9230f283050b7673aeb063.pdf. Acesso em: 07 abr. 2023.

ESTADO DO RIO DE JANEIRO. Poder Judiciário. **Protocolo Violeta Laranja**. Disponível em: https://www.tjrj.jus.br/web/guest/observatorio-judicial-violencia-mulher/projetos/protocolo-violeta-laranja. Acesso em: 07 abr. 2023.

ESTADO DO RIO DE JANEIRO. Poder Judiciário. **Central Judiciária de Acolhimento da Mulher Vítima de Violência Doméstica** (Cejuvida). Disponível em: https://www.tjrj.jus.br/web/guest/observatorio-judicial-violencia-mulher/cejuvida. Acesso em: 07 abr. 2023.

ESTADO DO RIO DE JANEIRO. Tribunal de Justiça. **Maria da Penha Virtual.** Disponível em: https://www3.tjrj.jus.br/mariapenhavirtual/. Acesso em: 07 abr. 2023.

FÓRUM BRASILEIRO DE SEGURANÇA PÚBLICA. **Práticas de enfrentamento à violência contra as mulheres**: experiências desenvolvidas pelos profissionais de segurança pública e do sistema de justiça. Casoteca FBSP, 2019. São Paulo: Fórum Brasileiro de Segurança Pública, 2020, v. 3, 216p. Disponível em: https://forumseguranca.org.br/wp-content/uploads/2021/02/casoteca-2018-site.pdf. Acesso em: 20 mar. 2023.

OEA. COMISSÃO INTERAMERICANA DE DIREITOS HUMANOS. **Informe Relatório 54/01**. Caso 12.051 Maria da Penha Maia Fernandes *versus* Brasil. 04 abr. 2001. Disponível em: https://www.cidh.oas.org/annualrep/2000port/12051.htm. Acesso em: 04 mar. 2023

LEITE, Isabela; MOTTER, Andressa. Com orçamento previsto de R$ 7,7 milhões, Casa da Mulher Brasileira não recebeu nenhum pagamento em 2022. **Globo News.** Disponível em: https://g1.globo.com/sp/. Acesso em: 20 mar. 2023.

LUNARDI, Fabrício Castagna. Centro de Inteligência e sistema de precedentes: o presente e o futuro para a gestão de conflitos. *In*: LUNARDI, Fabrício Castagna.

KOEHLER, Frederico Augusto Leopoldino; FERRAZ, Taís Schilling (org.). **Centro de Inteligência e sistema de precedentes**: o presente e o futuro para a gestão de conflitos. Brasília: ENFAM, 2022.

LUNARDI, Fabrício Castagna. Gestão processual e efetividade judicial: um estudo de caso a partir do tribunal do júri com melhor desempenho no *ranking* nacional do CNJ. **Revista Judicial Brasileira**, v. 1, n. 1, p. 179-204, jul.-dez. 2021.

MATO GROSSO. SOS MULHER. **Medida Protetiva On-line** – Violência Doméstica contra a Mulher. Disponível em: https://sosmulher.pjc.mt.gov.br/. Acesso em: 20 mar. 2023.

ONU. CEDAW. **Recomendação 19**. Antecedentes, item 1. Disponível em: https://www.enfam.jus.br/wp-content/uploads/2020/04/Recomendac%CC%A7a%CC%83o-19--CEDAW-1.2.pdf. Acesso em: 28 dez. 2021.

PANDJIARJIAN, Valéria. “Maria da Penha: una mujer, un caso, una ley”. **Revista CLADEM**, n. 9, año 6, p. 38-51, 2007.

PIMENTEL, Silvia; BIANCHINI, Alice. **Feminismo (s)**. São Paulo: Matrioska, 2021.

PIOVESAN, Flávia; PIMENTEL, Silvia. A Lei Maria da Penha na perspectiva da responsabilidade internacional do Brasil. *In*: CAMPOS, Carmen Hein de. **Lei Maria da Penha comentada em uma perspectiva jurídico-feminista**. Rio de Janeiro: Lumen Juris, 2011.

RESENDE, Thiago. Bolsonaro cortou 90% de verba de violência contra a mulher. São Paulo: **Folha de S. Paulo**. Disponível em: https://www1.folha.uol.com.br/cotidiano/2022/09/bolsonaro-cortou-90-da-verba-de-combate-a-violencia-contra-a-mulher.shtml. Acesso em: 20 mar. 2023.

SAFFIOTI. Heleieth. Violência doméstica ou a lógica do galinheiro. *In*: KUPSTAS, M. (org.) **Violência em debate**. São Paulo: Moderna, 1997.

TÁVORA, Mariana Fernandes. O sistema português. *In*: ÁVILA, Thiago André Pierobom de. **Modelos europeus de enfrentamento à violência de gênero**: experiências e representações sociais. Brasília: eSMPU, 2014.

TRIBUNAL DE JUSTIÇA DO DISTRITO FEDERAL E DOS TERRITÓRIOS. **Violência contra a mulher**. Disponível em: https://www.tjdft.jus.br/informacoes/cidadania/nucleo-judiciario-da-mulher#programas--projetos-e-a--es. Acesso em: 12 abr. 2023.

UOL NOTÍCIAS. **Igualdade de gêneros precisará de 300 anos para ser alcançada, diz secretário-geral da ONU**. Disponível em: https://noticias.uol.com.br/ultimas-noticias/rfi/2023/03/07/igualdade-de-generos-precisara-de-300-anos-para-ser-alcancada-diz-secretario-geral-da-onu.htm. Acesso em: 07 mar. 2023.

WEFORUM. **Global Gender Gap Report 2022**. Disponível em: https://www.weforum.org/reports/global-gender-gap-report-2022/. Acesso em: 19 mar. 2023.

ZANELLO, Waleska. **Saúde mental, gênero e dispositivos** – cultura e processos de subjetivação. Curitiba: Appris, 2018.

CAPÍTULO 2
JUSTIÇA EM REDE: UMA DISCUSSÃO SOBRE A EFETIVIDADE DO ATENDIMENTO DAS MULHERES NAS MEDIDAS PROTETIVAS DE URGÊNCIA

Marcela Santana Lobo[*]

SUMÁRIO

1 Introdução. 2 Medidas protetivas de urgência como estratégia de enfrentamento à violência doméstica contra a mulher: um estudo empírico em procedimentos judiciais. 3 Procedimentos de medidas protetivas de urgência e a pergunta pela mulher: metodologia feminista e interseccionalidade para uma proteção eficiente. 4 Considerações finais. Referências.

1 INTRODUÇÃO

A violência contra a mulher, que atravessa diferentes momentos históricos, modelos econômicos e expressões culturais em todo o mundo, constitui grave violação aos direitos humanos. Baseando-se no gênero, tal violência representa uma forma de discriminação contra meninas e mulheres e inviabiliza que elas possam gozar os direitos e as liberdades em igualdade com os meninos e homens.[1] Conceituando gênero, Joan Scott afirma que se trata da forma

[1] ORGANIZAÇÃO DAS NAÇÕES UNIDAS. **Recomendação Geral nº 19 do Comitê para Eliminação de todas as Formas de Discriminação contra a Mulher (CEDAW)**. Violência

primeira de significar relações de poder e defende que, como elemento que constitui as relações sociais, baseia-se em diferenças percebidas entre os sexos, alicerçadas em uma percepção binária com imputações de características que desfavorecem o gênero feminino.[2]

Como fenômeno, pelo menos "1 a cada 3 mulheres e meninas entre 15 a 49 anos nas Américas sofreram violência física e/ou sexual por um parceiro ou violência sexual por um não parceiro"[3]. Estimativas da União Europeia apontam que "22% das mulheres foram vítimas de violência física e/ou sexual por parte do parceiro atual ou do precedente, e que 43% sofreram violência psicológica" sem que houvesse denúncia na maioria dos casos.[4]

Os crescentes dados da violência inspiraram e inspiram a atuação de movimentos na defesa dos direitos das mulheres e orientam a elaboração de normativos como a Convenção sobre a Eliminação de Todas as Formas de Discriminação contra a Mulher (CEDAW), de 1979[5], e a Convenção Interamericana para Prevenir, Punir e Erradicar a Violência contra a Mulher, "Convenção de Belém do Pará", de 1994[6], expoentes dessa regulamentação no âmbito internacional.

No Brasil, a trajetória de consolidação de instrumentos de proteção dos direitos humanos das mulheres associa-se à luta de movimentos feministas que se posicionaram, de forma contundente, contra, entre outras importantes

contra as mulheres. Disponível em: https://www.enfam.jus.br/wp-content/uploads/2020/04/Recomendac%CC%A7a%CC%83o-19-CEDAW-1.2.pdf. Acesso em 14 abr. 2023.

[2] SCOTT, Joan. Gênero: uma categoria útil para a análise histórica. *In*: HOLANDA, Heloísa Buarque de (Org.). **Pensamento feminista**: conceitos fundamentais. Rio de Janeiro: Bazar do Tempo, 2019, p. 49-82.

[3] ORGANIZAÇÃO PAN-AMERICANA DE SAÚDE. **Violência contra as mulheres.** Disponível em: https://www.paho.org/pt/topics/violence-against-women. Acesso em 14 abr. 2023.

[4] PARLAMENTO EUROPEU. **Como a UE está a lidar com a violência baseada no genero.** Atualizado em 19 abr. 22. Disponível em: https://www.europarl.europa.eu/news/pt/headlines/society/20210923STO13419/como-a-ue-esta-a-lidar-com-a-violencia-de-genero. Acesso em 24 abr. 2023.

[5] ORGANIZAÇÃO DAS NAÇÕES UNIDAS. **Convenção para a eliminação de todas as formas de discriminação (CEDAW).** 1979. Disponível em: https://www.onumulheres.org.br/wp-content/uploads/2013/03/convencao_cedaw1.pdf. Acesso em 14 abr. 2023.

[6] ORGANIZAÇÃO DOS ESTADOS AMERICANOS. **Convenção interamericana para prevenir, punir e erradicar a violência contra a mulher, "Convenção Belém do Pará".** 1994. Disponível em: http://www.cidh.org/basicos/portugues/m.belem.do.para.htm. Acesso em 14 abr. 2023.

bandeiras, as múltiplas violências reconhecidas. Na Carta das Mulheres aos constituintes, de 1987, por exemplo, verifica-se o registro pela inserção de proteção constitucional contra a violência[7], bem como o requerimento de "criminalização de quaisquer atos que envolvam agressões físicas, psicológicas ou sexuais à mulher, fora e dentro do lar."[8]

Todavia, apenas em 2006, o Brasil passou a contar com um potente instrumento de proteção às mulheres, a Lei Federal nº 11.34/2006, conhecida como "Lei Maria da Penha", que decorreu de um forte *advocacy* do movimento feminista e ficou assim conhecida em homenagem à Maria da Penha Fernandes, ativista brasileira que enfrentou uma longa batalha judicial para ver seu ex-marido, agressor em duas tentativas de feminicídio, punido pela justiça brasileira. Seu caso foi levado à Comissão Interamericana de Direitos Humanos, que reconheceu as medidas adotadas pelo Estado brasileiro insuficientes para "reduzir consideravelmente o padrão de tolerância estatal, particularmente em virtude da falta de efetividade da ação policial e judicial no Brasil, com respeito à violência contra a mulher", resultando, assim, em violações a direitos da ofendida.[9]

Não obstante os esforços nacionais e internacionais para o estabelecimento de normativos de proteção às mulheres, visando à erradicação da discriminação e da violência baseadas no gênero, os dados registrados persistem em patamares assustadores. Em 2022, no Brasil, aproximadamente 50.962 mulheres sofreram violência diariamente, e a média nacional de mulheres vitimadas,

[7] De sua atuação durante a constituinte resultou no texto originário da Constituição Federal de 1988 a previsão no artigo 226, §8º, de que ao Estado assiste o dever de criar mecanismos para coibir a violência no âmbito das relações familiares. BRASIL. **Constituição Federal de 1988**. Disponível em: https://www.planalto.gov.br/ccivil_03/constituicao/constituicao.htm. Acesso em 23 de abr. 2023.

[8] CONSELHO NACIONAL DOS DIREITOS DA MULHER. **Carta das mulheres aos constituintes de 1987**. Brasília, DF, 1987. Disponível em: https://www2.camara.leg.br/atividade-legislativa/legislacao/Constituicoes_Brasileiras/constituicao-cidada/a-constituinte-e-as-mulheres/arquivos/Constituinte%201987-1988-Carta%20das%20Mulheres%20aos%20Constituintes.pdf. Acesso em 23 de abr. 2023.

[9] ORGANIZAÇÃO DOS ESTADOS AMERICANOS. Comissão Interamericana de Direitos Humanos. **Relatório nº 54/01.** Caso 12.051: Maria da Penha Maia Fernandes e Brasil. Publicado em 04 abr. 2001. Disponível em: https://www.cidh.oas.org/annualrep/2000port/12051.htm. Acesso em 23 abr. 2023.

33,4%, superou a global, fixada em 27%.[10] Dados do Conselho Nacional de Justiça apontam, ainda, um "crescimento de quase 45% no número de casos novos de violência doméstica por 100 mil mulheres".[11] Embora tenha havido um incremento da concessão de medidas protetivas, o número de feminicídios também se encontra em uma crescente, o que evidencia a necessidade de uma maior atenção à proteção às mulheres.

Hodiernamente, o mais relevante instrumento de proteção cautelar da mulher em situação de violência doméstica é a medida protetiva de urgência, instituída na Lei 11.340/2006. Além de prevê-la, a lei discorre sobre a efetivação de direitos das mulheres, como de assistência judiciária no curso dos processos, bem como estabelece uma atuação em rede, como a referência para atendimento, de modo a viabilizar uma compreensão mais efetiva das circunstâncias experimentadas pela usuária dos serviços.[12]

O presente artigo representa um recorte da pesquisa realizada no curso do Mestrado Profissional da Escola Nacional de Formação e Aperfeiçoamento de Magistrados (ENFAM), em que foram analisados, à luz da metodologia feminista, 128 (cento e vinte e oito) procedimentos de medidas protetivas de urgência que tramitaram no Poder Judiciário do Maranhão, em 2019.

Na primeira seção, descreve-se o procedimento das medidas de urgência, como desenhado na Legislação e nos normativos do Conselho Nacional de

[10] FÓRUM BRASILEIRO DE SEGURANÇA PÚBLICA. INSTITUTO DE PESQUISAS DATAFOLHA. **Visível e invisível**: a vitimização de mulheres no Brasil. 4 ed. 2023. Disponível em: https://forumseguranca.org.br/wp-content/uploads/2023/03/visiveleinvisivel-2023--relatorio.pdf. Acesso em 24 abr. 2023.

[11] FÓRUM BRASILEIRO DE SEGURANÇA PÚBLICA. **Medidas protetivas de urgência e o princípio da vedação à proteção insuficiente**: uma questão de eficácia dos direitos fundamentais da mulher. 2022. Disponível em: https://forumseguranca.org.br/wp-content/uploads/2022/07/09-anuario-2022-medidas-protetivas-de-urgencia-e-o-principio-da-vedacao-a-protecao-insuficiente-uma-questao-de-eficacia-dos-direitos-fundamentais-da-mulher.pdfAcesso em 14 abr. 2023. p. 7.

[12] BRASIL. **Lei nº 11.340**, de 7 de agosto de 2006. Cria mecanismos para coibir a violência doméstica e familiar contra a mulher, nos termos do § 8º do art. 226 da Constituição Federal, da Convenção sobre a Eliminação de Todas as Formas de Discriminação contra as Mulheres e da Convenção Interamericana para Prevenir, Punir e Erradicar a Violência contra a Mulher; dispõe sobre a criação dos Juizados de Violência Doméstica e Familiar contra a Mulher; altera o Código de Processo Penal, o Código Penal e a Lei de Execução Penal; e dá outras providências. Disponível em: http://www.planalto.gov.br/ccivil_03/_ato2004-2006/2006/lei/l11340.htm. Acesso em 14 abr. 2023.

Justiça (CNJ), e apresenta, ainda, o percurso metodológico para a sua análise na pesquisa empreendida. Na segunda seção, discutem-se as categorias identificadas e os achados de pesquisa, ponderando-se a relevância da interseccionalidade como baliza para a identificação das vulnerabilidades e aprimoramento da atuação do sistema, especialmente o de Justiça. Ao final, debatem-se as proposições decorrentes e a relevância de construções de políticas públicas alicerçadas na individualização da mulher solicitante e na efetivação de seus direitos fundamentais.

2 MEDIDAS PROTETIVAS DE URGÊNCIA COMO ESTRATÉGIA DE ENFRENTAMENTO À VIOLÊNCIA DOMÉSTICA CONTRA A MULHER: UM ESTUDO EMPÍRICO EM PROCEDIMENTOS JUDICIAIS

A Lei 11.340 de 2006 representou um importante avanço na proteção das mulheres em situação de violência doméstica e/ou intrafamiliar, buscando romper com a inércia estatal em prover resposta adequada aos repetidos episódios de abusos sofridos pelas mulheres brasileiras no âmbito de suas famílias, em relações domésticas ou em relações íntimas de afeto. Conforme pondera Campos[13], a lei promoveu uma ruptura paradigmática, quer pela sua origem, dado o protagonismo dos movimentos feministas, quer pelas mudanças jurídicas, trazendo inovações em categorias e para a construção de políticas públicas.

Antes de seu advento, os casos envolvendo violência doméstica eram tratados pela Lei nº 9.099/95, que regulamenta os Juizados Especiais Criminais e as infrações de menor potencial ofensivo. Ressalte-se que, entre os crimes mais recorrentes praticados no âmbito doméstico, estão a ameaça e a lesão corporal de natureza leve, que, pela sanção imposta no preceito secundário da norma acabavam dragadas pelo sistema dos juizados. Na prática, isso significava pouca ou nenhuma proteção, pois as medidas despenalizadoras

13 CAMPOS, Carmen Hein de. Lei Maria da Penha: necessidade de um novo giro paradigmático. **Revista brasileira de segurança pública.** São Paulo, v. 11, n. 1, p. 10-22. fev./mar. 2017. Disponível em: https://revista.forumseguranca.org.br/index.php/rbsp/article/view/778/248. Acesso em 18 abr. 2023.

instituídas afastam, na maioria dos casos submetidos à competência desse microssistema, o apenamento da conduta.[14]

Como uma de suas inovações, a Lei Maria da Penha vedou a aplicação de institutos despenalizadores aos casos de violência doméstica, conferindo, assim, um tratamento mais rigoroso. Indicou, ainda, a medida protetiva de urgência como um instrumento para manejo pelas mulheres, com a pretensão de fazer cessar de forma imediata a violência e/ou prevenir a sua ocorrência.[15]

A Normativa incentivou o fortalecimento da rede de atendimento à mulher, como medida voltada a garantir uma atuação concertada entre os múltiplos setores públicos e privados. Por rede de atendimento, entende-se o conjunto de ações e serviços de diferentes setores, tais como, assistência social, justiça, segurança pública, saúde, que "visam à ampliação e à melhoria da qualidade do atendimento, à identificação e ao encaminhamento adequados das mulheres em situação de violência e à integralidade e à humanização do atendimento".[16]

Entre os importantes avanços trazidos pela lei, a medida protetiva destaca-se por ser um instrumento no enfrentamento de violência voltado a fazer cessar prontamente a sua ocorrência e prevenir a sua reiteração. Como instituto jurídico, as medidas protetivas de urgência estão previstas a partir do artigo 18 da lei, apresentando um rol exemplificativo em seus artigos 22, 23 e 24, o que viabiliza requerimentos de outras restrições mais adequadas ao caso

[14] BARSTED, Leila Linhares. O progresso das mulheres no enfrentamento da violência. *In*: BARSTED, Leila Linhares; PITANGUY, Jacqueline (Orgs.) **O progresso das mulheres no Brasil** 2003-2010. Rio de Janeiro: CEPIA. Brasília: ONU Mulheres, 2011, p. 346-381. Disponível em: https://onumulheres.org.br/wp-content/themes/vibecom_onu/pdfs/progresso.pdf. Acesso em 14 abr. 2023.

[15] LAVIGNE, Rosane M. Reis; PERLINGEIRO, Cecília. Das medidas protetivas de urgência – artigos 18 a 21. *In:* CAMPOS, Carmen Hein de (Org.). **Lei Maria da Penha**: comentada em uma perspectiva jurídico-feminista. Rio de Janeiro: Editora Lumen Juris, 2011. p. 289-305. Disponível em: http://themis.org.br/wp-content/uploads/2015/04/LMP-comentada-perspectiva-juridico-feminista.pdf. Acesso em 14 abr. 2023.

[16] BRASIL. Secretaria Nacional de Enfrentamento à Violência contra as Mulheres. **Rede de enfrentamento à violência contra as mulheres.** Brasília, 2011. Disponível em: https://www12.senado.leg.br/institucional/omv/entenda-a-violencia/pdfs/rede-de-enfrentamento-a-violencia-contra-as-mulheres. Acesso em 19 abr. 2023. p. 15.

concreto em análise. A nomenclatura utilizada para a sua definição reforça que o propósito é tutelar situações de perigo, a partir de medidas cautelares.[17]

O procedimento não possui fluxo processual instituído, limitando-se a norma a estabelecer a determinação de conhecimento do pedido pelo juízo, sem prévio parecer ministerial, com a complementação, trazida pelo Conselho Nacional de Justiça, de indicações de prazos para intimação dos envolvidos. Desse modo, pretende-se conferir prioridade e celeridade na análise dos pedidos e comunicações, visando garantir efetiva proteção às mulheres.

Como dito, em que pese um robusto desenho legal que visa promover ampla proteção às mulheres, os indicadores brasileiros apontam para o crescimento da violência, a atingir com maior prevalência certos grupos, como as mulheres negras[18], entre 18 e 44 anos[19], com delitos que ocorrem preponderantemente no interior de suas residências, praticados, majoritariamente, por ex-parceiros e parceiros atuais.[20] Conforme o Anuário Brasileiro de Segurança Pública, apesar da queda no índice de feminicídios apurados em 2021, 62% das mulheres vitimadas eram negras. Além desses recortes, no que tange à classe, "mulheres que estão na faixa salarial de até um salário mínimo possuem as maiores incidências de agressões físicas, especialmente mulheres negras".[21]

Assim, é razoável indagar como o patriarcado, a partir de um olhar supostamente neutro, pode estar refletido em práticas judiciais mecanicamente incorporadas, que levam ao apagamento das questões raciais e de classe

[17] MELLO, Adriana de Ramos; PAIVA, Lívia de Meira Lima. **Lei Maria da Penha na prática**. 2 ed. rev. atual. e ampl. São Paulo: Thompson Reuters Brasil, 2020.

[18] FÓRUM DE SEGURANÇA PÚBLICA. **Anuário brasileiro de segurança pública**. 2022. Disponível em: https://forumseguranca.org.br/wp-content/uploads/2022/06/anuario-2022.pdf?v=3. Acesso em 19 abr. 2023.

[19] FÓRUM DE SEGURANÇA PÚBLICA. **Anuário brasileiro de segurança pública**. 2022. Disponível em: https://forumseguranca.org.br/wp-content/uploads/2022/06/anuario-2022.pdf?v=3. Acesso em 19 abr. 2023.

[20] FÓRUM BRASILEIRO DE SEGURANÇA PÚBLICA; INSTITUTO DE PESQUISAS DATAFOLHA. **Visível e invisível**: a vitimização de mulheres no Brasil. 4 ed. 2023. Disponível em: https://forumseguranca.org.br/wp-content/uploads/2023/03/visiveleinvisivel-2023-relatorio.pdf. Acesso em 24 abr. 2023

[21] ENGEL, Cíntia Liara. A violência contra a mulher. *In*: FONTOURA, Natália; REZENDE, Marcela; QUERINO, Ana Carolina (Orgs.) **Beijing +20:** avanços e desafios no Brasil contemporâneo. Brasília: IPEA, 2020, p. 12. Disponível em: https://www.ipea.gov.br/retrato/pdf/190215_tema_d_a_violenca_contra_mulher.pdf. Acesso em 19 abr. 2023.

na análise dos procedimentos promovidos e na própria atuação da rede. A perspectiva de gênero que visa romper com o patriarcalismo jurídico, como recorda Facio, questiona o androcentrismo que reconhece os fazeres cotidianos como neutros e objetivos.[22]

É preciso, portanto, aproximar-se da mulher, reconhecer as diferenças que foram obscurecidas e conferir às questões que lhe são próprias o destaque necessário, assim como recomendado pelo protocolo de julgamento com perspectiva de gênero.[23] A interseccionalidade atua, portanto, como um vetor de aproximação e amplificação de um olhar sobre um grupo por demais marginalizado e que é majoritariamente o que mais acessa o sistema de justiça como vítimas de violência. Para Crenshaw, "somente através de um exame mais detalhado das dinâmicas variáveis que formam a subordinação de mulheres racialmente marcadas pode-se desenvolver intervenções e proteções mais eficazes."[24]

E, como ensina Bell Hooks, é preciso reconhecer as opressões por motivo de classe e/ou raça como parte da experiência de certas mulheres, o que implica romper com a padronização focada exclusivamente no gênero como único fator determinante.[25]

A realização de um atendimento adequado, com escuta ativa da mulher contribui para identificação dos fatores de risco para violência, visando ainda a uma intervenção inicial a fim de fazer cessar a perpetuação de condições

[22] FACIO, Alda. Con los lentes del género se ve otra justicia. **El otro derecho**, Ilsa, Bogotá, n. 28. jul. 2002. p. 85 -102. Disponível em: https://www.pj.gob.pe/wps/wcm/connect/ea00b98043f84b9b9bb8bf009dcdef12/15.+Con+los+lentes+del+g%C3%A9nero+se+ve+otra+justicia.pdf?MOD=AJPERES. Acesso em 24 abr. 2023.

[23] CONSELHO NACIONAL DE JUSTIÇA. **Protocolo para julgamento com perspectiva de gênero**. 2021 [recurso eletrônico]. Brasília: Conselho Nacional de Justiça (CNJ). Escola Nacional de Formação e Aperfeiçoamento de Magistrados (ENFAM), 2021. Disponível em: https://www.cnj.jus.br/wp-content/uploads/2021/10/protocolo-18-10-2021-final.pdf. Acesso em 23 abr. 2023.

[24] CRENSHAW, Kimberlé. Documento para o encontro de especialistas em aspectos da discriminação racial relativos ao gênero. **Revista Estudos Feministas** [online]. v. 10, n. 1 p. 171-188, jan. 2002. Disponível em: https://doi.org/10.1590/S0104-026X2002000100011. Acesso em 21 abr. 2023.

[25] HOOKS, Bell. **Teoria feminista**: da margem ao centro. Trad. Rainer Patriota. São Paulo: Perspectiva, 2019.

propícias a atos violentos intergeracionais.[26] O formulário de avaliação de risco representa um avanço na política pública para enfrentamento à violência, na medida em que permite a atendida tomar consciência sobre sua história, sua condição e o contexto que a atravessa, sensibilizando-a para cuidados em sua proteção e aderência aos encaminhamentos realizados pela rede.[27]

Para a realização do trabalho de pesquisa empírica no âmbito do mestrado profissional da Escola Nacional de Formação e Aperfeiçoamento de Magistrados (ENFAM), foram analisados procedimentos de medidas protetivas ajuizados com amparo na Lei 11.340/2006 e que tramitaram em duas unidades judiciais vinculadas ao Tribunal de Justiça do Maranhão: uma com competência exclusiva para a tramitação de tais procedimentos e outra com competência especializada.

Como recorte temporal da pesquisa realizada, definiu-se o ano de 2019, antecedente, portanto, à pandemia do coronavírus, causador da COVID-19, com a pretensão de observar os dados documentados, sem o prejuízo decorrente da interrupção dos serviços e dos ajustes promovidos no curso dos eventos globais. As amostras elegidas foram intencionais, analisadas a partir de um método indutivo científico e téorico-feminista. Nesse ponto, vale-se dos ensinamentos de Katherine T. Bartlett para formulação da "pergunta pela mulher", destinada a expor como a substância da lei e das práticas judiciais pode "fazer submergir as perspectivas das mulheres e de outros grupos excluídos".[28]

A análise documental permitiu compreender como as mulheres foram individualizadas, que ritos foram adotados na tramitação de tais pedidos, bem como quais interações com a rede de atendimento restaram documentadas.

[26] LOBO, Marcela Santana. **Medidas protetivas de urgência**: enfrentamento à violência e proteção de direitos das mulheres. São Paulo: Revista dos Tribunais, 2023. [no prelo]

[27] MORAIS-GONÇALVES, D.; LOPES-BORGES, S.; GASPAR, H. Reincidência, Fatores de Risco e Avaliação de Risco em Vítimas de Violência Doméstica. **Trabajo Social Global** – Global Social Work, v. 8, n. 15, p. 78-113, 2018. doi: 10.30827/tsg-gsw.v8i15.7424. Acesso em 17 abr. 2023.

[28] BARTLETT, Katharine T. Métodos Jurídicos Feministas. *In*: SEVERI, Fabiana Cristina; CASTILHO, Ela Wiecko Volkmer de; MATOS, Myllena Calasans de (Orgs.). **Tecendo fios das Críticas Feministas ao Direito no Brasil II**: direitos humanos das mulheres e violências: v. 1 – Os nós de ontem: textos produzidos entre os anos de 1980 e 2000. Ribeirão Preto: FDRP/USP, 2020. p. 242-301.

Foi possível, assim, definir um retrato que apresenta uma interpretação de como o Poder Judiciário realiza o seu papel, inclusive quando a mecanização das rotinas judiciais se apresenta como uma resposta ao tratamento de demandas repetitivas. Há, efetivamente, um número expressivo de processos vinculados a demandas de violência doméstica cuja exigência de celeridade na tramitação deve ser conciliada com a efetivação dos normativos de proteção de direitos humanos das mulheres, definindo-se adequadas e individualizadas estratégias à luz das histórias apresentadas nos autos.

O aprimoramento da atuação judicial e da rede de atendimento atravessa a imperiosa avaliação das rotinas implementadas, de modo que se possa distanciar de uma atuação setorizada e aproximar-se de um efetivo diálogo, estimulando a adoção de perspectivas que devolvam à mulher a centralidade necessária, sujeito que é, e não, simples objeto de atenção e cuidados. Para tanto, observar se e como a abordagem interseccional restou marcada, com o registro de raça e classe social, somando-se à utilização dos indicadores de potencial agravamento da violência, é um passo importante para articular um funcionamento com maior fluidez dos atores que participam da rede.

3 PROCEDIMENTOS DE MEDIDAS PROTETIVAS DE URGÊNCIA E A PERGUNTA PELA MULHER: metodologia feminista e interseccionalidade para uma proteção eficiente

Nas unidades judiciais analisadas foi selecionado um total de 128 procedimentos de medidas protetivas de urgência que tramitaram no ano de 2019. Os dados foram categorizados em sete eixos: perfil da mulher requerente e as ausências identificadas; configuração da relação com a parte requerida e tipos de violência; fatores de risco identificados; acesso à justiça e à orientação jurídica pela mulher; realizações de audiências nos cursos dos procedimentos; integração da rede de atendimento; e outros achados relevantes.[29]

No que tange ao perfil da mulher, verificou-se que a invisibilidade dos dados raciais e de classe era recorrente e atingiu mais de 75% dos casos, quanto

[29] LOBO, Marcela Santana. **Medidas protetivas de urgência:** enfrentamento à violência e proteção de direitos das mulheres. São Paulo: Revista dos Tribunais, 2023. [no prelo].

ao primeiro indicador, e 100% dos casos analisados, em relação ao segundo indicador. Embora viável, em algumas situações, se fazerem inferências quanto à classe social, tendo como premissa a profissão registrada, efetivamente em nenhum dos procedimentos restou consignada a anotação referente à renda, ainda que solicitado o arbitramento de prestação alimentar.

Entre as violências documentadas, sobressaíram-se, entre os registros analisados, as situações de violência psicológica, física e moral, nessa ordem. No que tange ao processamento de demandas criminais eventualmente associadas, é relevante acentuar que a violência psicológica demanda representação da vítima, ao passo que as situações envolvendo violência moral exigem a propositura de ação penal privada. Há uma baixíssima incidência de processos que tratam de delitos contra a honra, o que indica a possível exigência de um óbice no acesso à justiça, levando, inclusive, à reiteração de condutas criminosas que afetam esse bem jurídico.[30]

No curso das análises, emergiram as questões de saúde mental associadas ao abuso de álcool e substâncias entorpecentes, notadamente em demandas que traziam mães e avós no pólo ativo do requerimento de medida protetiva e filhos e netos, no pólo passivo. Embora possa ser questionado se tal contexto representa uma violência de gênero, é preciso ponderar que o Brasil é marcado pela realidade do abandono parental, com mulheres sendo responsáveis principais, ou mesmo, exclusivas pelos cuidados com os descendentes. Essa é, também, uma marca do patriarcado, que sinaliza as mulheres como cuidadoras e, assim, destinatárias de violências praticadas no âmbito familiar.[31]

As análises realizadas indicam que o principal acesso da mulher ao Sistema de Justiça é por meio das Delegacias, o que reforça a importância desse equipamento. Entretanto, a efetivação do direito de assistência jurídica não foi plenamente alcançada, não restando assinalado nos procedimentos que a mulher tenha sido orientada e/ou acompanhada durante os atos judiciais na

[30] O painel DATAJUD do Conselho Nacional de Justiça, que reúne informações estatísticas do Poder Judiciário brasileiro, aponta que até 31 de julho de 2022 estavam ativos apenas 6.401 processos afetos à competência de crimes de calúnia, injúria e difamação. No mesmo período tramitavam 267.407 ações da classe processual "medidas protetivas de urgência". Disponível em: https://painel-estatistica.stg.cloud.cnj.jus.br/estatisticas.html. Acesso em 26 abr. 2023.

[31] LARANJEIRA, Ronaldo; DUAILIBI, Sérgio Marfiglia; PINSKY, Ilana. Álcool e Violência: a Psiquiatria e a Saúde Pública. **Brazilian Journal of Psychiatry** [internet]. Set, 2005. Associação Brasileira de Psiquiatria: 176–177. doi:10.1590/S1516-44462005000300004

totalidade dos casos. Além da assistência jurídica, outras ausências foram sentidas no curso dos procedimentos e, mesmo quando havia ativo encaminhamento a outros integrantes da rede, os relatórios não eram disponibilizados nos autos de modo a subsidiar decisões mais bem informadas.

As audiências para verificação das condições de cumprimento das medidas, ou mesmo para oitiva da mulher, foram pouco exploradas e realizadas em situações que envolviam a apresentação de impugnação pela parte requerida, o que indica a pouca aderência ao ato como parte do procedimento desenvolvido judicialmente. Por força de alteração introduzida pela Lei 14.550/2023, atualmente, as medidas protetivas devem perdurar "enquanto persistir risco à integridade física, psicológica, sexual, patrimonial ou moral da ofendida ou de seus dependentes"[32], o que pode levar à realização de audiências como estratégia de avaliação da situação da mulher.

Ao longo da categorização dos dados obtidos dos procedimentos verificou-se que há uma insuficiência nas interações com a rede, deixando, assim, de dar efetivo cumprimento ao disposto na Convenção Belém do Pará que assinala o compromisso dos Estados-parte em "agir com o devido zelo para prevenir, investigar e punir a violência contra a mulher."[33] A observância dessa diretriz, especialmente no que concerne à prevenção, atravessa o fortalecimento da rede de atendimento e o estabelecimento de diálogos fluidos entre seus membros.

Quanto ao efetivo acesso à justiça, aprimorado quando a mulher dispõe da devida orientação no curso do procedimento, observa-se a necessidade de políticas públicas objetivando a concretização de tal direito. No curso dos últimos anos, o Poder Judiciário e a Defensoria Pública ampliaram seus atendimentos por meio de postos avançados, fazendo uso da tecnologia para superação de barreiras geográficas. É preciso avançar ainda mais para viabilizar melhor

[32] BRASIL. **Lei nº 14.550**, de 19 de abril de 2023. Altera a Lei nº 11.340, de 7 de agosto de 2006 (Lei Maria da Penha), para dispor sobre as medidas protetivas de urgência e estabelecer que a causa ou a motivação dos atos de violência e a condição do ofensor ou da ofendida não excluem a aplicação da Lei. Disponível em: http://www.planalto.gov.br/ccivil_03/_Ato2023-2026/2023/Lei/L14550.htm#art1. Acesso em 25 abr. 2023.

[33] BRASIL. **Decreto nº 1.973**, de 1º de agosto de 1996. Promulga a Convenção Interamericana para Prevenir, Punir e Erradicar a Violência contra a Mulher, concluída em Belém do Pará, em 9 de junho de 1994. Disponível em: http://www.planalto.gov.br/ccivil_03/decreto/1996/d1973.htm. Acesso em 18 abr. 2023.

atendimento aos grupos vulnerabilizados de mulheres migrantes, em situação de rua, residentes em áreas remotas, que apresentem barreiras econômicas entre outras, como preconiza a Recomendação CEDAW nº 33.[34]

A organização de capacitações que orientem a aplicação do protocolo de julgamento com perspectiva de gênero, hoje obrigatório ao Poder Judiciário Brasileiro, o estabelecimento de fluxos de atuação que mapeiem os equipamentos disponibilizados nos municípios, a obrigatoriedade de avaliação efetiva da realidade da mulher após a concessão da medida protetiva são estratégias que podem ser adotadas para aprimoramento da atuação do Poder Judiciário.

A individualização da mulher é, portanto, fundamental para que ela receba um atendimento formulado em consonância com sua realidade, coerente com a superação de eventuais fatores de risco identificados e concebido para a efetiva superação de ciclos de violência. Assim, é essencial que o judiciário atue de forma preventiva e não exclusivamente reativa, efetivando, assim, a visão construída pelos normativos de proteção à mulher.

4 CONSIDERAÇÕES FINAIS

A proteção aos direitos das mulheres no Brasil, que tem como marco o advento da Lei 11.340/2006 e as inovações por ela introduzidas, vem evoluindo sistematicamente. As medidas protetivas de urgência introduzidas nesse normativo representaram importante ação para a preservação da integridade física e psicológica das mulheres e buscam evitar o agravamento das violências sofridas.

Sistematicamente, o Brasil vem aderindo aos normativos internacionais, reforçando o seu compromisso no enfrentamento à discriminação e à violência contra as mulheres. Entretanto, os números associados à violência contra a mulher, ainda em uma crescente, evidenciam a necessidade da mudança paradigmática na atuação dos múltiplos sistemas de atendimento, inclusive

[34] ORGANIZAÇÃO DAS NAÇÕES UNIDAS. **Recomendação Geral n. 33 sobre o acesso das mulheres à justiça do Comitê para Eliminação de todas as Formas de Discriminação contra a Mulher (CEDAW)**. 2015. Disponível em: http://www.tjrj.jus.br/documents/10136/8038814/recomendacao-geral-n33-comite-cedaw.pdf/21a63c54-e061-43c6-f5d4-88630e8f0265?version=1.0. Acesso em 15 abr. 2023.

o de Justiça. É preciso atuar para compreender as limitações no acesso a direitos como o fenômeno multifatorial que é e destacar as barreiras existentes. Parafraseando Sueli Carneiro, é fundamental perguntar: "que cara têm as mulheres que acessam o sistema de justiça?"[35]

Os dados produzidos na identificação dos grupos de mulheres mais vulnerabilizados devem ser traduzidos no âmbito da atuação processual em resposta eficiente, apontando-se, no registro do requerimento e no preenchimento dos formulários, elementos que possam subsidiar decisões que atendam a especificidades.

Rompendo os paradigmas de alta eficiência impostos pela exclusiva visão de quantificação de metas impostas ao Poder Judiciário, é preciso resistir à mecanização da atuação que se expressa como uma das principais respostas ao tratamento de demandas repetitivas. A humanização esperada a partir da leitura dos normativos de atenção às mulheres implica que elas se tornem as protagonistas, construindo-se a partir da individualização de suas trajetórias as estratégias para superação das violências.

REFERÊNCIAS

BARSTED, Leila Linhares. O progresso das mulheres no enfrentamento da violência. *In*: BARSTED, Leila Linhares; PITANGUY, Jacqueline (Orgs.) O **progresso das mulheres no Brasil 2003-2010.** Rio de Janeiro: CEPIA. Brasília: ONU Mulheres, 2011, p. 346-381. Disponível em: https://onumulheres.org.br/wp-content/themes/vibecom_onu/pdfs/progresso.pdf. Acesso em 14 abr. 2023.

BARTLETT, Katharine T. Métodos Jurídicos Feministas. *In*: SEVERI, Fabiana Cristina; CASTILHO, Ela Wiecko Volkmer de; MATOS, Myllena Calasans de (Orgs.). **Tecendo fios das Críticas Feministas ao Direito no Brasil II**: direitos humanos das mulheres e violências: v. 1 – Os nós de ontem: textos produzidos entre os anos de 1980 e 2000. Ribeirão Preto: FDRP/USP, 2020. p. 242-301.

BRASIL. **Constituição Federal de 1988**. Disponível em: https://www.planalto.gov.br/ccivil_03/constituicao/constituicao.htm. Acesso em 23 de abril de 2023.

[35] CARNEIRO, Sueli. Mulheres negras, violência e pobreza. *In*: SEVERI, Fabiana Cristina; CASTILHO, Ela Wiecko Volkmer de; MATOS, Myllena Calasans de (Orgs.) **Tecendo fios das Críticas Feministas ao Direito no Brasil II**: direitos humanos das mulheres e violências: v. 1, os nós de ontem: textos produzidos entre os anos de 1980 e 2000. Ribeirão Preto: FDRP/USP, 2020. p. 188-203.

BRASIL. **Decreto nº 1.973**, de 1º de agosto de 1996. Promulga a Convenção Interamericana para Prevenir, Punir e Erradicar a Violência contra a Mulher, concluída em Belém do Pará, em 9 de junho de 1994. Disponível em: http://www.planalto.gov.br/ccivil_03/decreto/1996/d1973.htm. Acesso em 18 abr. 2023

BRASIL. **Lei nº 11.340**, de 7 de agosto de 2006. Cria mecanismos para coibir a violência doméstica e familiar contra a mulher, nos termos do § 8º do art. 226 da Constituição Federal, da Convenção sobre a Eliminação de Todas as Formas de Discriminação contra as Mulheres e da Convenção Interamericana para Prevenir, Punir e Erradicar a Violência contra a Mulher; dispõe sobre a criação dos Juizados de Violência Doméstica e Familiar contra a Mulher; altera o Código de Processo Penal, o Código Penal e a Lei de Execução Penal; e dá outras providências. Disponível em: http://www.planalto.gov.br/ccivil_03/_ato2004-2006/2006/lei/l11340.htm. Acesso em 14 abr. 2023.

BRASIL. **Lei nº 14.550**, de 19 de abril de 2023. Altera a Lei nº 11.340, de 7 de agosto de 2006 (Lei Maria da Penha), para dispor sobre as medidas protetivas de urgência e estabelecer que a causa ou a motivação dos atos de violência e a condição do ofensor ou da ofendida não excluem a aplicação da Lei. Disponível em: http://www.planalto.gov.br/ccivil_03/_Ato2023-2026/2023/Lei/L14550.htm#art1. Acesso em 25 abr. 2023

BRASIL. Secretaria Nacional de Enfrentamento à Violência contra as Mulheres. **Rede de enfrentamento à violência contra as mulheres**. Brasília, 2011. Disponível em: https://www12.senado.leg.br/institucional/omv/entenda-a-violencia/pdfs/rede-de-enfrentamento-a-violencia-contra-as-mulheres. Acesso em 19 abr. 2023.

CAMPOS, Carmen Hein de. Lei Maria da Penha: necessidade de um novo giro paradigmático. **Revista brasileira de segurança pública.** São Paulo, v. 11, n. 1, p. 10-22. fev./mar. 2017. Disponível em: https://revista.forumseguranca.org.br/index.php/rbsp/article/view/778/248. Acesso em 18 abr. 2023.

CARNEIRO, Sueli. Mulheres negras, violência e pobreza. *In*: SEVERI, Fabiana Cristina; CASTILHO, Ela Wiecko Volkmer de; MATOS, Myllena Calasans de (Orgs.) **Tecendo fios das Críticas Feministas ao Direito no Brasil II**: direitos humanos das mulheres e violências: v. 1, os nós de ontem: textos produzidos entre os anos de 1980 e 2000. Ribeirão Preto: FDRP/USP, 2020. p. 188-203.

CONSELHO NACIONAL DE JUSTIÇA. **Lei Maria da Penha.** Disponível em: https://www.cnj.jus.br/lei-maria-da-penha/. Acesso em 24 abr. 2023.

CONSELHO NACIONAL DE JUSTIÇA. **Protocolo para julgamento com perspectiva de gênero**. 2021 [recurso eletrônico]. Brasília: Conselho Nacional de Justiça (CNJ). Escola Nacional de Formação e Aperfeiçoamento de Magistrados (ENFAM), 2021. Disponível em: https://www.cnj.jus.br/wp-content/uploads/2021/10/protocolo-18-10-2021-final.pdf. Acesso em 23 abr. 2023.

CONSELHO NACIONAL DOS DIREITOS DA MULHER. **Carta das mulheres aos constituintes de 1987**. Brasília, DF, 1987. Disponível em: https://www2.camara.leg.br/atividade-legislativa/legislacao/Constituicoes_Brasileiras/constituicao-cidada/a-constituinte-e-as-mulheres/arquivos/Constituinte%201987-1988-Carta%20das%20Mulheres%20aos%20Constituintes.pdf. Acesso em 23 de abr. 2023.

CRENSHAW, Kimberlé. Documento para o encontro de especialistas em aspectos da discriminação racial relativos ao gênero. **Revista Estudos Feministas** [online]. v. 10, n. 1 p. 171-188, jan. 2002. Disponível em: https://doi.org/10.1590/S0104--026X2002000100011. Acesso em 21 abr. 2023.

ENGEL, Cíntia Liara. A violência contra a mulher. *In*: FONTOURA, Natália; REZENDE, Marcela; QUERINO, Ana Carolina (Orgs.) **Beijing +20**: avanços e desafios no Brasil contemporâneo. Brasília: IPEA, 2020, p. 12. Disponível em: https://www.ipea.gov.br/retrato/pdf/190215_tema_d_a_violenca_contra_mulher.pdf. Acesso em 19 abr. 2023.

FACIO, Alda. Con los lentes del género se ve otra justicia. **El otro derecho,** Ilsa, Bogotá, n. 28. jul. 2002. p. 85 -102. Disponível em: https://www.pj.gob.pe/wps/wcm/connect/ea00b98043f84b9b9bb8bf009dcdef12/15.+Con+los+lentes+del+g%C3%A9nero+se+ve+otra+justicia.pdf?MOD=AJPERES. Acesso em 24 abr. 2023.

FÓRUM DE SEGURANÇA PÚBLICA. **Anuário brasileiro de segurança pública**. 2022. Disponível em: https://forumseguranca.org.br/wp-content/uploads/2022/06/anuario-2022.pdf?v=3. Acesso em 19 abr. 2023.

FÓRUM BRASILEIRO DE SEGURANÇA PÚBLICA. **Medidas protetivas de urgência e o princípio da vedação à proteção insuficiente**: uma questão de eficácia dos direitos fundamentais da mulher. 2022. Disponível em: https://forumseguranca.org.br/wp-content/uploads/2022/07/09-anuario-2022-medidas-protetivas-de-urgencia-e-o-principio-da-vedacao-a-protecao-insuficiente-uma-questao-de-eficacia--dos-direitos-fundamentais-da-mulher.pdf Acesso em 24 abr. 2023.

FÓRUM BRASILEIRO DE SEGURANÇA PÚBLICA. INSTITUTO DE PESQUISAS DATAFOLHA. **Visível e invisível**: a vitimização de mulheres no Brasil. 4 ed. 2023. Disponível em: https://forumseguranca.org.br/wp-content/uploads/2023/03/visiveleinvisivel-2023-relatorio.pdf. Acesso em 24 abr. 2023.

HOOKS, Bell. **Teoria feminista**: da margem ao centro. Trad. Rainer Patriota. São Paulo: Perspectiva, 2019.

LARANJEIRA, Ronaldo; DUAILIBI, Sérgio Marfiglia; PINSKY, Ilana. Álcool e Violência: a Psiquiatria e a Saúde Pública. **Brazilian Journal of Psychiatry** [internet]. Set, 2005. Associação Brasileira de Psiquiatria: 176-177. doi:10.1590/S1516-44462005000300004

LAVIGNE, Rosane M. Reis; PERLINGEIRO, Cecília. Das medidas protetivas de urgência – artigos 18 a 21. *In:* CAMPOS, Carmen Hein de (Org). **Lei Maria da Penha**: comentada em uma perspectiva jurídico-feminista. Rio de Janeiro: Editora Lumen Juris, 2011. p. 289-305. Disponível em: http://themis.org.br/wp-content/uploads/2015/04/LMP--comentada-perspectiva-juridico-feminista.pdf. Acesso em 14 abr. 2023.

LOBO, Marcela Santana. **Medidas protetivas de urgência:** enfrentamento à violência e proteção de direitos das mulheres. São Paulo: Revista dos Tribunais, 2023 [no prelo].

MELLO, Adriana de Ramos; PAIVA, Lívia de Meira Lima. **Lei Maria da Penha na prática**. 2 ed. rev. atual. e ampl. São Paulo: Thompson Reuters Brasil, 2020.

MORAIS-GONÇALVES, D., LOPES-BORGES, S.; GASPAR, H. Reincidência, Fatores de Risco e Avaliação de Risco em Vítimas de Violência Doméstica. **Trabajo Social Global** – Global Social Work, v. 8, n. 15, p. 78-113, 2018. doi: 10.30827/tsg-gsw.v8i15.7424. Acesso em 17 abr. 2023.

ORGANIZAÇÃO DAS NAÇÕES UNIDAS. **Convenção para a eliminação de todas as formas de discriminação (CEDAW). 1979.** Disponível em: https://www.onumulheres.org.br/wp-content/uploads/2013/03/convencao_cedaw1.pdf. Acesso em 14 abr. 2023.

ORGANIZAÇÃO DAS NAÇÕES UNIDAS. **Recomendação Geral nº 19 do Comitê para Eliminação de todas as Formas de Discriminação contra a Mulher (CEDAW).** Violência contra as mulheres. Disponível em: https://www.enfam.jus.br/wp-content/uploads/2020/04/Recomendac%CC%A7a%CC%83o-19-CEDAW-1.2.pdf. Acesso em 14 abr. 2023.

ORGANIZAÇÃO DAS NAÇÕES UNIDAS. **Recomendação Geral n. 33 sobre o acesso das mulheres à justiça do Comitê para Eliminação de todas as Formas de Discriminação contra a Mulher (CEDAW).** 2015. Disponível em: http://www.tjrj.jus.br/documents/10136/8038814/recomendacao-geral-n33-comite-cedaw.pdf/21a63c54-e061-43c6-f5d4-88630e8f0265?version=1.0. Acesso em 15 abr. 2023.

ORGANIZAÇÃO DOS ESTADOS AMERICANOS. Comissão Interamericana de Direitos Humanos. **Relatório nº 54/01.** Caso 12.051: Maria da Penha Maia Fernandes e Brasil. Publicado em 04 abr. 2001. Disponível em: https://www.cidh.oas.org/annualrep/2000port/12051.htm. Acesso em 23 abr. 2023.

ORGANIZAÇÃO DOS ESTADOS AMERICANOS. **Convenção interamericana para prevenir, punir e erradicar a violência contra a mulher, "Convenção Belém do Pará".** 1994. Disponível em: http://www.cidh.org/basicos/portugues/m.belem.do.para.htm. Acesso em 14 abr. 2023.

ORGANIZAÇÃO PAN-AMERICANA DE SAÚDE. **Violência contra as mulheres.** Disponível em: https://www.paho.org/pt/topics/violence-against-women. Acesso em 14 abr. 2023.

PARLAMENTO EUROPEU. **Como a UE está a lidar com a violência baseada no genero.** Atualizado em 19 abr. 22. Disponível em: https://www.europarl.europa.eu/news/pt/headlines/society/20210923STO13419/como-a -ue-esta-a-lidar-com-a-violencia-de-genero. Acesso em 24 abr. 23.

SCOTT, Joan. Gênero: uma categoria útil para a análise histórica. *In*: HOLANDA, Heloísa Buarque de (Org.). **Pensamento feminista**: conceitos fundamentais. Rio de Janeiro: Bazar do Tempo, 2019, p. 49-82.

CAPÍTULO 3

A AVALIAÇÃO DE RISCO NAS FORÇAS DE SEGURANÇA PORTUGUESAS: O CASO PARTICULAR DAS PESSOAS IDOSAS VÍTIMAS DE VIOLÊNCIA DOMÉSTICA

Sara Cardoso[1]
Jorge Quintas[2]
Rosa Saavedra[3]

SUMÁRIO

1 Introdução. 2 Avaliação e gestão de risco nas forças de segurança: aspetos conceituais e evolutivos. 3 As forças de segurança portuguesas. 4 a avaliação de risco nas forças de segurança portuguesas. 4.1 Auto Padronizado de Notícia/Denúncia Padrão para a Violência Doméstica (Anexo A – Avaliação de Risco). 4.2 Fichas de Avaliação de Risco – RVD (RVD-1L e RVD-2L). 5 A avaliação de risco de violência doméstica e de maus-tratos contra pessoas idosas. 5.1 Contextualização de um instrumento de avaliação de risco

[1] Licenciada e Mestre em Criminologia pela Faculdade de Direito da Universidade do Porto; Formação Avançada Pós-Universitária em Criminologia; Colaboradora interna na Associação Portuguesa de Apoio à Vítima (APAV); saracardoso@apav.pt.

[2] Doutorado em Criminologia pela Faculdade de Direito da Universidade do Porto; Licenciado e Mestre em Psicologia; Escola de Criminologia; CJS-Crime, Justiça e Segurança, Centro de Estudos Interdisciplinares; joliveira@direito.up.pt; 0000-0001-5965-4517.

[3] Licenciada e Doutorada em Psicologia pela Universidade do Minho; Assessora Técnica de Direção da Associação Portuguesa de Apoio à Vítima (APAV); CJS- Crime, Justiça e Segurança, Centro de Estudos Interdisciplinares; rsaavedra@direito.up.pt.

específico para pessoas idosas. 5.2 Desenvolvimento do Assessment Guidelines for Elder Domestic Violence (AGED). 5.3 O AGED como proposta de instrumento de avaliação de risco de pessoas idosas. 5.4 Propriedades psicométricas do AGED. 6 Considerações finais. Referências.

1 INTRODUÇÃO

A avaliação de risco de violência contra pessoas idosas traduz-se num método que permite a identificação, em tempo útil, de um conjunto de fatores de risco e de proteção que providenciam, ao profissional responsável pela referida avaliação, informação sobre circunstâncias pessoais e ambientais que podem conferir uma probabilidade acrescida de revitimação. A recolha de informação junto da vítima, pessoa agressora e/ou de outros intervenientes relevantes permitirá a análise de um conjunto de fatores de risco que constituirão a base para a sua gestão, através da elaboração de planos de segurança pessoais: conjunto de estratégias e medidas que têm como objetivo último aumentar a segurança das vítimas, minimizando o risco de revitimação (Pueyo & Echeburúa, 2010; Hart, Michi & Cooke, 2007; Douglas & Lavoie, 2006; Douglas & Skeem, 2005; Douglas & Kropp, 2002).

A avaliação estruturada de risco de reincidência/violência contra pessoas idosas inscreve-se numa tendência para a utilização de estratégias de avaliação de risco de revitimação de violência doméstica que se tem tornado central nas forças policiais portuguesas. Neste sentido, a avaliação de risco apresenta-se como método auxiliar na tomada de decisões importantes relativamente a medidas a serem aplicadas à pessoa agressora e à proteção da vítima, tendo como objetivo último a promoção da segurança das vítimas (Douglas & Kropp, 2002) deste tipo de criminalidade.

Os primeiros esforços de introduzir, em Portugal, grelhas de trabalho que permitam uma atenção a fatores de risco foram direcionadas para mulheres vítimas de violência doméstica. Em 2006, o Auto Padronizado de Notícia/Denúncia Padrão para a Violência Doméstica (Anexo A – Avaliação de Risco), organizado por um grupo de investigadores da área da segurança interna e da justiça criminal, começou a ser manifesto o interesse pela avaliação de risco que poderia ser efetuada pelas forças de segurança como forma de aumentar a proteção das vítimas de violência doméstica e reduzir episódios de revitimação. A partir de 2014, e até ao presente, foi implementado de forma universal e padronizada o primeiro instrumento de avaliação de risco – denominado Fichas RVD – que pretendia aumentar a eficiência, eficácia e qualidade do policiamento nos inquéritos judiciais por violência doméstica e, consequentemente, diminuir as taxas de revitimação e homicídio neste contexto. Não obstante, e em algumas esquadras policiais portuguesas, em conjunto com as Fichas RVD, ainda se verificam práticas complementares de avaliação de risco, com recurso a outros instrumentos como o SARA (*Spousal Assault Risk Assessment*; *checklist* de avaliação de risco de violência conjugal que permite desenvolver medidas de intervenção orientadas para as necessidades apresentadas pelos indivíduos envolvidos em processos de violência doméstica) e o DASH (*Domestic Abuse, Stalking and Harassment, and Honour-Based Violence*; modelo abrangente de identificação, avaliação e gestão de risco de violência em relacionamentos íntimos, cujo objetivo é identificar o risco e providenciar recursos e suporte às vítimas).

Contudo, todos estes instrumentos revelam ser generalistas, isto é, aplicáveis às múltiplas vítimas de violência doméstica, excluindo as especificidades de grupos vulneráveis. É partindo desta premissa que se forma um grupo de trabalho constituído por uma equipa multidisciplinar com o intuito de criar uma metodologia de risco que atendesse à particularidade das pessoas idosas.

Desta feita, em 2016, surge, em Portugal, por mão de um projeto colaborativo entre duas instituições universitárias (Faculdade de Direito da Universidade do Porto e Cooperativa de Ensino Superior Egas Moniz), a Associação Portuguesa de Apoio à Vítima (APAV) e o Departamento de Investigação e Ação Penal de Lisboa (DIAP), aquele que poderá ser um instrumento promissor de avaliação de risco de revitimação de violência doméstica e de maus-tratos a pessoas idosas. Intitula-se *Assessment Guidelines for Elder Domestic Violence* (AGED) (Almeida, Baúto, Fernandes & Soeiro, 2020; Almeida, Baúto, Gama, Ramalho, Costa, Fernandes, Guarda, Quintas & Saavedra, 2019) e, após processos de validação (Cardoso, 2021; Fernandes, 2020; Quintas, Andrade & Saavedra, 2019; Andrade, 2017), tem demonstrado propriedades psicométricas promissoras na predição do risco.

Assim sendo, o que propomos neste capítulo é apresentar um instrumento de avaliação de risco específico para pessoas idosas vítimas de violência que poderá ser implementado pelas forças de segurança portuguesas.

2 AVALIAÇÃO E GESTÃO DE RISCO NAS FORÇAS DE SEGURANÇA: ASPETOS CONCEITUAIS E EVOLUTIVOS

A responsabilidade para lidar com fenómenos de violência e para prevenir novas vitimações tem sido relegada para múltiplos intervenientes, nomeadamente para o sistema de justiça criminal. A sinalização prévia da violência por parte dos múltiplos intervenientes do sistema de justiça representa uma atitude chave como estratégia preventiva de mais violência, sendo fulcral, após a sinalização dos fatores de risco, proceder à sua avaliação no contexto integral da situação em causa. O risco de violência deve ser devidamente avaliado para, posteriormente, se proceder à sua gestão, com vista a garantir a segurança das vítimas, prevenindo episódios de revitimação ou situações de escalada da violência (Hart, Michi & Cooke, 2007; Douglas & Lavoie, 2006; Douglas & Skeem, 2005; Douglas & Kropp, 2002).

A avaliação de risco surge como um dos meios essenciais de prevenção da reincidência e revitimação. Concetualiza-se como o processo de conjeturar sobre a probabilidade de um indivíduo cometer atos de violência e de desenvolvimento de intervenções, com vista a identificar o risco de reincidência de comportamentos e situações de revitimação, com o objetivo de prevenir a probabilidade da sua ocorrência (Hart, Michi & Cooke, 2007; Douglas & Lavoie, 2006; Douglas & Skeem, 2005; Douglas & Kropp, 2002). Atualmente, são vários os autores que importam esta definição de avaliação de risco e a adaptam para o contexto da violência doméstica. Kropp (2008) concetualiza a avaliação de risco neste contexto como o procedimento de recolha de informação respeitante aos intervenientes no processo em questão, de forma a tomar decisões relativas ao risco de reincidência e revitimação.

O desenvolvimento de ferramentas/instrumentos padronizados permite aos profissionais, devidamente treinados, realizar uma avaliação de risco de violência baseada no reconhecimento e na identificação correta de diversos fatores de risco (Almeida & Soeiro, 2010; Douglas & Lavoie, 2006; Douglas & Skeem, 2005). O processo de avaliação de risco é feito através da recolha sistemática de informação, o que permite proceder à identificação de indicadores de violência (Douglas & Kropp, 2002). Esta avaliação pode ser feita com recurso a entrevistas de avaliação, com recolha processual e/ou com informação colateral (Pueyo & Echeburúa, 2010).

A prática internacional mais prevalente para avaliar o risco de violência é a abordagem atuatrial. De modo geral, os instrumentos de avaliação de risco apresentam aos profissionais uma *checklist* de fatores de risco, que o profissional vai cotando como presente ou ausente com base numa cuidadosa e fundamentada recolha de informação. Cada fator de risco apresenta uma pontuação própria e a sua soma representa a probabilidade atuarial de risco de uma pessoa agressora e de uma vítima. Quanto mais elevado for o resultado final, maior é o risco da pessoa agressora reincidir e da vítima ser revitimada. No final, e seguindo os esquemas de cotação que os instrumentos atuariais apresentam, os profissionais alocam os agressores e as vítimas a um determinado nível de risco (e.g. baixo, moderado, elevado) (AMCV, 2013; Perel-Levin, 2008; Paixão & Reichenheim, 2006).

Paralelamente a literatura científica relativa à avaliação de risco de violência utiliza uma outra abordagem designada de juízo profissional estruturado e que surge como forma de juízo clínico orientado pela avaliação sistemática de fatores de risco cientificamente validados. Este processo identifica fatores de risco, quer sejam estáticos ou dinâmicos, assim como possibilita o desenvolvimento de estratégias de prevenção para a gestão do risco, viabilizando a ligação entre fatores de risco e a própria gestão/intervenção (Douglas & Kropp, 2002). Mantendo a sua fidedignidade e validade científicas, estes instrumentos permitem aos profissionais que os aplicam conservar um certo grau de flexibilidade na determinação final do risco. Alguns destes instrumentos não apresentam regras quantitativas fixas nem explícitas sobre como combinar fatores de risco para se obter uma decisão final sobre o nível de risco (AMCV, 2013).

Este processo de gestão de risco fundamenta-se numa resposta global de intervenção face ao risco identificado, devendo a formulação, implementação e monitorização do plano de segurança pessoal ser uma das respostas dada face ao risco identificado. Este plano consiste num conjunto de estratégias e medidas que visam aumentar a segurança das vítimas, devendo ser concebido em colaboração com estas (Ferreira, 2017; AMCV, 2013; Douglas & Kropp, 2002). São planos que devem ser focados nos fatores de risco identificados previamente, nas necessidades e circunstâncias das vítimas, sendo a segurança e a proteção destas a prioridade dos profissionais. A elaboração de um plano de segurança pessoal é, portanto, uma tarefa primordial a realizar, potenciando a adoção, por parte das vítimas, de estratégias e comportamentos de promoção da sua própria segurança (Castanho & Quaresma, 2014; Douglas & Kropp, 2002), até porque a sua elaboração pode potenciar um passo fundamental no processo de mudança das vítimas, preparando-as com antecedência para a possibilidade de um futuro episódio de violência.

No âmbito das forças de segurança, a avaliação e gestão de risco servem, desta forma, os decisores judiciais (através do apoio dirigido e objetivo na tomada de decisão por parte do Ministério Público e dos juízes), a pessoa agressora (providencia-lhe, posteriormente, respostas mais ajustadas e proporcionais às suas necessidades), a vítima (consciencializando-a para o risco) e a própria comunidade (ao potenciar a eficiência e eficácia do sistema de justiça criminal) (Ferreira, 2017; AMCV, 2013).

3 AS FORÇAS DE SEGURANÇA PORTUGUESAS

A polícia constitui o símbolo mais visível do sistema formal de controlo, o mais presente no quotidiano dos cidadãos e, por via da regra, é entendida como a *first-line enforcer* da lei criminal. Situada no limiar do complexo processo da *law in action*, a polícia é a instância que processa o caudal mais volumoso da *deviance*, podendo ser considerada como um dos elementos centrais do sistema de justiça criminal (Kappeler & Schaefer, 2018; Richards, Letchford & Stratton, 2008; Russel & Light, 2006). Neste sentido, costuma ser conhecida como "*gatekeeper*/porteira" desse mesmo sistema, uma vez que é, por norma, a instância que assume a responsabilidade do primeiro contato das vítimas com o sistema de justiça criminal, possuindo impacto importante na sua segurança e na forma como estas utilizam os diversos serviços (Harne & Redford, 2008; Russel & Light, 2006). Desta forma, é a polícia quem tem o poder de "abrir as portas" da justiça, sendo tanto a "primeira linha de defesa" (referente à prevenção do crime e à proteção dos cidadãos contra as consequências do mesmo) quanto o "primeiro motor" do sistema de justiça criminal (relativo ao papel da polícia que decorre da autoridade dada a esta pela comunidade para investigar a ocorrência de um crime e trazer os autores perante o Ministério Público para que, separadamente, este último administre a lei) (Kappeler & Schaefer, 2018).

E, se por um lado, a polícia é um dos serviços mais visíveis, reconhecidos, com uma distribuição geográfica abrangente e acessível, por outro são as situações de violência doméstica que constituem grande porção dos motivos mais prevalentes pelos quais a polícia é chamada a intervir (Harne & Redford, 2008; Richards, Letchford & Stratton, 2008; Russel & Light, 2006).

Em Portugal, e maioritariamente pelas suas competências e como primeira linha de intervenção no combate à violência doméstica, a intervenção inicial encontra-se a cargo das forças de segurança, designadamente da Polícia de Segurança Pública (PSP) e da Guarda Nacional Republicana (GNR). Ambas – doravante forças de segurança – atuam no sistema de justiça criminal sob direção das autoridades judiciárias (como o Ministério Público e os tribunais) e na sua dependência funcional, competindo coadjuvá-las na persecução da justiça criminal (Antunes, 2016; Paulino & Rodrigues, 2016).

Neste preciso contexto de "portão de acesso" ao sistema de justiça, a PSP e a GNR podem ser a primeira entidade a quem é revelada a situação de violência doméstica ou a quem é solicitado apoio. Ao atuarem na dependência funcional da magistratura, é à PSP e à GNR que compete, por determinação hierárquica da Procuradoria Geral da República e com a complacência do Ministério da Administração Interna, a realização de uma avaliação de risco em situações de violência doméstica bem como a elaboração de um plano de segurança pessoal em conjunto com as vítimas (Paulino & Rodrigues, 2016).

4 A AVALIAÇÃO DE RISCO NAS FORÇAS DE SEGURANÇA PORTUGUESAS

Precisamente neste enquadramento tem-se vindo a verificar uma solicitação crescente de métodos para a avaliação precisa do risco em matéria de violência doméstica a nível das forças de segurança portuguesas.

Evidenciado o elevado risco associado ao problema da violência doméstica têm vindo a ser criados, em Portugal, desde o ano de 2006, alguns mecanismos que visam promover medidas de coação às pessoas agressoras e munir as vítimas de estratégias de proteção. Assim, desde 2006 até ao presente, desenvolveram-se aquilo a que podemos chamar de grelhas e instrumentos padronizados de avaliação e gestão de risco, a serem empregados pelas forças de segurança portuguesas (Paulino & Rodrigues, 2016; Castanho & Quaresma, 2014; Quaresma, 2012).

4.1 Auto Padronizado de Notícia/Denúncia Padrão para a Violência Doméstica (Anexo A – Avaliação de Risco)

Em Portugal, o processo de avaliação de risco de violência doméstica por parte das forças de segurança – entendido como a primeira fase de avaliação de risco das polícias portuguesas – iniciou-se a 1 de janeiro de 2006, na sequência do disposto na Resolução do Conselho de Ministros n.º 21/2005, de 28 de janeiro, decorrente do trabalho efetuado por um grupo de investigadores constituído por elementos da área da segurança interna e da justiça criminal no âmbito do II Plano Nacional de Combate à Violência Doméstica (Paulino & Rodrigues, 2016; Ferreira, 2017; Quaresma, 2012).

Neste sentido, e a partir de 2006, as forças de segurança portuguesas passaram a registar as ocorrências por violência doméstica através do Auto Padronizado de Notícia/Denúncia Padrão para a Violência Doméstica. Esta metodologia de risco visava a homogeneização de procedimentos entre a Guarda Nacional Republicana (GNR) e a Polícia de Segurança Pública (PSP), possibilitando a recolha alargada de informação, designadamente sobre a vítima e a pessoa agressora bem como o contexto da ocorrência e possíveis testemunhas, apresentando-se como uma anotação policial que era remetida à magistratura (Quaresma, 2012).

Juntamente com a implementação deste Auto, foi igualmente aprovado, no seu anexo A, o Auto de Avaliação de Risco (AAR). Esta avaliação era realizada apenas nos casos mais gravosos de violência doméstica (Ferreira, 2017), isto é, nas situações de perigo intenso para a vítima e a pedido da autoridade judiciária, no decurso da fase de inquérito. Este AAR teve como objetivo não apenas fundamentar a eventual promoção de medidas de coação à pessoa agressora, mas essencialmente proteger a vítima, tentando contribuir, desta forma, para a cessação do crime de violência doméstica (Lemos, 2019; Grams & Magalhães, 2011).

Em 2008, e conforme previsto no III Plano Nacional de Combate à Violência Doméstica, este Auto Padronizado de Notícia/Denúncia Padrão para a Violência Doméstica foi revisto, tendo-lhe sido introduzidos alguns ajustes, com vista à otimização da qualidade da informação que era recolhida. Contudo, a avaliação de risco continuou a ser realizada apenas nos casos de violência doméstica mais gravosos.

Esta avaliação de risco que era colocada em prática acabou por nunca ser objeto de um processo de avaliação com acompanhamento cientifico.

Em 2011 foi iniciada, pelo Ministério da Administração Interna, a conceção e o desenvolvimento de um instrumento de avaliação de risco, tendo o Auto Padronizado de Notícia/Denúncia Padrão para a Violência Doméstica e respetivo anexo A estado em vigor até outubro de 2014.

4.2 Fichas de Avaliação de Risco – RVD (RVD-1L e RVD-2L)

A partir de 1 de novembro de 2014, entrou em vigor, nas forças de segurança portuguesas, uma nova metodologia de risco que passou a integrar todos os inquéritos judiciais pelo crime de violência doméstica por determinação hierárquica da Procuradoria Geral da República Instrução nº 2/14 de 2014-10-30; PGR. Trata-se de uma ferramenta que obedece a um modelo pré-definido, comum a todo o país, e que se traduz numa metodologia estruturada que se dirige a avaliar o risco de homicídio e de ofensas graves à integridade física das vítimas em contexto de violência doméstica (conjugal, sobre ascendente/descendente ou outra).

O instrumento – Fichas de Avaliação de Risco em situações de Violência Doméstica – RVD – contempla duas versões: a RVD-1L e a RVD-2L que são aplicáveis a qualquer vítima de violência doméstica. Estas Fichas, quando usadas na participação inicial da queixa/denúncia às forças de segurança, denominam-se RVD-1L (1ª linha), uma vez que são aplicadas às vítimas ou aos denunciantes pelos agentes policiais de primeira linha (GNR e PSP), permitindo avaliar o risco do caso de violência doméstica em apreço. Desta forma, esta Ficha pode ser preenchida com base em informações fornecidas pela vítima, pela pessoa agressora, por terceiros ou por informação técnica. A Ficha RVD-2L (2ª linha) é utilizada em fase de inquérito, com vista à reavaliação ou a sucessivas reavaliações de risco. Esta segunda Ficha é preenchida com base unicamente na informação fornecida pela vítima. Assim, a Ficha RVD-1L deve ser aplicada aquando da elaboração do Auto de Notícia ou de Denúncia de violência doméstica ou do Aditamento a Auto de violência doméstica enquanto a Ficha RVD-2L deve ser executada no momento da reavaliação de risco, na senda do policiamento de proximidade ou de investigação criminal (Paulino & Rodrigues, 2016; Castanho & Quaresma, 2014).

Estruturalmente, as Fichas RVD contemplam 20 fatores de risco, todos de preenchimento obrigatório. Este conjunto de fatores de risco pode estudar-se através da sua divisão em três grupos. O primeiro contende com itens relativos à caraterização da violência e à perceção da vítima face ao risco (itens 1 a 8[4]); o segundo agrupa os fatores respeitantes ao contexto e comportamento da pessoa agressora (itens 9 a 17[5]); e no terceiro grupo encontram-se os fatores de vulnerabilidade da vítima (itens 18 a 20[6]) (Castanho & Quaresma, 2014). Habitualmente, a avaliação destes 20 fatores de risco é realizada através de perguntas diretas colocadas à vítima. O risco calculado é considerado como "elevado", "médio" ou "baixo", de acordo com o esquema de cotação final que as Fichas apresentam. A reavaliação do risco obedece igualmente a regras: se se estiver perante um risco elevado na primeira avaliação, a orientação é reavaliar o risco entre 3 a 7 dias; perante um risco medio até 30 dias; e face a

[4] Item 1: o ofensor alguma vez usou violência física contra a vítima? Item 2: o ofensor alguma vez usou violência física contra outros do agregado familiar? Item 3: o ofensor já tentou estrangular, sufocar, afogar a vítima ou outro familiar? Item 4: o ofensor já exerceu violência sexual sobre a vítima ou outro familiar? Item 5: foi necessária atenção médica após alguma agressão e/ou as lesões comprometeram as atividades normais diárias da vítima ou as de outros familiares? Item 6: o número de episódios violentos e/ou a sua gravidade tem vindo a aumentar no último mês? Item 7: o ofensor já utilizou/ameaçou usar algum tipo de arma contra a vítima ou outro familiar ou tem acesso fácil a arma de fogo? Item 8: acredita que o ofensor seja capaz de a/o matar ou mandar matar?

[5] Item 9: o ofensor já tentou ou ameaçou matar a vítima ou outro familiar? Item 10: o ofensor persegue a vítima, intimidando-a intencionalmente, demonstra ciúmes excessivos e tenta controlar tudo o que a vítima faz? Item 11: o ofensor revela instabilidade emocional/psicológica e não está a ser acompanhado por profissional de saúde ou não toma medicação que lhe tenha sido receitada? Item 12: o ofensor já tentou ou ameaçou suicidar-se? Item 13: o ofensor tem problemas relacionados com o consumo de álcool, ou outras drogas, dificultando uma vida diária normal? Item 14: o/a ofensor/a já foi alvo de queixas criminais anteriores? Item 15: o ofensor violou ordem do tribunal destinada a proteger a vítima? Item 16: o ofensor tem problemas financeiros significativos ou dificuldade em manter um emprego? Item 17: existe algum conflito relacionado com a guarda/contacto dos filhos?

[6] Item 18: a vítima separou-se do ofensor, tentou/manifestou intenção de o fazer? Item 19: a vítima ou alguém do agregado familiar tem necessidades especiais e/ou não tem apoio de terceiros? Item 20: a vítima está grávida ou teve um bebé nos últimos 18 meses?

um risco baixo até 60 dias para a reavaliação do mesmo (Paulino & Rodrigues, 2016; Castanho & Quaresma, 2014).

Estas Fichas contemplam, para além dos fatores acima mencionados e após calculado o risco de revitimação, um conjunto de medidas de promoção de segurança que providenciam a gestão de risco. Desta forma, e através da análise dos dados recolhidos e vertidos nas Fichas, torna-se plausível a elaboração de planos de segurança com e para as vítimas de violência doméstica[7]. Nas forças de segurança portuguesas, os planos de segurança pessoal encontram-se pré-definidos, existindo três tipologias: (1) relativamente às vítimas que coabitam com a pessoa agressora e assim pretendem continuar; (2) dirigidos às vítimas que coabitam com a pessoa agressora, mas que pretendem alterar esta situação num curto espaço de tempo; (3) e para vítimas que já não coabitam com a pessoa agressora, sendo que cada tipologia apresenta orientações específicas de segurança. As Fichas RVD permitem, por fim, a apresentação e comunicação de medidas promotoras de proteção das vítimas, por parte das forças de segurança aos serviços do Ministério Público (Castanho & Quaresma, 2014).

4.2.1 Apreciação das Fichas RVD

Até à data não foram divulgados à comunidade científica estudos de validação das Fichas RVD. Não obstante, podem apontar-se algumas investigações que, entre outros pontos, invocam a necessidade de reformulação das Fichas RVD.

Ferreira (2019), na sua dissertação de mestrado "Análise Linguística Forense das Fichas de Avaliação de Risco em situações de violência doméstica", concluiu que as questões formuladas nas referidas Fichas padecem de imprecisões ao nível linguístico, o que pode prejudicar a sua eficácia. Neste contexto, a investigadora revela que as perguntas constantes nestas Fichas apresentam problemas de ordem (1) sintática; (2) semântica; (3) pragmático-discursiva; (4) e pragmático-discursiva, recomendando mudanças nas mesmas, de forma a suprimir questões problemáticas no momento da avaliação de risco (Ferreira, 2021, 2019).

[7] A elaboração de planos de segurança está inserida na legislação portuguesa referente à violência doméstica, particularizando-se a lei nº 129/2015 de 3 de setembro que, no nº 2 do artigo 29-A "Medidas de Proteção à Vítima" refere que, após a denúncia do crime de violência doméstica, deve sempre ser elaborado um plano de segurança pelas Forças de Segurança.

Mota (2021), por seu turno, e através de entrevistas a chefes do Núcleo de Investigação e Apoio a Vítimas Específicas da GNR, assinalou que 88% destes chefes considerava necessária a reformulação das Fichas RVD. Do conjunto de reformulações que foram indicadas, 77% dos chefes referiu uma necessidade de mudança no conteúdo das Fichas, aludindo ao facto de estas estarem focadas apenas em conflitos conjugais, deixando de parte os grupos mais vulneráveis, como são exemplo as crianças e as pessoas idosas. Na mesma linha de pensamento, 25% dos chefes defendeu a criação e implementação de novas Fichas RVD, exigindo a elaboração de um formulário próprio para situações de violência doméstica contra menores, vítimas com necessidades especiais e pessoas idosas.

4.2.2 Recomendação de reformulação das Fichas RVD

No dia 18 de março de 2021, foi publicada, em Diário da República, a Resolução da Assembleia da República n.º 81/2021 que recomenda ao Governo a reformulação das fichas de avaliação de risco para situações de violência doméstica, com vista a garantir uma maior proteção das vítimas. Nesta Resolução são apontadas mudanças em termos linguísticos, sugerindo-se "perguntas...claras, acessíveis, percetíveis e objetivas", com o objetivo de "melhorar a exatidão das respostas das vítimas" bem como tornar mais simples a sua "compreensão pelos elementos das forças de segurança". É igualmente recomendada uma inclusão de perguntas relativas à "existência de menores do agregado familiar que tenham testemunhado ou sido agredidos em contexto de violência doméstica".

Contudo, e até ao presente momento, não se conhecem reformulações efetivas nas Fichas RVD, continuando estas a ser iguais às implementadas a 1 de novembro de 2014.

5 A AVALIAÇÃO DE RISCO DE VIOLÊNCIA DOMÉSTICA E DE MAUS-TRATOS CONTRA PESSOAS IDOSAS

5.1 Contextualização de um instrumento de avaliação de risco específico para pessoas idosas

Entendendo que (1) os casos de violência doméstica e de maus-tratos contra pessoas idosas representam uma violação de direitos humanos e suscitam problemas de saúde pública, (2) as Fichas RVD que são atualmente implementadas pelas forças de segurança portuguesas parecem não responder apropriadamente a esta problemática, (3) as recomendações da literatura científica para uma apropriada avaliação de risco têm de contender com fatores de risco específicos para o fenómeno a avaliar, surge a necessidade de criação de uma metodologia para avaliar o risco de violência doméstica e de maus-tratos específica para ser aplicada a pessoas idosas por parte das forças policiais portuguesas no momento da queixa/denúncia.

Procurando sistematizar a informação conhecida relativa aos fatores de risco associados à violência doméstica e aos maus-tratos contra pessoas idosas, procurou-se desenvolver um instrumento de avaliação de risco que permitisse uma fiável prognose deste tipo de comportamentos e que providenciasse resposta às caraterísticas socioculturais do contexto português. Esta necessidade fulcral de existência de uma ferramenta que permita realizar um levantamento exaustivo dos fatores de risco prementes na avaliação de situações deste tipo surge em paralelo com um aumento dos casos de violência doméstica e de maus-tratos contra pessoas idosas em Portugal (Almeida et al., 2020; Almeida et al., 2019). Relembramos que uma proteção célere e eficaz das vítimas destes ilícitos criminais, nomeadamente no que se relaciona com a segurança e salvaguarda da vida humana, equaciona-se como fulcral e concatena-se, de forma direta, com procedimentos adequados a estimar a probabilidade de ocorrência de episódios de revitimação (Perel-Levin, 2008; Paixão & Reichenheim, 2006). Neste contexto, a avaliação de risco de violência doméstica e de maus-tratos contra pessoas idosas tem vindo a configurar-se, no panorama nacional, como extremamente necessária. A sinalização prévia destes tipos de violência por parte das forças de segurança representa uma atitude chave como estratégia preventiva de mais violência, sendo fulcral, após a sinalização dos fatores de risco, proceder à sua avaliação e gestão no contexto integral da situação em causa (Pillemer, Burnes, Riffin & Lachs, 2016; Perel-Levin, 2008).

Neste sentido, e através de um projeto colaborativo entre duas instituições universitárias portuguesas (Escola de Criminologia da Faculdade de Direito da Universidade do Porto e a Egas Moniz – Cooperativa de Ensino Superior, CRL, através do seu Laboratório de Ciências Forenses e Psicológicas Egas Moniz), o Departamento de Investigação e Ação Penal (DIAP) de Lisboa e a Associação Portuguesa de Apoio à Vítima (APAV) desenvolveu-se uma metodologia de avaliação designada *Assessment Guidelines for Elder Domestic Violence* (AGED) (Almeida et al., 2020; Almeida et al., 2019).

O objetivo deste instrumento é prestar suporte a todos os profissionais que atuam na área da violência doméstica e dos maus-tratos contra pessoas idosas. Desta forma, o AGED não é concetualizado como um instrumento de avaliação psicológica, pois procura que a sua aplicação seja realizada de forma transversal, isto é, por todos os profissionais que atuem no terreno com as vítimas, seja na qualidade de forças de segurança, de magistrados dos serviços do Ministério Público, seja por Técnicos de Apoio à Vítima, mesmo que estes não tenham necessariamente formação em Psicologia. Contudo, sendo a importância deste instrumento inegável, e numa ótica de disseminação da utilidade desta metodologia, vários gestores dos Gabinetes de Apoio à Vítima da Associação Portuguesa de Apoio à Vítima (APAV) frequentaram à data formação com a equipa do projeto e auxiliaram, de forma ativa, o seu aperfeiçoamento.

Paralelamente, e como suporte a tais formações, foi elaborado um manual de utilização do instrumento, com fundamentação teórica à cotação dos itens, bem como a construção de um guião de entrevista, com vista à padronização da sua aplicação e recolha de dados para posterior validação. Esta ferramenta consiste, assim, numa *checklist* estruturada de avaliação de risco – que se preenche com base nas instruções de um manual de aplicação da ferramenta, com auxílio de um guião de entrevista próprio – que é aplicada por parte de profissionais devidamente treinados que atuam junto de pessoas idosas vítimas de violência doméstica e de maus-tratos (Almeida et al., 2020; Almeida et al., 2019).

5.2 Desenvolvimento do Assessment Guidelines for Elder Domestic Violence (AGED)

A construção deste instrumento iniciou-se com o estudo e seleção de um vasto conjunto de fatores de risco e de proteção de maus tratos contra pessoas idosas enunciados na literatura internacional. Após os contributos científicos dos profissionais com experiência na intervenção com pessoas idosas vítimas de violência, foi apresentada uma versão da ferramenta *Assessment Guidelines for Elder Domestic Violence* (AGED). A mesma foi sujeita a um estudo piloto de aplicação e validação em contexto de análise retrospetiva de 123 processos da Associação Portuguesa de Apoio à Vítima (Quintas, Andrade & Saavedra, 2019; Andrade, 2017). Esta investigação permitiu uma análise preliminar das propriedades psicométricas do AGED e a discussão alargada dos fatores de risco e de proteção por parte das instituições colaborantes no projeto. Emergiram novos contributos críticos específicos dos profissionais dos serviços do Ministério Público e da Associação Portuguesa de Apoio à Vítima que contactam diariamente com esta problemática.

A investigação científica, capaz de validar o trabalho desenvolvido, tem vindo a ser promovida, permitindo ter uma perspetiva de adequação à sua aplicabilidade. É neste sentido, que as versões desta ferramenta têm sido aperfeiçoadas e adaptadas no confronto com as necessidades dos profissionais intervenientes na área da justiça e do apoio à vítima.

5.3 O AGED como proposta de instrumento de avaliação de risco de pessoas idosas

Após o desenvolvimento de três versões de investigação, o AGED apresenta, neste momento, 43 itens divididos por quatro áreas principais e uma suplementar, nomeadamente 12 fatores de risco da pessoa idosa vítima[8]; 14 da

[8] Sexo (feminino); Idade avançada (superior a 74 anos); Problemas emocionais e/ou psicológicos; Demência; Abuso de substâncias; Problemas de comportamento; Culpabilização de terceiros; Legitimação e/ou banalização da violência; Problemas/limitações físicas; Recusa de serviços necessários; Acesso a cuidados de saúde; Vítima de violência doméstica no passado.

pessoa agressora[9]; 10 externos, contextuais e relacionais[10] e 3 relativos ao espaço institucional[11]; acrescem 4 itens de proteção[12] (da pessoa idosa vítima e do contexto). Em conjunto, são projetados para avaliar o risco de revitimação de violência doméstica e de maus-tratos contra pessoas idosas.

O AGED ainda possibilita o preenchimento autónomo, por parte dos profissionais, no campo de outras considerações, de outros fatores de risco. Aqui, o profissional poderá fundamentar a existência de outros fatores que contribuam para a avaliação e gestão do risco de violência, e que não estejam contemplados na ferramenta.

O sistema de cotação dos diferentes fatores de risco e de proteção é *presente* (P), *parcialmente presente* (PP), *ausente* (A), *sem informação* (X) ou *não se aplica* (N/A).

Os pressupostos de utilização desta ferramenta estão balizados numa abordagem de Juízo Profissional Estruturado, procurando identificar a presença ou ausência de um conjunto listado de fatores de risco e de vulnerabilidade específicos de vítimas, pessoas agressoras e itens de contexto/relacionais, com o intuito de se definir, de forma estruturada, a gestão de risco. Assim, a classificação final de risco de revitimação (em baixo, moderado ou elevado) é realizada pelo profissional com base neste juízo profissional estruturado, o que não impõe restrições ao nível da ponderação, inclusão e/ou combinação de fatores de risco e de proteção aquando da predição do risco.

Por fim, o AGED permite que o profissional proceda à gestão do risco observado, isto é, elabore, em conjunto com a vítima, um plano de segurança

9 Histórico criminal; Histórico de agressão a terceiros; Problemas emocionais e/ou psicológicos; Abuso de substâncias; Agressividade; Problemas/limitações físicas; Expectativas irrealistas; Culpabilização de terceiros; Problemas financeiros; Vítima de violência doméstica no passado; Perpetrador de violência doméstica no passado; Défice nas competências de *coping*; Legitimação e/ou banalização da violência; Ameaças de morte credíveis e/ou utilização de armas.

10 Incapacidade no desempenho de tarefas de cuidador; Inexperiência como cuidador; Dependência da vítima; Dependência do/a agressor/a; Violência intergeracional; Historial de conflitos entre a vítima e o/a agressor/a; Coabitação; Isolamento social/suporte; Condições habitacionais precárias; Ausência de ligação afetiva/distanciamento.

11 Fracas competências dos técnicos/auxiliares; Excesso de trabalho; Ambiente físico deficitário.

12 Caraterísticas de personalidade; Estado de saúde; Competências de *coping*; Suporte social e comunitário.

pessoal que contenda com um conjunto de estratégias e medidas que visam aumentar a segurança das vítimas. Este plano deve ser focado nos fatores de risco identificados como presentes e parcialmente presente e nos itens de proteção identificados como ausentes aquando da cotação do AGED, bem como nas necessidades e circunstâncias das vítimas, sendo a segurança e a proteção destas a prioridade dos profissionais e um dos objetivos primordiais do AGED (Almeida et al., 2020; Almeida et al., 2019).

5.4 Propriedades psicométricas do AGED

Não obstante o consenso que existe entre a comunidade científica de que a melhor maneira de avaliar o risco de violência passa pela aplicação de ferramentas destinadas a tal fim, não se trata apenas de construir e implementar os instrumentos. É imperativo realizar estudos relativos à qualidade destes, com vista a conhecer como as suas propriedades de medida são avaliadas. Neste sentido, é fulcral aferir as propriedades psicométricas dos instrumentos de avaliação de risco, com vista a perceber se estes são fiáveis e permitem avaliar, com sucesso, o risco de violência.

Neste contexto, o AGED foi submetido, por Cardoso (2021), a um estudo de validação que teve como objetivo examinar as suas propriedades psicométricas. A ferramenta foi administrada a uma amostra de 234 processos de apoio da APAV referentes a pessoas idosas (65 ou mais anos) que contactaram esta instituição em 2014. A recolha de dados (realizada em 2020/21) foi meramente processual, uma vez que o contacto direto com pessoas idosas vítimas esteve afetado devido à situação de pandemia do vírus da COVID-19. Nestes 234 processos de apoio foram incluídas pessoas idosas de ambos os sexos e cuja problemática relatada enquadrou uma situação de violência, tipificada juridicamente pelo crime de "Violência Doméstica" (artigo 152 do Código Penal português) e pelo crime de "Maus-Tratos" (artigo 152-A do Código Penal português).

A recolha de dados permitiu ainda a administração de outros instrumentos de avaliação de risco que serviram como medidas de critério/de comparação: (1) *Indicators of Abuse* (IOA) *Screen, checklist* de 27 itens de risco que pretende auxiliar os profissionais no reconhecimento dos principais sinais de abuso, com vista à sinalização de situações de maus tratos contra pessoas idosas por parte de um cuidador, sendo atualmente entendido como um dos instrumentos mais conceituados na avaliação de risco de violência contra pessoas idosas; (2) e *Danger Assessment* (DA) que avalia o risco de homicídio/letalidade de mulheres em relações de intimidade heterossexuais.

De forma independente do preenchimento dos três instrumentos, e com o propósito de avaliar a validade preditiva do AGED, foi realizada, num segundo momento, uma recolha de dados relativa à ocorrência de episódios de nova vitimação. Esta revitimação das pessoas idosas foi mensurada como qualquer nova ação violenta registada pela APAV após o primeiro mês de atendimento(s), estabelecendo-se um período de referência de 5 anos após este momento. Este(s) novo(s) episódio(s) de violência registado(s) teria(m) de configurar(m) o crime de violência doméstica e/ou o crime de maus-tratos para serem incluídos na análise de uma situação de revitimação.

Após a análise dos resultados, os dados psicométricos do AGED apresentaram alguns problemas de consistência interna (a=.453). Dever-se-á, contudo, ter presente o facto de esta investigação ter apresentado valores elevados de dados omissos, o que poderá ter contribuído para este valor baixo de consistência interna da ferramenta. Supõe-se que este valor poderia ter sido superior se a quantidade de omissões fosse menor. Sugere-se, assim, que este problema será minimizado quando o atendimento às vítimas for realizado com o auxílio do AGED, permitindo a obtenção e transporte para os processos de apoio de informação mais estruturada e abrangente relativamente às pessoas idosas vítimas de violência doméstica e de maus-tratos.

Em termos de validade, foi demonstrado apoio à validade de construto do AGED, designadamente através da sua forte associação (*r*=.633), estatisticamente significativa (p<.001), com o IOA, instrumento que avalia o risco de vitimação da pessoa idosa. No mesmo sentido, apontam as associações estatisticamente significativas entre o construto da vítima (*r*=.341; p<.001) e da pessoa agressora (*r*=.619; p<.001) do AGED com os mesmos construtos no IOA (Cardoso, 2021). Desta forma, demonstraram-se evidências de validade de construto do AGED, tendo as associações mais fortes ocorrido no sentido previsto da variação entre os instrumentos e entre as dimensões de fatores comuns destes. O AGED demonstrou, contudo, uma correlação significativa fraca (r=.254; p<.01) com o DA, instrumento que avalia o risco nas relações de intimidade. Este resultado sugere que, apesar de existir sobreposição do construto avaliado, há igualmente uma quantidade razoável de variância independente.

No que respeita à capacidade de predição do risco da ferramenta, o AGED obteve resultados aceitáveis de validade preditiva (avaliação de níveis de risco (em baixo, moderado ou elevado) – AUC=.609; pontuação total (soma de todos os fatores de risco que cada pessoa idosa cotou no AGED) – AUC=.592). Estes valores de validade preditiva foram superiores aos obtidos pelos outros dois instrumentos. Desta forma, a adequação dos fatores de risco que compõem o AGED mostra ser superior na capacidade preditiva não só face um instrumento inespecífico como o *Danger Assessment*, como também relativamente a um instrumento preparado para a avaliação de risco de vitimação da pessoa idosa como o *Indicators of Abuse* (IOA) *Screen* (Cardoso, 2021).

A súmula destes resultados evidencia que o AGED, além de mensurar os fenómenos criminais da violência doméstica e dos maus-tratos contra pessoas idosas, demonstra capacidade aceitável para a predição do risco futuro.

Assim, sugere-se que o seu cuidadoso uso possa ser de grande utilidade para as forças de segurança portuguesas e outros profissionais devidamente treinados aquando da realização da avaliação de risco de pessoas idosas vítimas de violência doméstica e de maus-tratos.

6 CONSIDERAÇÕES FINAIS

A avaliação de risco de violência doméstica recai, muitas vezes, sobre as forças de segurança – entendidas como *gatekeepers* de todo o sistema de justiça criminal. Após percorrermos as práticas mais habituais das forças de segurança portuguesas – PSP e GNR – na avaliação de risco de violência doméstica, constatamos procedimentos padronizados e generalistas aplicáveis, de igual forma, a todas as vítimas de violência doméstica, independentemente da sua idade. Cientes de que tal representa, em última instância, uma lacuna na avaliação de risco de pessoas idosas, acreditamos na necessidade de se desenvolveram metodologias de risco adaptadas às especificidades da população idosa, modelo até então omisso nas forças de segurança. Desta forma, propusemos um instrumento pioneiro em contexto nacional de avaliação de risco de revitimação de violência doméstica e de maus-tratos contra pessoas idosas que, após testes de validação, se mostra promissor nesta área de atuação. Assim sendo, entendemos que o AGED deve ser considerado um instrumento relevante, no que concerne ao futuro da avaliação de risco de violência doméstica e de maus-tratos contra pessoas idosas, pois permite proceder ao levantamento dos fatores de risco mais prementes e com maior impacto na avaliação de situações de risco de violência, tendo já demonstrado resultados psicométricos válidos. Esperámos, desta forma, abrir caminho, nas forças de segurança e noutros serviços do sistema de justiça, à adoção de um modelo metodológico de risco que contenda com as particularidades das pessoas idosas vítimas de violência doméstica em complemento à avaliação de risco generalista aplicada hoje em dia pela PSP e GNR.

REFERÊNCIAS

AMCV [Associação de Mulheres Contra a Violência]. **Avaliação e Gestão de Risco em Rede: manual para profissionais**. AMCV, 2013.

Almeida, Íris; Soeiro, Cristina. Avaliação de risco de violência conjugal: Versão para polícias (SARA: PV) [Risk factor analysis of spousal assault: Using the brief version of the Spousal Assault Risk Assessment-Portuguese version]. **Análise Psicológica**, v.28, n.1, p. 179-192. 2010.

Almeida, Íris; Baúto, Ricardo; Fernandes, Belmira; Soeiro, Cristina. Fatores de risco na negligência e maus-tratos a pessoas idosas: o projeto AGED como uma resposta de boas práticas na avaliação de risco. **Miscellanea**, n.10, p. 17-22, junho. 2020.

Almeida, Íris; Baúto, Ricardo; Gama, Ana; Ramalho, Ana; Costa, Joana; Fernandes, Maria; Guarda, Renata; Quintas, Jorge; Saavedra, Rosa. **A systematic review of the literature on risk factos for violence against the elderly: a risk assessment approach**. In **II European Conference on Domestic Violence**, 2019, Porto, Faculdade de Psicologia e Ciências da Educação da Universidade do Porto.

Andrade, Bárbara. **Pessoas Idosas Vítimas de Violência Intrafamiliar: avaliação do risco**. 2017. Tese (Mestrado em Criminologia) – Curso de Criminologia – Faculdade de Direito da Universidade do Porto, Porto, 2017.

Antunes, Maria. **Direito Processual Penal**. Coimbra: Edições Almedina, 2016.

Cardoso, Sara. **Pessoas Idosas Vítimas de Violência Doméstica: validação do instrumento de avaliação de risco *Assessment Guidelines for Elder Domestic Violence***. 2021. Tese (Mestrado em Criminologia) – Curso de Criminologia – Faculdade de Direito da Universidade do Porto, Porto, 2021.

Castanho, António; Quaresma, Carina. **RVD – Manual de Aplicação da Ficha de Avaliação de Risco**. Lisboa: Secretaria-Geral da Administração Interna, 2014.

Douglas, Kevin; Kropp, Randall. A prevention-based paradigm for violence risk assessment: Clinical and research applications. ***Criminal Justice and Behavior***, *v.29, n.5, p.617-658.* 2002.

Douglas, Kevin; Lavoie, Jennifer. Avaliação e gestão do risco de violência: modelos de utilização e princípios orientadores. In: Fonseca, António; Simões, Mário; Simões, Maria; Pinho, Maria. **Psicologia Forense**. Coimbra: Edições Almedina, 2006. P. 203-226).

Douglas, Kevin; Skeem, Jennifer. Violence Risk Assessment: getting specific about being dynamic. **Public Policy, and Law**, v.11, n.3, p. 347-383. 2005.

Fernandes, Maria. **Formas de violência e fatores de risco em idosos: estudo exploratório com o *Assessment Guideline for Elder Domestic Violence* (AGED)**. 2020. Tese (Mestrado em Psicologia forense e Criminal) – Curso de Psicologia Forense e Criminal – Instituto Universitário Egas Moniz, Lisboa, 2020.

Ferreira, Diogo. **Planos Individuais de Segurança para vítimas de violência doméstica: contributos para a sua elaboração.** 2017. Trabalho de Investigação Aplicada (Especialidade de Segurança) – Mestrado Integrado em Ciências Militares – Academia Militar, Lisboa, 2017.

Ferreira, Ana. **Análise linguística forense das Fichas de Avaliação de Risco em situações de violência doméstica**. 2019. Tese (Mestrado em Linguística) – Curso de Linguística – Faculdade de Letras da Universidade do Porto, Porto, 2019.

Ferreira, Ana. As Fichas de Avaliação de Risco sob uma análise da Linguística Forense. **Miscellanea**, n.14, p. 8-12, junho. 2021.

Grams, Ana; Magalhães, Teresa. Violência nas Relações de Intimidade. Avaliação do Risco. **Revista Portuguesa do Dano Corporal**, v.22, p. 75-98. 2011.

Harne, Lynne; Redford, Jill. **Tackling Domestic Violence: theories, policies and practice**. Berkshire: Open University Press, 2008.

Hart, Stephen; Michi, Christine; Cooke, David. Precision of actuarial risk assessment instruments: evaluating the 'margins of error' of group v. individual predictions of violence. **British Journal of Psychiatry**, v.190, p. 60-65. 2007.

Kappeler, Victor; Schaefer, Brian. **The Police and Society**. Illinois: Waveland Pr Inc, 2018.

Kropp, Randall. Intimate Partner Violence Risk Assessment and Management. **Violence and Victims**, v.23, n.2, p. 202-220. 2008.

Lemos, Inês. **Proteção Policial da Vítima: avaliação do risco do agressor em cenários de violência doméstica**. 2019. Tese (Mestrado Integrado em Ciências Policiais) – Curso de Formação de Oficiais de Polícia – Instituto Superior de Ciências Policiais e Segurança Interna, Lisboa, 2019.

Mota, Luís. **A Intervenção da GNR nos Crimes de Violência Doméstica e o Curso de Especialização CIAVE**. 2021. Trabalho de Investigação Aplicada (Especialidade de Segurança) – Mestrado Integrado em Ciências Militares – Academia Militar, Lisboa, 2021.

Paixão, Carlos; Reichenheim, Michael. Uma revisão sobre instrumentos de rastreamento de violência doméstica contra o idoso. **Cad. Saúde Pública**, v.22, n.6, p. 1137-1149. 2006.

Paulino, Mauro; Rodrigues, Miguel. **Violência Doméstica: identificar, avaliar e intervir**. Lisboa: Prime Books, 2016.

Perel-Levin, Silvia. **Discussing screening for elder abuse at primary health care level.** Geneva: World Health Organization (WHO), 2008.

Pillemer, Karl; Burnes, David; Riffin, Catherine; Lachs, Mark. Elder Abuse: global situation, risk factors, and prevention strategies. **The Gerontologist**, v.56, n.2, p. 194-205. 2016.

Pueyo, Antonio; Echeburúa, Enrique. Valoración del riesgo de violencia: instrumentos disponibles e indicaciones de aplicación. **Psicothema**, v.22, n.3, p. 403-409. 2010.

Quaresma, Carina. **Violência Doméstica: da participação da ocorrência à investigação criminal**. Lisboa: DGAI – Direção Geral de Administração Interna, 2012.

Quintas, Jorge; Andrade, Bárbara; Saavedra, Rosa. **Elderly Violence in Intimate Relationships – the risk and management assessment challenges.** In **II European Conference on Domestic Violence**, 2019, Porto, Faculdade de Psicologia e Ciências da Educação da Universidade do Porto.

Richards, Laura; Letchford, Simon; Stratton, Sharon. **Policing Domestic Violence**. Oxford: University Press, 2008.

Russel, Mary; Light, Linda. Police and Victim Perspectives on Empowerment of Domestic Violence Victims. **Police Quarterly**, v.9, n.4, p. 375-396. 2006.

PARTE III

BOAS PRÁTICAS NA EXECUÇÃO PENAL: O PAPEL DA COMUNIDADE E DA MAGISTRATURA PARA UM SISTEMA DE JUSTIÇA MAIS HUMANO E EFETIVO

CAPÍTULO 1
EXECUÇÃO PENAL NO BRASIL, EXCLUSÃO SOCIAL E RESSOCIALIZAÇÃO: O PAPEL DO CONSELHO DA COMUNIDADE

João Teixeira de Matos Júnior[1]
Fabrício Castagna Lunardi[2]
Pedro Miguel Alves Ribeiro Correia[3]

SUMÁRIO

1 Introdução. 2 Sistema de Justiça e Execução Penal. 3 Sistema Prisional Brasileiro Em Números; 4 Exclusão Social e Criminalidade; 5 O Papel do Conselho da Comunidade na Execução Penal: um Estudo de Caso. 5.1 A Instituição do Conselho da Comunidade do Macapá: Análise Jurídico-Normativa. 5.2 O Perfil da População Carcerária. 5.3 Projetos e Parcerias Realizadas pelo Conselho da Comunidade do Macapá. 5.3.1 O Conselho da Comunidade

[1] Mestre em Direito e Poder Judiciário pela Escola Nacional de Formação e Aperfeiçoamento de Magistrados (ENFAM). Juiz de Direito do Tribunal de Justiça do Estado do Amapá (TJAP).

[2] Professor Permanente do Mestrado da Escola Nacional de Formação e Aperfeiçoamento de Magistrados (ENFAM). Doutor e Mestre em Direito pela Universidade de Brasília (UnB). Pós-Doutorado em Direito pela Universidade de Coimbra. Bacharel em Direito pela Universidade Federal de Santa Maria (UFSM). Juiz de Direito do Tribunal de Justiça do Distrito Federal e Territórios (TJDFT).

[3] Professor Associado Convidado da Faculdade de Direito da Universidade de Coimbra. Doutor em Ciências Sociais (Especialidade em Administração Pública) pela Universidade Técnica de Lisboa. Licenciatura em Estatística e Gestão de Informação pela Universidade Nova de Lisboa. Licenciatura em Direito pela Universidade de Lisboa. Consultor da Direção-Geral da Política de Justiça, Ministério da Justiça, Portugal.

e a parceria com o Estado do Amapá. 5.3.2 O Conselho da Comunidade e a parceria com o Município de Macapá. 5.4 A Atuação e Resultados do Conselho da Comunidade do Macapá. 6 considerações finais. Referências.

1 INTRODUÇÃO

O cenário de desconformidade da política prisional com os valores fundamentais adotados constitucionalmente pelo Estado Brasileiro está a indicar que os dilemas estruturais de abandono humano (celas superlotadas, sem ventilações, sem espaço, sem condições de habitação adequada), de ausência de políticas públicas (de educação, de saúde, de trabalho e de assistência material) e de inadequadas medidas que possam realizar a desejada reintegração social torna fértil o solo para a manutenção da exclusão social e o retorno à criminalidade. A perspectiva somente repressora e punitiva de um estado policial há muito tempo já se revela ineficaz e gera cada vez mais exclusão (LUNARDI, 2019). De outro lado, conselhos, órgãos e "associações para diversas finalidades sociais, organizações da sociedade civil etc [...], ainda que com as suas contingências e imperfeições, são capazes de permitir que as próprias comunidades conheçam os seus problemas" e, com base nisso, "possam, de forma organizada, a partir da formação de uma pauta de reivindicações, pressionar os órgãos governamentais para o atendimento dessas necessidades sociais", ou, ainda, "elas próprias, a partir das suas próprias forças, atuarem fora do poder estatal para atender às necessidades dos menos favorecidos, melhorar as condições da comunidade, mudar a cultura constitucional" (LUNARDI, 2019, p. 105).

Nesse contexto, o Conselho da Comunidade é órgão da execução penal e "agente ativo articulador e mobilizador de direitos no âmbito da execução penal" (BRASIL, 2023). Deve, entre outras atribuições, ser um órgão fiscalizador essencial na defesa dos direitos do preso, como incentivador de práticas direcionadas ao resguardo da dignidade humana no cárcere (GOUVEIA; BARBOSA, 2022). Afigura-se central nas atribuições do Conselho da Comunidade a atuação para "mobilizar recursos materiais e humanos para execução de projetos e ações voltadas para garantia de direitos das pessoas privadas de liberdade" (BRASIL, 2023). Além de assegurar direitos, a reinserção social possui relação com a finalidade da pena privativa de liberdade consistente na prevenção da futura prática de conduta delitiva denominada de prevenção especial (BITTENCOURT, 2017), calcada no tratamento penal que possibilite "condições para a harmônica integração social do condenado e do internado" (BRASIL, 1984).

Assim, este capítulo possui o objetivo de analisar a execução penal no Brasil, a seletividade penal e a exclusão social, bem como o papel do Conselho da Comunidade na ressocialização durante a execução penal.

A fim de atingir os seus objetivos e buscar resposta a esse problema, a presente pesquisa utiliza, inicialmente, a pesquisa bibliográfica, a fim de analisar a execução penal no Brasil, bem como as teorias relacionadas à ressocialização do apenado e à participação do conselho da comunidade. Buscou-se, na plataforma Google Acadêmico[4], sob o critério de pesquisa frase exata, a expressão "conselho da comunidade", desde 2013 (últimos dez anos), em páginas em português, e os principais artigos científicos encontrados que trataram acerca do tema. Houve apenas 13 resultados, dos quais 1 estava repetido. Dos 12 artigos encontrados, apenas 2 artigos tiveram[5] relevância acadêmica para este trabalho. Desses, apenas 1 teve pertinência à finalidade da reintegração social e à atuação do Conselho da Comunidade, ao sublinhar a atuação de alguns Conselhos na implementação de reintegração social por meio do trabalho.[6] A escassez de publicações na temática reforça, inclusive, a importância desta pesquisa e a sua originalidade. A seguir, realiza-se estudo de caso, com pesquisa jurídico-descritiva e pesquisa documental acerca da atuação do Conselho

[4] Resultado disponível em: https://scholar.google.com/scholar?lr=lang_pt&q=%22conselho+da+comunidade%22&hl=pt-BR&as_sdt=0,5&as_ylo=2013&as_rr=1, Acesso em: 09 mai. 2023.

[5] Os artigos relacionados à temática deste trabalho foram os seguintes: MAIA, Roque Alexandre Soares et al. Sistema prisional brasileiro e o cumprimento da lei de execução penal frente aos direitos e deveres do preso–revisão 2021. **Revista Ibero-Americana de Humanidades, Ciências e Educação**, p. 10-55, 2021; e CHAVES, Gesline Cavalcante; TEIXEIRA, Paulo Tadeu Ferreira; MARANHÃO, Thércia Lucena Grangeiro. Direitos dos Presos e Reinserção Social de Ex-presidiários pelo Trabalho: Uma Revisão Sistemática. **Revista de psicologia**, v. 15, n. 57, p. 975-996, 2021.

[6] Trata-se do seguinte artigo: CHAVES, Gesline Cavalcante; TEIXEIRA, Paulo Tadeu Ferreira; MARANHÃO, Thércia Lucena Grangeiro. Direitos dos Presos e Reinserção Social de Ex-presidiários pelo Trabalho: Uma Revisão Sistemática. **Revista de psicologia**, v. 15, n. 57, p. 975-996, 2021.

da Comunidade da Comarca de Macapá para redução da exclusão social e reintegração da pessoa oriunda do sistema prisional à sociedade.

Nesse estudo, analisaram-se as parcerias existentes entre o Conselho da Comunidade da Comarca de Macapá, o Estado do Amapá e o Município de Macapá, as quais se materializam por meio de Convênios que possibilitam capacitação profissional, atividade laboral e acompanhamento psicossocial dos participantes.

2 SISTEMA DE JUSTIÇA E EXECUÇÃO PENAL

O ordenamento jurídico brasileiro segue basicamente, além da Constituição da República Federativa de 1988 (BRASIL, 1988), três diplomas legais para a certificação da responsabilidade penal e a execução da pena fixada: Decreto-Lei nº 2.848/1940 (Código Penal – CP); Decreto-Lei nº 3.689/1941 (Código de Processo Penal – CPP); e Lei nº 7.210/1984 (Lei de Execuções Penais – LEP). Praticada a conduta tipificada como crime no CP, em que há a descrição das condutas e fixação das penas, nasce, para o Estado, o direito de punir, que deverá seguir, para condenação do delinquente, as regras disciplinadas no CPP, desde o ajuizamento da ação penal até o trânsito em julgado da sentença penal condenatória. Esta, por sua vez, será o título executivo judicial, cuja execução, geralmente, observará os dispositivos da LEP. Aliás, usa-se o termo execução penal para referir-se à fase posterior ao trânsito em julgado da sentença penal condenatória, tendo em vista que a pena criminal somente se realiza após o devido processo legal (SALTIEL, 2022).

Segundo o modelo constitucional adotado no Brasil (art. 5º, XLVI, Constituição Federal), "a lei regulará a individualização da pena e adotará, entre outras, as seguintes: a) privação ou restrição da liberdade; b) perda de bens; c) multa; d) prestação social alternativa; e) suspensão ou interdição de direitos" (BRASIL, 1988). De igual modo, para o sistema jurídico brasileiro "não haverá penas: a) de morte, salvo em caso de guerra declarada, nos termos do art. 84, XIX; b) de caráter perpétuo; c) de trabalhos forçados; d) de banimento; e) cruéis" (BRASIL, 1988). Para cumprir as finalidades deste trabalho e sem pretender aprofundar o tema sobre as espécies de pena, aborda-se aqui a pena privativa de liberdade, pois, em regra, somente as pessoas condenadas com privação da liberdade passarão pelo sistema prisional. A execução penal não se limita à atuação do Poder Judiciário, uma vez que a administração dos estabelecimentos penais, no Brasil, está a cargo do Poder Executivo, isto é, além da jurisdição, também há o contato com a Administração Pública, pois a execução penal se realiza também com as instituições carcerárias (SALTIEL, 2022).

Em linhas gerais, para a execução penal, há, em tese, a dimensão judicial atinente à aplicação dos direitos fundamentais da pessoa privada de liberdade e a dimensão da concreção do cumprimento da pena, relacionada à atividade da Administração Pública. Neste passo, a Lei de Execução Penal brasileira (Lei 7.210/1984) estabelece, no seu artigo 1º, que a "execução penal tem por objetivo efetivar as disposições de sentença ou decisão criminal e proporcionar condições para a harmônica integração social do condenado e do internado" (BRASIL, 1984). Isto é, formalmente, pelos dispositivos legais, ao se executar a pena de prisão, promove-se a reintegração social.

A Lei de Execução Penal (LEP) desdobra seu regramento do Título I ao IX e possui 204 artigos. Seus títulos tratam: i) Do objeto e da aplicação da lei de execução penal; ii) Do condenado e do internado; iii) Dos órgãos da execução penal; iv) Dos estabelecimentos penais; v) Da execução das penas em espécie; vi) Da execução das medidas de segurança; vii) Dos incidentes de execução; viii) Do procedimento judicial; ix) Das disposições finais e transitórias (BRASIL, 1984). Essa Lei deve ser interpretada e aplicada como parte integrante do sistema de garantias fundamentais da pessoa humana em privação de liberdade, pois a relação entre jurisdição penal e legalidade é, por si só, condição e pressuposto da democracia e de uma execução penal que se queira democrática. Assim, tal legislação é importante para garantia de proteção aos direitos fundamentais do indivíduo (SALTIEL, 2022).

Garantir os direitos fundamentais da pessoa privada de liberdade deve ir além de assegurar "aos presos o respeito à integridade física e moral" (art. 5º, XLIX, Constituição Federal), pois do ponto de vista da perspectiva de participação política, do reconhecimento de seus direitos fundamentais e de sua condição igual de cidadão, tudo isso pode ser violentamente afetado ou mesmo subtraído pelo sistema penal (FERRAZ; JOFFILY, 2019). O Estado penal é, portanto, profundamente contraditório à democracia; ou, dito de outra maneira: é a antítese de um regime que pretenda ser digno de tal rótulo (FERRAZ; JOFFILY, 2019).

Para esta reinserção social do condenado, a complexa natureza da pena privativa de liberdade não deixou de fora a atuação da sociedade. Desse modo, para consecução dos objetivos da execução penal, o "Estado deverá recorrer à cooperação da comunidade nas atividades de execução da pena e da medida de segurança" (art. 4º, Lei de Execução Penal). Isto significa que, além da atuação dos Poderes Constituídos na execução da pena privativa de liberdade, é importante a participação da sociedade. Aliás, desde os primeiros artigos da LEP (1º e 4º), há a opção do legislador pela cooperação da comunidade com o Estado para a integração e/ou reintegração social da pessoa privada de liberdade em decorrência da sanção estatal.

No entanto, além da análise legal, é imprescindível analisar como a execução penal se materializa no Brasil, o que pode ser investigado a partir dos dados e os indicadores estatísticos, a fim de se analisar como o conselho da comunidade pode contribuir para reintegração do egresso do sistema prisional.

3 SISTEMA PRISIONAL BRASILEIRO EM NÚMEROS

A Secretaria Nacional de Políticas Penais – SENAPPEN, órgão do Ministério da Justiça e Segurança Pública brasileiro, disponibiliza, em sítio da internet, o SISDEPEN – Sistema de Informações do Departamento Penitenciário Nacional, "ferramenta de coleta de dados do sistema penitenciário brasileiro" (BRASIL, 2022), o qual apresenta números que auxiliam na compreensão do fenômeno prisional. Segundo esse painel eletrônico, o Brasil possui, segundo dados de dezembro de 2022, 648.692 presos em celas físicas; se computadas as prisões domiciliares, a população passa a ser de 832.295 pessoas com restrição de liberdade.

Desse total de pessoas encarceradas no Brasil, 28,06% são presos provisórios na Justiça Estadual e 7,41% presos provisórios na Justiça Federal. Segundo o painel, em 2022, houve um decréscimo da população prisional na ordem de 4,5% em relação ao ano anterior. Apesar disso, há muito mais presos do que vagas no sistema. Com efeito, ainda há um *déficit* de 171.636 vagas no sistema prisional. A maior defasagem permanece para as vagas destinadas aos homens do regime fechado: 91.323. Não obstante a defasagem de vagas, a taxa de aprisionamento é de 304,10 por 100 mil habitantes, considerada muito alta para os padrões mundiais. Além disso, 41,9% da população carcerária está na faixa etária entre 18 e 29 anos, e 95,71% das pessoas presas são homens (WORLD PRISON BRIEF et al., 2022).

As penitenciárias brasileiras são ocupadas por 67,34% de pessoas autodeclaradas negras, sendo 17,33% autodeclaradas pretas e 50,01% pardas (BRASIL, 2022). De outro lado, 70% das pessoas privadas de liberdade foram condenados por crimes contra o patrimônio e tráfico de drogas, crimes relacionados à conquista de bens ou renda. Do total da população carcerária, 95,52% são pessoas do sexo masculino, sendo que 43,15% são de homens entre 18 e 29 anos. Por sua vez, o estado civil predominante nas cadeias brasileiras é de solteiros (78,07%), seguidos por uniões estáveis (10,48%) e casados (8,98%). Por sua vez, a escolaridade teve os seguintes registros: analfabetos, 2,51%; com ensino fundamental incompleto, 24,04%; com ensino fundamental completo, 13,72%; superior incompleto, 0,46%; e, com nível superior completo, 0,83% (BRASIL, 2018).

Embora não haja uma expressa seletividade racial, agências policiais e judiciárias pátrias concretizam-na em suas atuações. No plano da racionalidade formal das regras que orientam os atores, segundo Carvalho (2015), inexistem diretrizes vigentes e válidas que permitam perceber ou até mesmo justificar uma atuação seletivamente racista do sistema penal. Em uma perspectiva material, os dados indicam o agir seletivo das instituições punitivas, naturalizando práticas racistas pelos poderes constituídos (CARVALHO, 2015).

O sistema de justiça penal reproduz as "metarregras" (CARVALHO, 2015, p. 629), que regem a ação dos atores das agências, e promove a seletividade penal aprisionando, como regra, homens, jovens e negros. Neste sentido, o "caráter seletivo e desigual da intervenção punitiva brasileira já vem marcado no próprio processo de identificação criminal dos inicialmente suspeitos e mais tarde condenados e egressos de nosso sistema prisional" (FERRAZ; JOFFILY, 2019, p. 83). Essas observações se mostraram oportunas para compreensão do importante papel que deve ter a sociedade, em seus espaços de falar, como é o Conselho da Comunidade, para propor iniciativas e ações que redesenham o cenário das políticas públicas para que sejam mais inclusivas e menos excludentes.

A baixa escolaridade da população carcerária também revela o desafio que a política pública do sistema penal brasileiro tem pela frente, uma vez que 281.780 presos possuem apenas o ensino fundamental incompleto. Isso significa que 46,66% dos presos necessitam de complementação básica dos currículos escolares para a formação e qualificação mínima para o retorno ao convívio em sociedade. Portanto, essa educação é tanto para a sua escolarização (formação dentro do sistema oficial de ensino) e profissionalização (formação para o mundo do trabalho) (PEREIRA, 2011).

4 EXCLUSÃO SOCIAL E CRIMINALIDADE

A exclusão social é algo que pode se apresentar antes na vida do sujeito que comete um ato infracional e que continua se manifestando e interferindo sua vida, durante e depois que ele cumpre a pena que lhe cabe, uma vez que a sociedade demonstra clara resistência em reinseri-lo ao seu convívio (BATACLINE; JÚNIOR, 2014).

O crime se desenvolve por demanda (BATACLINE; JÚNIOR, 2014). Parcela da sociedade que não dispõe de poder aquisitivo mínimo para as necessidades básicas está inserida no contexto de baixa escolarização, falta de experiência profissional, dentre outros fatores que impedem a inclusão social plena. Esse contexto de exclusão possui relação com o ingresso na criminalidade, em especial contra o patrimônio e o tráfico de drogas. Aliás, esses tipos de delitos constituem 70% da capitulação penal das pessoas privadas de liberdade nos estabelecimentos penais brasileiros (BRASIL, 2023).

A marginalização pode não ser o único fator determinante para a formação do delinquente, mas é certo que a criminalidade e a exclusão social andam juntas (BATACLINE; JÚNIOR, 2014). Contudo, isso não significa que o socialmente excluído será seletivamente escolhido pelas instituições de controle penal. Ela pode contribuir para que o marginalizado percorra o caminho, infringindo as leis e, futuramente, indo para o confinamento das penitenciárias. A exclusão social é tratada pelo sistema penal com ainda mais exclusão.

Nesse contexto, para romper o ciclo de exclusão social, o Conselho da Comunidade possui a missão institucional de aproximar a sociedade livre de sua parcela encarcerada e promover o resguardo da dignidade humana da pessoa privada de liberdade. A Lei de Execução Penal (art. 80) prevê que essa política pode ser articulada por quem realmente sofre as agruras das exclusões sociais que o cárcere produz: o povo. Este, inclusive, não compreendido como um dado, um sujeito histórico fetichizado, mas sim como um ato político, como crítico da realidade, com vontade de viver e que deve buscar uma ordem política mais igualitária (LUNARDI, 2019).

Aliás, quanto mais seriamente uma sociedade leve a ideia de igualdade política como princípio reitor, mais limitado será o uso do encarceramento (FERRAZ; JOFFILY, 2019). Como ato político e crítico da realidade, é possível criar o ambiente propício para, à luz da filosofia política crítica descrita por Dussel (1996) para a América Latina, construir o ambiente para uma democracia comunitária e emancipadora, pensada a partir dos excluídos em que se pode colocar foco nos saberes locais e nos saberes dominados, devolvendo ao povo a centralidade do poder político (LUNARDI, 2019).

Nesse contexto, é importante considerar que exclusão via encarceramento, principalmente em sua expressão massiva, pode inviabilizar a construção da cidadania a larguíssimos contingentes populacionais. Exemplo disso diz respeito à identificação da clientela preferencial apenas para o controle penal, deixando de fora os registros civis, requisitos formais mínimos para participação e construção política e cidadã de uma sociedade democrática (FERRAZ; JOFFILY, 2019).

Frente a essa conjuntura, o Poder Público tem a obrigatória responsabilidade de, junto com a sociedade, reabrir a reflexão para a reintegração social em que a sociedade se reconheça no cárcere e este possa reconhecer-se como integrante do corpo social (BARATTA, 2011). O Conselho da Comunidade, na construção efetiva da participação do povo (pessoas da sociedade civil), tem relevante atuação quando fundamentado na defesa de direitos da pessoa presa e como incentivador de práticas direcionadas ao resguardo da dignidade humana no cárcere (GOUVEIA; BARBOSA, 2022).

O cenário de abandono e de violações a direitos da pessoa humana dentro do cárcere é uma realidade que afronta o próprio Estado Democrático de Direito e, ao ser descortinada, impõe para o Poder Público e para sociedade o dever de reescrever a história do serviço penitenciário e da pessoa privada de liberdade ou dos egressos do sistema prisional. Nesse ínterim, ao lado da importância institucional, emerge para o Conselho da Comunidade a necessidade prática de aproximar a sociedade livre de sua parcela encarcerada, a fim de promover o resguardo da dignidade humana da pessoa privada de liberdade.

5 O PAPEL DO CONSELHO DA COMUNIDADE NA EXECUÇÃO PENAL: UM ESTUDO DE CASO

A fim de analisar a função institucional do Conselho da Comunidade e a sua atuação na prática, bem como aferir os seus resultados, é importante a abordagem na forma de estudo de caso. Nesta pesquisa, foi escolhido o Conselho da Comunidade com atuação na Comarca de Macapá, que abrange a execução penal em todo o Estado do Amapá.

Inicialmente, realiza-se uma abordagem jurídico-normativa do Conselho. A seguir, para permitir a contextualização da população carcerária, há uma apresentação dos dados estatísticos para o perfil da pessoa presa no estado do Amapá. Neste particular, convém esclarecer que está localizado em Macapá a única unidade prisional do Estado do Amapá, à exceção da cadeia pública de Oiapoque, destinada a presos provisórios do gênero masculino. Os números apresentados não levarão em consideração tal ambiente prisional. Por fim, analisam-se as duas principais parcerias do Conselho da Comunidade, notadamente a realizada com o Estado do Amapá e a parceria com o Município de Macapá.

5.1 A instituição do Conselho da Comunidade do Macapá: análise jurídico-normativa

O conselho da comunidade, como órgão da execução penal, possui, segundo a Lei de Execução Penal (art. 81), as funções de "visitar, pelo menos mensalmente, os estabelecimentos penais existentes na comarca", "entrevistar presos", "apresentar relatórios mensais ao Juiz da execução e ao Conselho Penitenciário" e diligenciar a obtenção de recursos materiais e humanos para melhor assistência ao preso ou internado, em harmonia com a direção do estabelecimento" (BRASIL, 1984). Sua composição se dará com, na forma do artigo 80 da mesma Lei, no mínimo, um "representante da associação comercial ou industrial", um "advogado indicado pela Seção da Ordem dos Advogados do Brasil", um "Defensor Público indicado pelo Defensor Público Geral" e um "assistente social escolhido pela Delegacia Seccional do Conselho Nacional de Assistentes Sociais" (BRASIL, 1984).

Apesar dessa formatação aparentemente dura da composição do Conselho, vinculando a escolha de seus membros a instituições específicas, há, no ordenamento jurídico brasileiro, a possibilidade de instalação comunitária com a presença de outros segmentos sociais quando na falta da representação acima (art. 80, LEP), quando "ficará a critério do Juiz da execução a escolha dos integrantes do Conselho" (BRASIL, 1984). Essa permissão legal surge como importante abertura para a participação democrática do povo em sua múltipla diversidade, cuja contribuição para os rumos da política de reintegração social do egresso aproxima-se com maior legitimidade dos dilemas sociais decorrentes da marginalização que a sociedade latino-americana tende a reproduzir.

A LEP, neste sentido, busca trazer pessoas da sociedade civil para compor esse órgão da execução penal para "reforçar o papel do Conselho da Comunidade como agente ativo articulador e mobilizador de direitos no âmbito da execução penal" (BRASIL, 2023). A natureza jurídica de tal órgão e sua contribuição para as políticas penais são destacadas na Resolução nº 488/2023 do Conselho Nacional de Justiça.

Antes de analisar a atuação do Conselho da Comunidade, é relevante compreender o perfil da população carcerária do Estado do Amapá.

5.2 O perfil da população carcerária

Este trabalho destina-se a estudar o Conselho da Comunidade vinculado à execução penal no Presídio de Macapá, única unidade prisional que contempla a execução penal no Estado do Amapá, Brasil.

O Sisdepen (2023), para o sistema prisional amapaense, noticia que o Estado possui 2.429 pessoas privadas de liberdade em celas físicas, excluídos os presos que estão sob custódia das Polícias Judiciárias, Batalhões de Polícias e Bombeiros Militares. Desses, 31,99% (777) são presos provisórios; 97,16% (2.360) são homens; e 2,84% (69) são mulheres. Da população de pessoas presas em celas físicas, 50,97% têm entre 18 e 29 anos, percentual equivale a 1.238 presos, entre homens e mulheres encarcerados.

Para o Amapá, a taxa de aprisionamento é de 276,77 pessoas por cada cem mil habitantes. Assim, está abaixo do índice nacional, mas ainda em patamar alto se comparado a outros Estados. Para a Região Norte, o Amapá ocupa a 4ª posição dentre os Estados com maior taxa de aprisionamento, ficando atrás dos Estados do Acre, Rondônia e Roraima. A média nacional dessa taxa, como demonstrado anteriormente, é de 304,10 pessoas por cada 100 mil habitantes. Há um *déficit* de 881 vagas no sistema prisional amapaense, segundo o Sisdepen (2023), uma vez que estão disponíveis 1.548 vagas[7] e a população prisional é de 2.429 pessoas. Como nos demais presídios do país, o Amapá também enfrenta a superlotação carcerária com todos os dilemas que essa realidade apresenta para o sistema prisional.

Em atividades laborais, são 477 pessoas, mas apenas 301 possuem dados coletados. Dessas, 77,74% (234) possuem remuneração nos moldes dos artigos 28 e 29 da Lei de Execuções Penais, entre 3/4, 1 e 2 salários-mínimos. De outro lado, há apenas 49,32% (146) dos presos possuem remuneração entre 1 e 2 salários-mínimos. Esse quadro está a indicar que a maioria não está inserida em atividade laboral. Além disso, grande parte dos presos, ainda que estejam inseridos em alguma atividade, não possui remuneração registrada, ou mais grave, executam atividades sem a percepção de remuneração pelo trabalho carcerário (somente remição, 67 pessoas).

No período de julho a dezembro de 2022, o Sisdepen (2023) registrou, para o Amapá, a população de 89,71% de pessoas negras (69,55% de pardos; 20,16% de pretos) e 10,08% de brancos. Não bastasse esse cenário de exclusão racial, a baixa escolaridade das pessoas que ocupam as vagas no sistema prisional dá conta de cenário de exclusão social que o sistema de justiça penal tem efetivado, pois são 1.303 pessoas com ensino fundamental incompleto (53,89% da população carcerária).

A população prisional amapaense, por fim, pode-se dizer, é, em sua maioria, de homens (97,16%), jovens (50,97%), pretos/pardos (89,71%) e com ensino fundamental incompleto (53,89%). Reflete, portanto, o cenário nacional de violência institucional seletiva, em termos de classe e raça, reforçando o processo de exclusão político-social prévios sobre parcelas da população, podendo-se falar em uma "sobre-exclusão" ou "sobreneutralização" via encarceramento (FERRAZ; JOFFILY, 2019, p. 83).

Com isso, ainda que haja um processo histórico colonial dos povos originários e anos de escravidão, consolidando o racismo como forma de dominação e racismo estrutural (FERRAZ; JOFFILY, 2019), há a necessidade de analisarmos, dentro deste contexto, espaços ou instituições que permitam

[7] Os dados são de janeiro a junho de 2022.

retomar o diálogo sociedade e cárcere em que a exclusão social, comumente relacionada à criminalidade, possa ser repensada e, se não superada, tenha seus efeitos deletérios mitigados.

5.3 Projetos e parcerias realizadas pelo Conselho da Comunidade do Macapá

A fim de analisar a atuação do Conselho da Comunidade de Macapá, realizou-se pesquisa documental, de modo a selecionar e analisar dois termos de colaboração/convênio, quais sejam, o termo de colaboração celebrado com o Estado do Amapá, por meio da Secretaria de Estado dos Transportes (SETRAP); e o convênio firmado com o *Município de* Macapá.

5.3.1 O Conselho da Comunidade e a parceria com o Estado do Amapá

Para esta parceria, analisou-se o termo de colaboração firmado pelo Estado do Amapá, por meio da Secretaria de Estado dos Transportes (SETRAP), e o Conselho da Comunidade de Macapá, cujo objetivo visa a inclusão social de 50 reeducandos que cumprem pena em regime aberto, semiaberto e egressos do sistema prisional, por meio de capacitação laboral, que atuarão nas Rodovias Estaduais, Prédios Públicos, áreas institucionais e outros da competência da SETRAP (ESTADO DO AMAPÁ; CONSELHO DA COMUNIDADE NA EXECUÇÃO PENAL DA COMARCA DE MACAPÁ, 2021).

Ao se analisar o objetivo do Termo de Colaboração, constata-se a atuação voltada para a inclusão social de "reeducandos". Aliás, convém assinalar que se denomina como reeducando o recluso que inicia o cumprimento da pena privativa de liberdade, tornando-se interno do sistema prisional (OLIVEIRA; RIBEIRO, 2021).

Destaca-se a previsão de que a inserção social se dará por meio da capacitação laboral. Embora não haja a descrição exata da formação profissional disponibilizada, é possível aferir do texto do documento oficial que ela será inerente à atuação nas rodovias estaduais, prédios públicos, áreas institucionais e outros de competência da Secretaria de Estado dos Transportes do Estado do Amapá. Constata-se que a capacitação está relacionada à limpeza e à conservação das rodovias e a outros ambientes. Para tanto, há a capacitação para o correto manuseio dos equipamentos utilizados nas atividades laborais.

Segundo o Termo de Colaboração, compete ao Conselho da Comunidade a escolha das pessoas que participam da capacitação. Entre as atribuições reservadas a esse órgão, no tocante à inclusão social, estão a "seleção, o acompanhamento e a capacitação" dos participantes. De igual modo, durante a atividade laboral diária, também compete ao Conselho "o monitoramento, o acompanhamento e fiscalização". Significativo para a inserção social está a atribuição de "realizar o acompanhamento psicossocial dos reeducandos". Por esses deveres estão subscritas responsabilidades ao Conselho da Comunidade de seleção e acompanhamento (na capacitação, execução da atividade laboral e de abordagem psicossocial) que sinalizam ativa contribuição desse órgão – e, portanto, da sociedade – na execução dessa parceria.

Outro ponto relevante do Termo de Colaboração diz respeito ao custeio da parceria pelo Poder Público. A disponibilização de recursos públicos como investimento social para o reingresso das pessoas oriundas do sistema prisional ao convívio em sociedade com mais condições de voltar a liberdade dentro de atividades lícitas e com acompanhamento psicossocial durante o processo de reintegração social.

Em um só investimento público, pode-se deduzir que se alcança: a) desenvolvimento do ser humano, capacitação profissional, inserção social e ressignificação do ser na sua individualidade e como membro da sociedade; b) manutenção/conservação de logradouros públicos; c) promoção de segurança pública. O desenvolvimento do ser humano ocorre quando se capacita, dá-lhe uma promissão e um trabalho digno, acompanha e remunera a atividade laboral e reinsere-o na sociedade. O apenado retoma a própria autoestima, muitas vezes perdida pela prisionização, e "passa a ver-se como um indivíduo produtivo e capaz" (LUNARDI; NÓBREGA, 2004). A manutenção e conservação das rodovias, ramais e estradas vicinais estaduais representam o cuidado com os bens públicos. Promove-se segurança pública, com efeito, quando, dessa parceria, ao dar oportunidade de trabalho digno, evita-se o reingresso dos participantes em atividades ilícitas.

O Estado do Amapá, com a dotação orçamentária R$ 950.730,00 no período de 12 meses, tem, segundo o Termo de Colaboração nº 001/2021-SETRAP/GEA/CCEP a obrigação de "assegurar e repassar os recursos alocados para atender aos objetivos do presente Termo conforme descrito no Plano de Trabalho" (ESTADO DO AMAPÁ; CONSELHO DA COMUNIDADE NA EXECUÇÃO PENAL DA COMARCA DE MACAPÁ. 2021, p. 1).

Com a segurança do repasse do recurso público, constitui obrigação do Conselho da Comunidade na Execução Penal da Comarca de Macapá executar o investimento com as obrigações de seleção e acompanhamentos descritos. Além dessa obrigação, destaca-se a de repassar os valores para cada uma das pessoas oriundas do sistema prisional e que serão os beneficiários diretos da parceria. A sustentabilidade da parceria garante também a política de fortalecimento dos Conselhos das Comunidades, bem como a previsão de pagamento de multas penais e custas processuais. Com efeito, "de cada valor de um salário mínimo pago pelo ESTADO (SETRAP/GEA)", destina-se "o valor de 80% (oitenta por cento) para cada um dos reeducandos inseridos no Convênio"; "o valor de 10% (dez por cento) para a Vara de Execuções Penais-VEP para pagamento de multas e custas processuais dos reeducandos"; e os restantes "10% (dez por cento) manter em conta do CCEP, como taxa administrativa do presente Convênio, após os repasses mensais terem sido efetivados na conta-corrente da ENTIDADE pelo ESTADO – (SETRAP/GEA)" (ESTADO DO AMAPÁ; CONSELHO DA COMUNIDADE NA EXECUÇÃO PENAL DA COMARCA DE MACAPÁ. 2021, p. 2).

A esse respeito, a Lei de Execuções Penais brasileira (art. 28) estabelece que "o trabalho do condenado, como dever social e condição de dignidade humana, terá finalidade educativa e produtiva" (BRASIL, 1984). Para tanto, conforme o artigo 29 da mesma Lei, "o trabalho do preso será remunerado, mediante prévia tabela, não podendo ser inferior a 3/4 (três quartos) do salário mínimo" (BRASIL, 1984). Além de cumprir esse regramento, uma vez que o valor da contraprestação pecuniária está acima dos 75% (3/4) do salário-mínimo – visto que há o pagamento de 80% para cada reeducando –, a parceria assegurou renda aos beneficiários e sustentabilidade financeira ao Conselho da Comunidade, de forma a possibilitar o cumprimento das obrigações inerentes à seleção e acompanhamento dos egressos durante a capacitação, atividade laboral e atendimento psicossocial como finalidade principal da reintegração social.

5.3.2 O Conselho da Comunidade e a parceria com o Município de Macapá

Nesta parceria, analisou-se o Termo de Convênio nº 005/2021-PMM/CCEP, primeiro instrumento formalizado entre os dois entes e mereceu a observação de como os municípios podem contribuir para a reintegração social das pessoas oriundas do sistema prisional, na condição de cumpridor de pena privativa de liberdade ou na condição de egresso. Para que isso ocorra, no ordenamento jurídico brasileiro, não é da competência legislativa ou material dos municípios disciplinar sobre segurança pública ou de direito penitenciário. Todavia, a Constituição Federal (especialmente no art. 23), ao dispor, sobre a competência comum da União, dos Estados, do Distrito Federal e dos Municípios de combater a pobreza e os fatores de marginalização social (BRASIL, 1988), autoriza os municípios a atuarem nas reduções de vulnerabilidades daqueles que, a partir da exclusão natural e imanente que o cárcere produz, estarão de volta à sociedade por meio da reintegração social.

O Termo de Convênio 005/2021-PMM/CCEP trouxe como objeto a inclusão social de 40 reeducandos do regime aberto, semiaberto e egressos do regime prisional, por meio da capacitação laboral, com dotação orçamentária de R$785.594,00 (TERMO DE CONVÊNIO Nº 0005/2021-PMM-CCEP, 2021). Para tanto, o Município de Macapá designou instrutores para acompanhar, instruir, supervisionar, acompanhar e fiscalizar a capacitação e a execução dos serviços a serem executados.

Por sua vez, as obrigações do Conselho da Comunidade na Execução Penal da Comarca de Macapá, que merecem registro para os fins deste trabalho, estão dispostas da seguinte forma no Termo de Convênio 005/2021-PMM/CCEP:

> b) Realizar a seleção, acompanhamento e avaliação dos reeducandos de regime aberto, semiaberto e egressos, com homologação no ingresso dos mesmos no presente Termo; [...] d) Realizar monitoramento, acompanhamento e fiscalização diária dos reeducandos durante as atividades laborais; e) Realizar acompanhamento psicossocial dos reeducandos; [...] g) Repassar (de cada valor de um salário mínimo pago pela CONVENENTE): o valor de 80% (oitenta por cento) para cada um dos reeducandos inseridos no Convênio; o valor de 10%

> (dez por cento) para a Vara de Execuções Penais-VEP para pagamento de multas e custas processuais dos reeducandos e os restantes 10% (dez por cento) manter em conta do CCE, como taxa administrativa do presente Convênio, após os repasses mensais terem sido efetivados na conta corrente do PROPONENTE pelo CONVENENTE; h) Conceder o Auxílio financeiro, do valor referente às despesas de vales-transportes a cada um dos 50 (cinquenta) reeducandos beneficiários do presente Termo, após os repasses mensais terem sido efetivados na conta corrente do PROPONENTE pelo CONVENENTE; i) adquirir e disponibilizar para cada reeducando, uniformes, EPIs, ferramentas e alimentação para o desenvolvimento da capacitação laboral, após os repasses mensais terem sido efetivados na conta corrente do PROPONENTE pelo CONVENENTE (TERMO DE CONVÊNIO 005/2021-PMM/CCEP, p. 2-3)

O Conselho da Comunidade na Execução Penal da Comarca de Macapá e o Município de Macapá também inauguram uma atenção especial e sustentável às pessoas oriundas do sistema prisional. O valor contraprestação pecuniária está acima dos 75% (3/4) do salário-mínimo – visto que há o pagamento de 80% do salário mínimo para cada reeducando. Assim, assegura renda aos beneficiários e sustentabilidade financeira ao Conselho da Comunidade. Na pesquisa exploratória realizada sobre as disposições do Termo de Convênio 005/2021-PMM/CCEP, a parceria caracterizou-se por sua sustentabilidade financeira e administrativa.

Ao Conselho da Comunidade, essa sustentabilidade se diz respeito à capacidade de gerir-se e organizar a seleção, o acompanhamento e a disponibilização de todos os elementos necessários para promover a reintegração social das pessoas oriundas do sistema prisional. Aos beneficiários, garante o pagamento da prestação pecuniária pelo trabalho prestado, ainda que tenha natureza de inclusão social. Assim, representa uma oportunidade que a exclusão do cárcere geralmente não permite, por preconceitos ou outros obstáculos que a pena privativa de liberdade impõe à pessoa segregada.

Além disso, ao Poder Público, a parceria traduz-se em fortalecimento da política de reintegração social e mão-de-obra para realização de obras e serviços públicos. O Município de Macapá, ao pactuar o convênio, o fez por meio da Secretaria Municipal de Zeladoria Urbana, a qual, segundo a Lei Complementar nº 136/2020, do Município de Macapá, compete a administração de logradouros públicos, a coleta domiciliar, comercial e hospitalar de resíduos sólidos, a limpeza de vias e logradouros públicos, a destinação final do lixo, especialmente os de implantação do aterro sanitário e de reaproveitamento, beneficiamento e reciclagem. Neste cenário de atribuições, também compete à Secretaria a manutenção dos cemitérios públicos, tarefa que, juntamente com as demais, revela que a reintegração social, nesta parceria, trará a conservação e limpeza dos logradouros públicos e o cuidado especial com a cidade de Macapá.

5.4 A Atuação e Resultados do Conselho da Comunidade do Macapá

No Amapá, o Conselho da Comunidade foi instalado em 24 de novembro de 2007, por meio da Ata nº 01/2007. Para além das atribuições previstas na LEP e na Resolução nº 488/2023 do CNJ, o "Relatório de Execução de Atividades", descreve que "as ações de ressocialização de apenados dos regimes fechado, aberto, semiaberto e egresso desenvolvidas pelo CCEP por meio da capacitação laboral lícita têm importante papel na reinserção social e resgate da cidadania de cada ressocializando" (TENÓRIO, 2023, p. 1). Neste sentido, a atuação de reintegração social por meio da capacitação e atividade laboral alcança 427 vagas destinadas às pessoas oriundas do sistema prisional, com o pagamento de contraprestação pecuniária descrita na Lei nº 7.210/1984, sem descurar da atuação fiscalizadora do ambiente prisional.

Há dois projetos complementares ao serviço de capacitação e atividade laboral destinados aos beneficiários e suas famílias (contemplando inicialmente 20 famílias), os quais têm por objetivos "prestar assistência aos reeducandos inseridos no CCEP com o valor total de R$ 131.040,00" (TENÓRIO, 2023, p. 4) e tem por objeto oferecer acompanhamento psicológico aos reeducandos e às famílias de vítimas, no valor de R$ 78.000,00, cuja vigência se estende de 01 de janeiro a 31 de dezembro de 2023 (TENÓRIO, 2023, p. 4).

Entre as ações mais importantes para reintegração social, está o "Projeto Reconstruindo a Paz", que tem como objetivo geral selecionar os beneficiários e, como objetivos específicos, acompanhar e prestar serviços sociais (TENÓRIO, 2023). Os resultados desse primeiro ano de ação do referido projeto foram assim descritos em quadro resumo cuja descrição está na seguinte tabela:

Tabela 1 – Resultados do primeiro ano do Projeto "Reconstruindo a Paz"

n.º	Descrição	Quantitativo
01	Atendimentos e acolhimento de beneficiários inseridos;	120
02	Visita domiciliar de famílias selecionadas;	14
03	Encaminhamentos para o Escritório Social para atendimento social e retirada de documentos;	51
04	Encaminhamentos com agendamentos para o Hospital do Amor, para realização de exames PCCU e Mamografia de beneficiárias e membros da família;	17
05	Encaminhamento para atendimento com a psicológica do CCEP;	15
06	Doação de cestas básicas ofertadas pelo CCEP;	33
07	Aluguel social para beneficiaria;	05
08	Encaminhamentos com agendamento para Casa do Bolsa para atualização do CADÚNICO;	07
09	Acompanhamento no desempenho escolar em cursos realizado no Serviço Nacional de Aprendizagem Industrial –SENAI, oferecidos pela Fundação Banco do Brasil, através do CCEP – 06 cursos com 20 alunos por turma.	120

Fonte: Relatório de execução de atividades do CCEP.

A capacitação e a inserção em atividade laboral constituem os objetivos principais do Projeto, e, portanto, são as principais intervenções para viabilizar a reintegração social das pessoas egressas, como fonte de renda e de melhoria financeira a produzir aceitação social (CHAVES et al., 2021). Todavia, há outras modalidades de contribuições que facilitam o apoio ao participante e à família que viabilizam a caminhada de retorno ao convívio social. Os registros acima descritos indicam atenção básica e integral à pessoa do egresso e de seus familiares.

Os serviços de assistência social (custeio das despesas de aluguéis, fornecimento de cestas básicas, emissão de documentos civis e militar, inserção ao CADÚNICO para recebimento de assistência financeira), de assistência à saúde física (encaminhamentos para a realização de exames médicos) e à saúde psicológica (atendimentos psicológicos) são ações que melhoram a assistência ao preso, como estabelece o art. 81, IV, da LEP.

Essa atuação do Conselho tem se mostrado essencial para melhoria das condições carcerárias e para o atendimento aos egressos e às suas famílias (JASCHE; SILVA, 2019). Capacitação, trabalho e assistência social são elementos essenciais para a reintegração social de quem foi submetido à natural exclusão que a pena privativa de liberdade produz. A propósito, ao receber uma profissão, o apenado conquista uma nova chance de reescrever sua história, de forma honesta e digna (OLIVEIRA; RIBEIRO, 2021).

6 CONSIDERAÇÕES FINAIS

Este capítulo, inicialmente, abordou a execução penal no Brasil e analisou os dados estatísticos do sistema prisional brasileiro. Nesse tocante, foi possível observar que o encarceramento produz, como mecanismo de repetição, a exclusão social, reproduzindo os dilemas estruturais do sistema carcerário fomentador da criminalidade.

Com efeito, as pessoas que ocupam as prisões no país estão, majoritariamente, na condição de deserdados sociais. Em sua maioria, trabalham na economia informal, possuem baixa renda, pouca escolaridade, são negros (pretos e pardos) e não têm acesso específico a programas governamentais de apoio às famílias. A população carcerária, antes e depois da institucionalização, carrega, no cárcere e com o cárcere, a sina da segregação que caracteriza a sociedade excludente (YOUNG, 2002).

Após conhecer o perfil da população carcerária no Brasil e se realizar abordagem crítico-dialética com revisão de literatura, buscou-se analisar a atuação do Conselho da Comunidade na execução penal. Por ser órgão plural, tem a missão de romper com o ciclo de exclusão, ao aproximar o apenado da reintegração e da reinserção na sociedade, sobretudo com oportunidades para capacitação profissional e trabalho remunerado, dando-lhe possibilidades para a libertação, autonomia e para uma vida digna.

A fim de investigar a atuação concreta do Conselho da Comunidade e as possibilidades existentes, foi utilizada a metodologia estudo de caso, elegendo-se para análise o Conselho da Comunidade da Comarca de Macapá, Estado do Amapá, Brasil. Partiu-se da análise jurídico-normativa e revisão de textos científicos, para, a seguir, analisar o contexto, a partir de pesquisa documental, que permitiu conhecer o perfil dos encarcerados no Estado do Amapá. Após, também com base na pesquisa documental, analisaram-se as parcerias mais importantes formalizadas com Poder Público, por meio de informações colhidas junto ao Conselho da Comunidade da Comarca de Macapá, bem como os resultados da sua atuação.

Observa-se que o Conselho da Comunidade de Macapá buscou, junto ao Poder Público e à iniciativa privada, parcerias para fornecer capacitação e atividade laboral lícita às pessoas em cumprimento dos regimes semiaberto, aberto e egressos do sistema prisional. As parcerias mais importantes e catalogadas na pesquisa documental, ao menos em termos de dotação orçamentária, se deram com o Estado do Amapá, por meio da Secretaria de Estado dos Transportes, e com o Município de Macapá (capital do Estado do Amapá).

A análise desses dois principais convênios revela o formato e a atuação do Conselho da Comunidade para fomentar a capacitação dos apenados beneficiados para o mercado de trabalho, além de contribuir com o Poder Público para a distribuição de renda e assistência que possam permitir condições mínimas para a reintegração social das pessoas cumpridoras do regime semiaberto e aberto.

Com efeito, observando-se a execução desses convênios, foi possível constatar que esse formato de parceria é capaz de garantir: a) desenvolvimento humano do apenado, com capacitação profissional, exercício de trabalho remunerado, reinserção social e ressignificação do ser, enquanto indivíduo e enquanto membro da sociedade; b) sustentabilidade da atuação do Conselho da Comunidade, que recebe 10% do salário mínimo pago a cada apenado; c) cumprimento efetivo da execução penal, pois 10% do valor é destinado a pagar a multa penal aplicada ao apenado beneficiário e as custas processuais; e d) obras e serviços públicos realizados a partir da mão-de-obra dos apenados.

Assim, a partir desses convênios, o Conselho da Comunidade efetivamente pode "mobilizar recursos materiais e humanos para execução de projetos e ações voltadas para garantia de direitos das pessoas privadas de liberdade" (BRASIL, 2023). Essas parcerias também permitem redesenhar a importância da capacitação e da atividade laboral lícita como uma realidade opcional para quem vivenciou a exclusão social e as violações de direitos no interior do cárcere. Além disso, trata-se de projetos exequíveis e que podem facilmente ser exportados para a execução penal em outros Estados, a ser fomentada pelos conselhos da comunidade, pois demonstram que há sustentabilidade financeira e administrativa da política de reintegração social.

O modelo estudado contempla a finalidade da pena privativa de liberdade de prevenir futura prática de conduta delitiva, denominada de prevenção especial calcada no tratamento penal (BITTENCOURT, 2017). Assim, atuação do Conselho da Comunidade na execução penal, com suas parcerias com o Poder Público, pode ser uma oportunidade de redesenho da realidade de exclusão social e promover, por outro lado, a reintegração social.

REFERÊNCIAS

BARATTA, Alessandro. **Criminologia Crítica e Crítica do Direito Penal: introdução à sociologia do direito penal.** 6 ed. Rio de Janeiro: Revan, 2011.

BATACLINE, Daniela Helena e JUNIOR, Rubens Correia. Reflexões Sobre a Exclusão Social no Sistema Prisional e Suas Consequências na Reintegração Social. **Brazilian Journal of Forensic Sciences: Medical Law and Bioethics**, Ribeirão Preto, SP, Brasil, p. 148–164, 2014. DOI: http://dx.doi.org/10.17063/bjfs3-2-y2014148.

BITTENCOURT, Cezar Roberto. **Falência da Pena de Prisão:** Causas e Alternativas. 5. ed. São Paulo: Saraiva, 2017.

BRASIL. **Conselho Nacional de Justiça. BNMP 2.0. Banco Nacional de Monitoração das Prisões.** Disponível em: https://www.cnj.jus.br/wp-content/uploads/conteudo/arquivo/2018/08/57412abdb54eba909b3e1819fc4c3ef4.pdf. Acesso em: 27 set. 2021.

BRASIL. **Constituição Federal de 1988**. Promulgada em 5 de outubro de 1988. Disponível em: http://www.planalto.gov.br/ccivil_03/constituicao/constituicaocompilado.htm. Acesso em: 12 jul. 2023.

BRASIL. **Lei nº 7.210, de 11 de julho de 1984.** Institui a Lei de Execução Penal. Disponível em: http://www.planalto.gov.br/ccivil_03/leis/l7210.htm. Acesso em: 16 abr. 2023.

BRASIL. Ministério da Justiça. Secretaria Nacional de Políticas Penais. Sistema de Informações do Departamento Penitenciário Nacional. **Dados Estatísticos do Sistema Penitenciário**, 2022. Disponível em: https://www.gov.br/senappen/pt-br/pt-br/servicos/sisdepen. Acesso em: 17 jul. 2023.

CARVALHO, Saulo. **O Encarceramento seletivo da juventude negra brasileira: a decisiva contribuição do Poder Judiciário**. Rev. Fac. Direito UFMG. v. 67, p. 623–652, 2015. Disponível em: https://www.direito.ufmg.br/revista/index.php/revista/article/view/1721. Acesso em: 11 jul. 2023.

CHAVES, Gesline Cavalcante; TEIXEIRA, Paulo Tadeu Ferreira; MARANHÃO, Thércia Lucena Grangeiro. **Direitos dos Presos e Reinserção Social de Ex-presidiários pelo Trabalho: Uma Revisão Sistemática.** Revista de psicologia, v. 15, n. 57, p. 975-996, 2021.Disponível em: https://idonline.emnuvens.com.br/id/article/view/3265. Acesso em: 15 jul. 2023.

DUSSEL, Enrique. **Filosofía de la liberación.** 4. ed. Nueva América: Bogotá, 1996.

ESTADO DO AMAPÁ; CONSELHO DA COMUNIDADE NA EXECUÇÃO PENAL DA COMARCA DE MACAPÁ. **Termo de Colaboração nº 001/2021-SETRAP/GEA--CCEP.** 2021.

FERRAZ, Hamilton Gonçalves; JOFFILY, Tiago. Democracia e encarceramento em massa: provocações de teoria política ao estado penal brasileiro. **Revista Brasileira de Ciências Criminais**, v. 152, p. 383–422, 2019. Disponível em: https://www.academia.edu/38254886/Democracia_e_encarceramento_em_massa_provoca%C3%A7%C3%B5es_de_teoria_pol%C3%ADtica_ao_Estado_penal_brasileiro. Acesso em: 8 jul. 2023.

GOUVEIA, Alania Maria Leal; BARBOSA, Wendell de Freitas. Dignidade no cárcere: relato de experiência sobre a atuação do Conselho da Comunidade Carcerária em Juazeiro do Norte – CE. **EntreAções: diálogos em extensão**, v. 3, n. 1, p. 112–117, 2022. DOI: https://doi.org/10.56837/EntreAcoes.2022.v3.n1.830.

JASCHE, Gabriela Manfio e SILVA, Elizete Mello Da. **Conselho da comunidade: a representação e Intermediação da comunidade com os presos, internos e Egressos.** Revista INTELECTO Produção Científica Fema, v. 2, p. 1–6, 2019. Disponível em: https://fema.edu.br/images/fema/pesquisa/Intelecto/Intelecto2019/CONSELHO_DA_COMUNIDADE.pdf. Acesso em: 11 jul. 2023.

LUNARDI, Fabrício Castagna. Democracia na tensão entre o conservadorismo e a utopia: por uma reorientação constituinte de sentido a partir dos movimentos sociais e das manifestações populares. **Revista Brasileira de Estudos Políticos**, n. 119, p. 81-115, jul.-dez. 2019.

LUNARDI, Fabrício Castagna; NÓBREGA, Flávia Rigo. Participação da comunidade: realidades e perspectivas na execução penal. **Sociais e Humanas**, v. 17, p. 117-127, 2004.

MAIA, Roque Alexandre Soares et al. Sistema prisional brasileiro e o cumprimento da lei de execução penal frente aos direitos e deveres do preso–revisão 2021. **Revista Ibero-Americana de Humanidades, Ciências e Educação**, p. 10-55, 2021. Disponível em: https://periodicorease.pro.br/rease/article/view/1851. Acesso em: 15 jul. 2023.

MUNICÍPIO DE MACAPÁ; CONSELHO DA COMUNIDADE NA EXECUÇÃO PENAL DA COMARCA DE MACAPÁ. Termo de Convênio nº 0005/2021-PMM-CCEP. 2021

OLIVEIRA, Tarsis Barreto; RIBEIRO, José Roberto Ferreira. A assistência ao preso durante a execução da pena e sua influência na reinserção social do apenado. **Revista vertentes do direito**, v. 8, n. 2, p. 367–387, 2021. DOI: 10.20873/uft.2359-0106.2021.v8n2. Disponível em: https://sistemas.uft.edu.br/periodicos/index.php/direito/article/view/11633. Acesso em: 12 jul. 2023.

PEREIRA, Antonio. A educação-pedagogia no cárcere, no contexto da pedagogia social: definições conceituais e epistemológicas. **Revista de Educação Popular**, v. 10, p. 38–55, 2011. DOI: 10.14393/REP-2011-20214. Acesso em: 11 jul. 2023.

SALTIEL, Ramiro Gomes Von. Jurisdição penal e proporcionalidade: linhas sobre a proteção de direitos fundamentais na execução penal. **Cadernos de Direito**, v. 21, n. 40, p. 101–129, 2022. DOI: 10.15600/2238-1228/cd.v21n40p101-129.

TENÓRIO, Maria Alice Ramalho de Oliveira. **Relatório de Execução de Atividades: Período setembro de 2022 a abril de 2023**. Macapá: Conselho da Comunidade na Execução Penal da Comarca de Macapá, 2023.

WORLD PRISON BRIEF; INSTITUTE FOR CRIME & JUSTICE POLICY RESEARCH; BIRKBECK UNIVERSITY OF LONDON. **World Prison Brief data, 2022.** Disponível em: https://www.prisonstudies.org/world-prison-brief-data. Acesso em: 17 dez. 2022.

YOUNG, Jock. **A sociedade excludente: exclusão social, criminalidade e diferença na modernidade recente** (Trad. Renato Aguiar). Rio de Janeiro: Revan: Instituto Carioca de Criminologia, 2002.

CAPÍTULO 2

DESAFIOS À REDUÇÃO DO ENCARCERAMENTO PROVISÓRIO NO BRASIL: O PAPEL DA MAGISTRATURA PARA UM SISTEMA DE JUSTIÇA MAIS HUMANO E EFETIVO

Rosimeire Ventura Leite[1]
Fátima Aurora Guedes Afonso Archangelo[2]

SUMÁRIO

1. Introdução. 2. Decisões judiciais e encarceramento provisório: contextualização fática e avaliação crítica externa. 2.1 O fenômeno do encarceramento provisório em dados: o contexto luso e o brasileiro. 2.2 A crítica externa sobre a atuação judicial em relação ao fenômeno do encarceramento provisório no Brasil. 2.2.1 Rótulos e sujeição criminal: delimitando conceitos. 2.2.2 A avaliação crítica dos cientistas sociais à prática judicial penal: segregação étnico-racial por encarceramento. 2.2.3 Segregação étnico-racial por

[1] Pós-Doutora em Direito pela Universidade de Bologna – Itália. Doutora em Processo Penal pela Universidade de São Paulo – USP. Mestre em Direito pela Universidade Federal do Ceará – UFC. Professora do PPGPD/ENFAM. Pesquisadora do GP/ENFAM Poder Judiciário, Direitos Fundamentais e Jurisdição Penal. Juíza de Direito (TJPB). E-mail: rosimeirevleite@gmail.com. ORCID: 0000-0002-4546-5616. Lattes: http://lattes.cnpq.br/7990080162813390.
[2] Mestranda em Direito e Poder Judiciário pelo PPGPD/ENFAM (2021-2023). Integrante do GP/ENFAM Poder Judiciário, Direitos Fundamentais e Jurisdição Penal. Coordenadora do Centro Judiciário de Conciliação da Subseção Judiciária de Uberaba-MG e respectivo Núcleo de Práticas Restaurativas. Juíza Federal (TRF-6). E-mail: farchangelo@hotmail.com ORCID: 0000-0002-2780-8830. Lattes: http://lattes.cnpq.br/0835200279576994.

encarceramento provisório. 3. A tomada de decisão cautelar penal: excepcionalidade e esforço argumentativo. 4. Conclusão. Referências.

1 INTRODUÇÃO

"Todos os seres humanos nascem livres e iguais em dignidade e em direitos. Dotados de razão e de consciência, devem agir uns para com os outros em espírito de fraternidade" (art. 1º da Declaração Universal dos Direitos Humanos, de 1948[3]). Introduzir enunciando os interesses universalizáveis a que este texto evoca é opção consciente que se adota para dar relevo à regra geral (liberdade pessoal, igualdade, dignidade humana) que se pretende fazer prevalecer por "práticas judiciárias de interpretação e aplicação da prisão preventiva de cariz mais *civilizado, racional* e *restritivo*"[4].

A despeito do ideário humanista e do caráter excepcionalíssimo que deve revestir a custódia cautelar, a prisão processual no Brasil atinge patamares elevados, que mantêm o Brasil em posição constrangedora no *ranking* de países com maior percentual de presos provisórios do mundo. A respeito, Suxberger[5], ao analisar dados divulgados pelo projeto *World Prison Brief*, vinculado ao *Institute for Crime & Justice Policy Research*, anota que os "países com as mais elevadas taxas de prisão processual são, invariavelmente, países de reduzida institucionalidade e com gravíssimos quadros de pobreza e/ou desigualdade social". Essa análise é reforçada pela comparação entre as posições de Brasil e Portugal nesse ranqueamento: enquanto Portugal alcançou a taxa de 23 presos provisórios por 100.000 habitantes, o Brasil atingiu a taxa de 120. No caso português, os presos provisórios representavam 18% do total de custodiados;

[3] Disponível em: https://www.ohchr.org/EN/UDHR/Pages/Language.aspx?LangID=por. Acesso em: 11 jan. 2022.

[4] MALAN, Diogo. Criminalidade grave e prisão preventiva. *In*: BADARÓ, Gustavo; MALAN, Diogo; MORAIS, Maurício Zanoide de; MOURA, Maria Thereza Rocha de Assis; SAAD, Marta; ZILLI, Marcos (org.). **Processo penal humanista:** escritos em homenagem a Antonio Magalhães Gomes Filho. 1. ed. 2 reimp. Belo Horizonte: D'Plácido, 2021. p. 47.

[5] SUXBERGER, Antonio Henrique Graciano. Quantos presos provisórios? A relação entre prisão processual e congestionamento judiciário. **Revista Eletrônica de Direito Processual – REDP** [online]. 2021, v. 22, n. 2 [Acessado 14 jan. 22]. Disponível em: <https://doi.org/10.12957/redp.2021.54128>.

enquanto no Brasil, o percentual de presos sem julgamento alcançava 32,8% do total de encarcerados, conforme tabelado por esse mesmo relatório[6].

No cenário brasileiro, assim como em outros com uma estrutura social marcadamente vinculada ao passado escravocrata, o hiperencarceramento[7] provisório erige-se sobre dramáticos pilares de seletividade étnico-racial. O 15º Anuário Brasileiro de Segurança Pública (Ano 2021)[8] expõe dados que escancaram a predominância de indivíduos negros na população prisional (66,3% negros em 2020, quando o percentual de brancos atingiu 32,5%). Essa a proporção atual: mais que o dobro de presos são negros – o que deixa indene de dúvidas a seletividade racista do sistema de justiça criminal.

Não obstante esse quadro de hiperencarceramento provisório, agravado por secular segregação étnico-racial, o legislador, desde 2011, através da Lei n. 12.403, introduziu rol de alternativas cautelares diversas do cárcere no art. 319 do Código de Processo Penal[9], o que, aos dizeres de Schietti Cruz[10], "ineludivelmente, veio para afastar o protagonismo da prisão preventiva no sistema das cautelaridades pessoais do processo penal". A alteração legislativa teve forte inspiração no ordenamento jurídico português[11], a despeito dos contextos distintos em que atuantes os sistemas de justiça luso e o brasileiro.

A respeito da persistência do índice crescente de encarceramento provisório ao arrepio da intencionalidade da reforma legislativa brasileira, Sousa

6 Disponível em: https://www.prisonstudies.org/sites/default/files/resources/downloads/world_pre-trial_list_4th_edn_final.pdf. Acesso em: 26 abr. 2023.

7 Este texto adota como sinônimos os termos "hiperencarceramento" e "encarceramento massivo", para se referir ao aspecto quantitativo elevado das taxas de aprisionamento.

8 Disponível em: https://forumseguranca.org.br/wp-content/uploads/2021/10/anuario-15-completo-v7-251021.pdf. Acesso em: 21 abr. 2022.

9 Disponível em: https://www.planalto.gov.br/ccivil_03/Decreto-Lei/Del3689.htm. Acesso em: 21 abr. 2022.

10 SCHIETTI CRUZ, Rogerio. **Prisão cautelar:** dramas, princípios e alternativas. 6. ed. rev. atual. ampl. Salvador: Editora Juspodivm, 2021. p. 27.

11 Além de influência do ordenamento jurídico italiano e mesmo do Código de Processo Penal Tipo para Ibero-América (BADARÓ, Gustavo Henrique. Medidas cautelares alternativas à prisão preventiva: comentários aos artigos 319-350 do CPP, na redação da Lei 12.403/2011. *In*: FERNANDES, Og (Coord.). **Medidas cautelares penais no processo penal: prisões e suas alternativas**: comentários à lei 12.403, de 04.05.2011. São Paulo: Revista dos Tribunais, 2011. p. 207-208).

Filho[12] afirma que, no julgamento da medida cautelar na ADPF 347, o Supremo Tribunal Federal (STF) perdeu a oportunidade de "reconhecer a parcela de culpa do Judiciário na formação do *estado de coisas inconstitucional* do sistema carcerário do país", enfatizando que, "no que diz respeito ao tema da prisão preventiva, deixou de contribuir para a efetivação da política pública traçada pela Lei n. 12.403, tão desprezada na prática judicial pela magistratura brasileira".

Diante dessa situação, este texto centra-se nos desafios da tomada de decisão sobre o aprisionamento provisório no Brasil, e, sem perder de vista a inspiração legislativa lusa, atenta-se para as distinções histórico-sociais brasileiras.

Ancorou-se o estudo em dúplice estratégia metodológica, combinando pesquisa empírica com revisão bibliográfica. O estudo empírico foi a via eleita para descrição, análise e compreensão do fenômeno do encarceramento provisório seletivo, adotando como fontes de dados os relatórios de pesquisa de entidades governamentais e organizações da sociedade civil da área da segurança pública. A revisão bibliográfica acrescentou o substrato epistêmico necessário a densificar a argumentação crítica e propositiva desenvolvida no texto, pautando-se por fontes, nacionais e estrangeiras, das ciências sociais, da filosofia e jurídicas, para construir abordagem multidisciplinar sobre o complexo fenômeno social estudado.

2 DECISÕES JUDICIAIS E ENCARCERAMENTO PROVISÓRIO: CONTEXTUALIZAÇÃO FÁTICA E AVALIAÇÃO CRÍTICA EXTERNA

A primeira parte deste estudo contextualiza o fenômeno do encarceramento provisório, subjacente ao advento de medidas cautelares penais pessoais, ou, medidas pessoais de coacção (como se lê no código de processo penal português[13]). Nos próximos parágrafos, colacionam-se dados referentes ao

12 SOUSA FILHO, Ademar Borges de. Uma proposta de redução do encarceramento preventivo. **Jota.info – Jornalismo e tecnologia para tomadores de opinião**, São Paulo, 19 jan. 2017. Disponível em: https://www.jota.info/stf/do-supremo/uma-proposta-de-reducao-encarceramento-preventivo-19012017. Acesso em: 13 jan. 2022.

13 "No Código de Processo Penal português, as medidas cautelares pessoais – lá denominadas medidas pessoais de coacção – são as seguintes: termo de identidade e residência (art. 196),

aprisionamento preventivo em Portugal, para, então, os contrapor à realidade brasileira, que será analisada criticamente.

2.1 O fenômeno do encarceramento provisório em dados

A prisão preventiva é concebida como medida cautelar excepcionalíssima tanto em Portugal como no Brasil. Mas o contexto histórico e social de cada país os coloca em patamares muito distintos em relação aos desafios para a efetividade do sistema de justiça penal.

Em Portugal, os números oficiais dão conta de um decréscimo no número de prisões, sejam decorrentes de condenações, sejam decorrentes de decreto preventivo. Se o pico histórico ocorreu no biênio de 1997-1998, quando o país alcançou a marca de 14.598 presos totais e de 4.328 presos preventivos; número de reclusões em solo Português rumou a paulatino decréscimo (com breves oscilações), e, em 2021, registrou um total de 11.588 pessoas presas, sendo 2.149 em prisão preventiva[14]. Embora a excepcionalidade da prisão de indivíduos pré-julgamento, em situação de inocência presumida, aconselhe que sejam buscados ainda menores quantitativos, os marcos portugueses distanciam-se muito da pecha de encarceramento provisório massivo e seletivamente racista[15] que assola o Brasil.

Bancos de dados oficiais e relatórios de pesquisas realizadas por entidades públicas e organizações da sociedade civil conduzem à inteira compreensão do cariz massivo e seletivo do encarceramento provisório no Brasil. Dentre essas fontes, o Banco Nacional de Mandados de Prisão (BNMP 2.0), implementado pelo CNJ em 2011, é um sistema eletrônico que atende ao valioso

caução (art. 197), obrigação de apresentação periódica (art. 198), suspensão do exercício de funções, de profissão e de direitos (art. 199), proibição de permanência, de ausência e de contatos (art. 200), obrigação de permanência na habitação (art. 201) e prisão preventiva (art. 202)" (BADARÓ, Gustavo Henrique. Medidas cautelares alternativas à prisão preventiva: comentários aos artigos 319-350 do CPP, na redação da Lei 12.403/2011. *In*: FERNANDES, Og (Coord.). **Medidas cautelares penais no processo penal: prisões e suas alternativas**: comentários à lei 12.403, de 04.05.2011. São Paulo: Revista dos Tribunais, 2011. p. 207).

[14] Dados disponíveis em: https://www.pordata.pt/db/portugal/ambiente+de+consulta/tabela. Acesso em 26 abr. 2023.

[15] Portugal não possui dados oficiais sobre o perfil étnico-racial de sua população, fora ou dentro do cárcere, pelo que não há como analisar a seletividade do sistema de justiça português.

critério da atualidade, vez que seus dados são alimentados diuturnamente em âmbito nacional. Das estatísticas do BNMP 2.0, extrai-se o retrato instantâneo da população em cárcere provisório no Brasil: em consulta realizada em 21 de abril de 2022, o sistema totalizava 918.418 pessoas privadas de liberdade. Em cárcere provisório, assim entendido aquele precedente ao julgamento definitivo, encontram-se 613.719 indivíduos, o que totaliza 66,82% das pessoas atualmente privadas de liberdade e legitima descrever o encarceramento provisório no país como massivo (ou hiperencarceramento provisório). A respeito desse aspecto massivo do fenômeno, Borges[16] anota que um terço dos presos provisórios, quando vão a julgamento, sequer são condenados a cumprir pena, o que explicita a desproporcionalidade da decretação da prisão preventiva em parte significativa dos casos.

Do sistema de informações estatísticas do sistema penitenciário brasileiro (Infopen), mantido pelo Departamento Penitenciário Nacional (Depen), extraem-se dados sobre o perfil da população carcerária brasileira em 2019 que a maioria é composta de jovens negros (pretos e pardos) e de baixa escolaridade. Esse o perfil histórico dos presos no país, e que coincide com o do grupo que compõe a maioria das vítimas de mortes violentas intencionais (MVI) no país, como analisa o 15º Anuário Brasileiro de Segurança Pública, publicado pelo Fórum Brasileiro de Segurança Pública[17].

A respeito do perfil da maioria da população prisional, Borges[18] argumenta que seria simplista afirmar que jovens negros cometem mais crimes, e o que "esse dado explicita é um processo de criminalização que recai sobre determinados grupos étnico-raciais". Para alargar a compreensão sobre esse perfil, são importantes dados divulgados, em 2019, pelo Instituto Brasileiro de Geografia e Estatística (IBGE), sobre as desigualdades sociais por cor e raça no Brasil. Segundo a pesquisa do IBGE, a população negra tem menor rendimento médio real habitual por seu trabalho, ocupa menos cargos gerenciais e forma mais que 70% da camada social mais pobre. Afirma o IBGE que o "diferencial por cor ou raça é explicado por fatores como segregação

[16] BORGES, Juliana. **Prisões: espelhos de nós.** São Paulo: Todavia, 2020. p. 22.

[17] Disponível em: https://forumseguranca.org.br/wp-content/uploads/2021/10/anuario-15--completo-v7-251021.pdf. Acesso em: 08 jan. 2022. p. 213.

[18] *Ibidem*, p. 22.

ocupacional, menores oportunidades educacionais e recebimento de remunerações inferiores em ocupações semelhantes"[19].

Ao contrastar os dados acima, pontua Borges[20]:

> Em qualquer pesquisa sobre desigualdades no país – seja da incidência da violência, da cobertura de saneamento básico, do acesso à moradia própria e digna, de cobertura de saúde ou da presença em trabalhos precários –, a população negra será o grupo predominante da base da pirâmide social. Afinal, um processo de marginalização, controle e extermínio "bem" sucedido demanda a consolidação das vidas negras como precárias. As prisões, como máscaras de silenciamento e apagamento contemporâneo, têm um papel de centralidade nas dinâmicas de dominação.

Para os estreitos limites deste artigo, esses dados são suficientes para contextualizar o fenômeno do hiperencarceramento provisório racialmente seletivo vigorante no Brasil. E o cenário poderia ser mais dantesco, acaso executados os 346.781 mandados de prisão pendentes de cumprimento, expedidos em nome de pessoas foragidas ou procuradas, consoante cadastrado no BNMP/CNJ.

Em análise sobre os elevados números do sistema prisional brasileiro, o *Institute for Criminal Policy Research* avalia que apesar "do crescimento econômico, permanece enorme desigualdade de riqueza, renda e oportunidade" no Brasil, e pondera que, a par da instabilidade política, "a baixa priorização da reforma da justiça criminal" deixou um vácuo de poder tanto em prisões como nas comunidades[21].

[19] Disponível em: https://biblioteca.ibge.gov.br/visualizacao/livros/liv101681_informativo.pdf. Acesso em: 21 abr. 2022. p. 3.

[20] *Ibidem*, p. 23.

[21] Disponível em https://www.prisonstudies.org/sites/default/files/resources/downloads/global_imprisonment_web2c.pdf. Acesso em 21 abr. 2022. p. 9 – tradução livre.

E dessa crítica, surge a necessidade de acrescentar à contextualização deste estudo, algumas linhas sobre a realidade do sistema de justiça criminal, cujas cores são assim descritas por Borges[22] (2019, p. 89)[23]:

> 84,5% dos juízes, desembargadores e ministros do Judiciário são brancos, 15,4% negros, e 0,1% indígenas;
> 64% dos magistrados são homens, 36% das magistradas são mulheres;
> 82% das vagas nos tribunais superiores são ocupadas por homens;
> 30,2% de mulheres já sofreram reação negativa por serem do sexo feminino;
> 69,1% dos servidores do Judiciário são brancos, 28.8% são negros, 1,9% amarelos;
> 67% da população prisional é negra (tanto entre homens quanto entre mulheres);
> 56% da população prisional masculina é jovem, 50% da população prisional feminina é jovem

Na avaliação de Borges[24], esses dados corroboram o entendimento de que o sistema de justiça criminal opera para a "manutenção do sistema racial de castas".

Ao questionar as engrenagens do sistema de justiça criminal, taxando-as de discriminatórias, os críticos provocam uma (auto)reflexão sobre a eticidade da atividade judicial. O próximo tópico aborda essas provocações firmadas por juristas e cientistas sociais com expertise em segurança pública, criminologia crítica e processo penal humanista, reforçando a necessidade premente de reflexão crítica sobre temática lamentavelmente ainda atual.

[22] BORGES, Juliana. **Encarceramento em massa.** São Paulo: Sueli Carneiro; Pólen, 2019. p. 89.

[23] Juliana Borges extraiu os dados do Censo do CNJ (2014) e InfoPen (2014) e seguiu os critérios do IBGE.

[24] BORGES, Juliana. **Encarceramento em massa.** São Paulo: Sueli Carneiro; Pólen, 2019. p. 89.

2.2 A crítica externa sobre a atuação judicial em relação ao fenômeno do encarceramento provisório no Brasil

Os dados anteriores dão conta da gravidade do complexo fenômeno que desafia o debate acadêmico e institucional: o encarceramento provisório é quantitativamente massivo e racialmente seletivo. Nas próximas linhas, apresenta-se a percepção crítica das ciências sociais e criminais sobre a responsabilidade judicial pela persistência dessa situação discriminatória que atenta contra direitos humanos universais.

A inteira compreensão das críticas e argumentos dos cientistas sobre a atuação do juiz no "campo estatal de administração de conflitos no Brasil"[25], que serão colacionados neste estudo, exige breves considerações sobre sujeição criminal, discriminação por seletividade penal e acesso à justiça.

2.2.1 Rótulos e sujeição criminal: delimitando conceitos

É consabido que o Direito Penal é intrinsicamente seletivo. Não é a esse aspecto que se destinam as críticas à seletividade do fenômeno dito hiperencarceramento, ou encarceramento em massa, que se pretende reunir neste estudo. Este texto traz a crítica dos cientistas sociais e criminais especificamente sobre a "direção inumana" a que se volta a seletividade penal. Nesse sentir, ensina Zaffaroni que "a humanidade ou inumanidade do poder de contenção do Direito Penal não tem relação com sua necessária seletividade, e sim dependerá sempre da direção selecionada[26].

Para melhor reflexão sobre o fenômeno do encarceramento em massa e de seu viés seletivo no Brasil, merece citação o trabalho do sociólogo Michel Misse[27] que cunhou, desde os idos de 1999, o conceito de "sujeição criminal",

[25] "Campo estatal de administração de conflitos" é termo cunhado por Jacqueline Sinhoretto e acolhido pelo Prof. Rodrigo Ghiringhelli de Azevedo como o mais adequado a compreensão do espaço social de atuação das agências de segurança pública e da justiça criminal no país (2011, p. 37).

[26] ZAFFARONI, Eugenio Raúl. **Direito penal humano e poder no século XXI**. Tradução: Ílison Dias dos Santos, Jhonatas Péricles Oliveira de Melo. Salvador: EDUFBA, 2020. p. 86.

[27] MISSE, Michel. Sujeição criminal. *In*: LIMA, Renato Sérgio de; RATTON, José Luiz; AZEVEDO, Rodrigo Ghiringhelli de (org.). **Crime, polícia e justiça no Brasil**. 1. ed. São Paulo: Contexto, 2021. p. 204-212.

segundo o qual "o crime é reificado no suposto sujeito autor de crimes" e que o "rótulo e o estigma, nesses casos, são efeitos, ou se articulam à sujeição criminal, mas não lhe são causas, não lhe são logicamente anteriores". E pior: há uma generalização devastadora do estigma e dos preconceitos rotuladores, vez que ultrapassam o próprio indivíduo, para atingir o grupo social a que pertence, que passa a ser enquadrado como "tipo social negativo"[28]. A reflexão humanista que se persegue com este artigo é exatamente para que a assunção do poder-dever de aprisionamento pelo Estado seja exercido com eticidade, conscientemente dissociado da discriminação contida na "sujeição criminal" observada por Michel Misse, e, ainda mais quando se tratar de custódia provisória, nos estreitos limites de sua excepcionalíssima necessidade.

Repensar o sistema de justiça mostra-se urgente diante de um cenário onde "são visíveis as barreiras de acesso à justiça e a violação de direitos civis no interior dos cárceres", como adverte a socióloga Jacqueline Sinhoretto[29]. Para Sinhoretto[30], o acesso à justiça e a seletividade penal "são duas faces da mesma questão, trabalhadas por bibliografias distintas nos últimos 40 anos".

Sim, e mais: acesso à justiça e seletividade penal são duas faces que guardam estreita correlação com discriminação direta na aplicação do direito (*discriminatory application*)[31] pelos poderes instituídos, assim como com práticas de discriminação indireta (*disparate impact*). Assim delineadas, as práticas discriminatórias interessam ao presente artigo exatamente quando a aplicação do direito causa impacto diferenciado inconstitucional, ensejando cárcere massivo e seletivo.

[28] MISSE, Michel. Sobre a construção social do crime no Brasil. Esboços de uma interpretação. *In*: _____. (org.). **Acusados e acusadores: estudos sobre ofensas, acusações e incriminações.** Rio de Janeiro: Revan, 2008. p. 23-24.

[29] SINHORETTO, Jacqueline. Seletividade penal e acesso à justiça. *In*: LIMA, Renato Sérgio de; RATTON, José Luiz; AZEVEDO, Rodrigo Ghiringhelli de (org.). **Crime, polícia e justiça no Brasil**. 1. ed. São Paulo: Contexto, 2021. p. 409.

[30] *Ibidem*, p. 400-410.

[31] Esclarece-se: a "discriminação na aplicação (*discriminatory application*) ocorre quando, independentemente das intenções do instituidor da medida, a diferenciação ocorre, de modo intencional, no momento da execução da medida ou da lei" (RIOS, 2008, p. 92).

E, em relação à seletividade penal, Sinhoretto[32] relembra que o tratamento igualitário de todos os indivíduos perante a lei, "independente de estamento, classe, credo religioso ou convicção política, aliado à independência do Poder Judiciário para julgar os excessos dos governantes, foi a pedra de fundação da democracia moderna, erigida sobre a construção da cidadania", mas que, apesar disso, os estudos das ciências sociais demonstram "a existência de tratamento diferenciado das instituições judiciais e policiais entre demandas e públicos". E dentre os pensadores de criminologia crítica notabilizados por enfatizar a seletividade do direito penal, Sinhoretto destaca Loïc Wacquant, segundo o qual "a criminalização é hoje uma forma central de gestão da pobreza, com o declínio das políticas de bem-estar e o avanço do Estado penal como forma de organização sociopolítica associada ao neoliberalismo econômico".

Azevedo[33], ao discorrer sobre a "força do direito e a violência das formas jurídicas", agrega ao estudo de Sinhoretto o trabalho de Oscar Vilhena, que aponta para a existência de três categorias de indivíduos no Brasil, a partir do tratamento dado a eles pelo Estado, os invisíveis, os demonizados e os imunes:

> Para Vilhena, a invisibilidade relaciona-se com o fato de que o sofrimento humano de certos segmentos da sociedade não causa reação moral ou política, e conseqüentemente não recebe tratamento adequado pelos agentes do Estado. Seria o caso, para além da miséria e da violação cotidiana de direitos, dos altos índices de violência letal que vitimam predominante e diariamente a população mais carente. Segundo Vilhena, não haveria, por parte dos invisíveis, razões morais ou instrumentais plausíveis para que respeitem as leis. No entanto, aos que desafiam a invisibilidade por meio da violência, estaria reservado o processo de demonização, pelo qual a sociedade desconstrói a imagem humana de seus supostos inimigos, que a partir desse momento não

32 SINHORETTO, Jacqueline. Seletividade penal e acesso à justiça. *In*: LIMA, Renato Sérgio de; RATTON, José Luiz; AZEVEDO, Rodrigo Ghiringhelli de (org.). **Crime, polícia e justiça no Brasil**. 1. ed. São Paulo: Contexto, 2021. p. 400-404.

33 AZEVEDO, Rodrigo Ghiringhelli de. A força do direito e a violência das formas jurídicas. **Revista de Sociologia e Política** [online]. 2011, v. 19, n. 40 [Acessado 14 Janeiro 2022] , p. 27-41. Disponível em: <https://doi.org/10.1590/S0104-44782011000300004>. Epub 19 Mar 2012. ISSN 1678-9873. https://doi.org/10.1590/S0104-44782011000300004.

> merecem ser incluídos sob o domínio do Direito. Já a ideia de imunidade é proposta por Vilhena para abordar a dificuldade de aplicação da lei nos casos de violação de direitos humanos, ou dos atos de corrupção praticados pelos detentores do poder político e econômico.

Para este estudo, interessa dar visibilidade à escorchante fração de presos provisórios no Brasil, em sua imensa maioria pobre e negra, cuja custódia cautelar não encontra respaldo no devido processo penal humanista. Nesse intento, apresenta-se, a seguir, a avaliação crítica de interlocutores com expertise em ciências sociais e criminais a respeito do encarceramento provisório brasileiro.

2.2.2 A avaliação crítica dos cientistas sociais à prática judicial penal: segregação étnico-racial por encarceramento

Fiona Macaulay[34] tece uma análise percuciente sobre o sistema carcerário brasileiro e sobre as políticas públicas a ele relacionadas, abordando as implicações das altas taxas de encarceramento e questionando a efetividade e a eficiência do sistema. No que toca a este estudo, merece transcrição:

> Legalmente, a punição de encarceramento deve encerrar apenas a privação de liberdade. Porém, vários dos presos menos privilegiados sofrem o que as organizações de defesa dos direitos humanos chamam de formas cruéis, desumanas e degradantes de punição e tratamento, desde torturas, surras, comida estragada, negação de cuidados médicos e falta de acesso à assistência jurídica. Isso é, então, uma perversão da noção de pena justa.

Na análise crítica de Mesquita Neto[35], para se reverter o cenário de descompromisso de "governos e agentes de governo" com os direitos humanos no

[34] MACAULAY, Fiona. Prisões e política carcerária. Tradução: Liana de Paula. *In*: LIMA, Renato Sérgio de; PAULA, Liana de (org.). **Segurança pública e violência**: o Estado está cumprindo o seu papel? 2. ed. São Paulo: Contexto, 2021. p. 15-29.

[35] MESQUITA NETO, Paulo de. Segurança, justiça e direito humanos no Brasil. *In*: LIMA, Renato Sérgio de; PAULA, Liana de (org.). **Segurança pública e violência**: o Estado está cumprindo o seu papel? 2. ed. São Paulo: Contexto, 2021. p. 53-64.

Brasil, o desafio é demonstrar se e como políticas do sistema de justiça penal, "comprometidas com a defesa dos direitos humanos podem ganhar legitimidade, eficácia e eficiência no controle e prevenção do crime e da violência e na luta contra o crime organizado.

A respeito da superlotação das penitenciárias, adverte Sinhoretto[36] que os "dados indicam que os jovens negros da periferia das grandes cidades constituem a clientela preferencial do aprisionamento". Assim tem sido no Brasil e em outras sociedades com passado marcadamente escravocrata, como a estadunidense: a seletividade penal opera não apenas em relação aos indivíduos dos bairros mais pobres das cidades, como, dentre eles, aprisiona mais a juventude negra[37].

Michelle Alexander, no livro *The New Jim Crow: Mass Incarceration in de Age of Colorblindness*, relaciona o fenômeno do encarceramento em massa de negros nos Estados Unidos ao passado escravocrata e também ao modelo econômico excludente, provocando reflexões que se conectam, em certa medida, com a realidade do sistema prisional brasileiro. Ana Luiza Pinheiro Flauzina, ao apresentar o texto de Alexander, afirma que "o maior mérito do livro é, sem dúvida, reposicionar o racismo em sua relação com o sistema de justiça criminal" e que um "dos aspectos mais instigantes levantados pela autora é o da participação direta do Judiciário na instituição do encarceramento em massa"[38]. Prossegue Flauzina, correlacionando as críticas de Alexander com o sistema de justiça criminal brasileiro, aos seguintes argumentos:

> Ao contrário do que ocorre nos Estados Unidos, a precariedade das estruturas do sistema de justiça criminal brasileiro não deixa dúvidas sobre a ilegalidade de suas práticas. As denúncias diuturnas de prisões flagrantemente arbitrárias, de torturas sistemáticas dentro e fora do cárcere, da corrupção e da extorsão como dados da atividade

[36] SINHORETTO, Jacqueline. Seletividade penal e acesso à justiça. *In*: LIMA, Renato Sérgio de; RATTON, José Luiz; AZEVEDO, Rodrigo Ghiringhelli de (org.). **Crime, polícia e justiça no Brasil**. 1. ed. São Paulo: Contexto, 2021. p. 408.

[37] Em relação à Portugal, a ausência de dados oficiais sobre o perfil étnico-racial da população impede uma análise sobre a seletividade do sistema penal.

[38] ALEXANDER, Michelle. **A nova segregação: racismo e encarceramento em massa**. Tradução de Pedro Davoglio. Revisão técnica e notas de Sílvio Luiz de Almeida. 1. ed. São Paulo: Boitempo, 2017. p. 11-24.

> policial, de grupos de extermínio atuantes com a chancela do Estado, de cabeças rolando em massacres prisionais gerados pela omissão institucional, bem como de tantos outros vilipêndios que integram a rotina da segurança pública no país, compõem um quadro que só pode ser explicado pela intensa naturalização social do racismo, com o profundo desprezo à vida negra. (...) A seara do Judiciário quer, portanto, projetar-se como o norte civilizatório, limitador da barbárie que se processa apesar de sua atuação, nunca em razão dela. Entretanto, como nos mostra Alexander, essa esfera do poder também está fortemente comprometida na consolidação do racismo e das práticas que desencadeiam o extermínio e o encarceramento desenfreado nos trópicos.

Essas observações vão ao encontro das ponderações tecidas por Zaffaroni em conferência magna intitulada "Normas e experiências internacionais na redução do encarceramento", proferida no encerramento do primeiro módulo do curso de especialização "Jurisdição Penal Contemporânea e Sistema Prisional", realizado por parceria entre o Conselho Nacional de Justiça (CNJ) e a Escola Nacional de Formação e Aperfeiçoamento de Magistrados (Enfam). Na ocasião, Zaffaroni afirmou à assistência de magistrados:

> o número de presos no país não é matematicamente resultado da frequência delitiva; (...) A população (...) a primeira coisa que chama a atenção é que é marcadamente formada por homens (...) jovens (crimes de sobrevivência), personalidades frágeis, sem ou com baixa escolaridade, sem formação para o trabalho, de bairros precários. Saem com um atestado de incapacidade para o trabalho – porque ninguém quer contratar alguém que tenha um carimbo da 'casa prisão'. Qual a função social disso? É preventiva? (...) Desculpem, mas eu vejo nas cadeias do Brasil, naquelas que eu tive que inspecionar, vejo muita riqueza de melanina, e vejo muita pobreza de melanina na universidade. Cuidado que isso é um problema, um problema nacional. Acho que vocês têm que pensar na unidade nacional, unidade do povo. E o sistema penal não pode estar agindo como um fator de dissociação nacional. Isso é um dos problemas que se tem, e não só no Brasil, por sinal. Talvez aí eu veja com mais clareza, com maior número, sim, mas é um problema da nossa região.

Tanto a fala de Flauzina como a de Zaffaroni sobre o encarceramento no Brasil ser étnico e racialmente seletivo conduzem às advertências de Michel Misse sobre os efeitos sociais nefastos que defluem da generalização da "sujeição criminal", que ultrapassa o indivíduo, para atingir o grupo social a que pertence, atingindo "famílias inteiras, ruas, favelas, bairros ou uma parte inteira da cidade, bem como todos os traços sociais distintivos de classe, de gênero, de idade e de raça"[39].

E tal como asseverado pelos interlocutores nas críticas acima, Alessandra Devulsky[40] alerta sobre os efeitos familiares e sociais desse encarceramento racista e conclama à reflexão sobre indagações muito consentâneas ao ofício judicial:

> São pais e companheiros cujo afastamento provoca a deterioração do ambiente familiar – ocasionando indiretamente o aumento exponencial de prisões que servirão para segregar uma segunda ou terceira geração de encarcerados da mesma família. Diante desse quadro, é preciso indagar: a que serve a inviabilização material da vida dessas pessoas? O que essa segregação representa na sociedade? O que ela diz sobre nós?

Assim, este tópico culmina em endereçar essas perguntas aos magistrados e às magistradas, a quem incumbe estancar a aplicação discriminatória das leis processuais penais que ensejam esse estado de coisas inconstitucional e inumano.

2.2.3 Segregação étnico-racial por encarceramento provisório

A partir do discurso crítico de seletos interlocutores das ciências sociais e criminais, buscou-se, nas linhas precedentes, contextualizar o fenômeno do

[39] MISSE, Michel. Sobre a construção social do crime no Brasil. Esboços de uma interpretação. *In*: _____. (org.). **Acusados e acusadores: estudos sobre ofensas, acusações e incriminações.** Rio de Janeiro: Revan, 2008. p. 23-24.

[40] Comentários lançados pela pesquisadora e advogada nas abas do livro de Michelle Alexander (**A nova segregação: racismo e encarceramento em massa**. Tradução de Pedro Davoglio. Revisão técnica e notas de Sílvio Luiz de Almeida. 1. ed. São Paulo: Boitempo, 2017).

encarceramento massivo e seletivo e suas consequências inumanas nas subjetividades dos indivíduos.

Ao encontro de toda a narrativa anterior, impõe-se asseverar que a segregação étnico-social assume feição ainda mais cruel quando realizada por abusivo encarceramento provisório. É o que Semer[41] criva de "vulgarização da prisão provisória", instrumento de perpetuação de ritos autoritários e racistas. E esse drama é descortinado por estudos empíricos que atestam a decretação abusiva, excessiva, desproporcional e inumana da prisão preventiva ainda hodierna. Dentre outros trabalhos empíricos, Semer[42] relaciona algumas pesquisas cujos resultados são contundentes em descortinar que o decreto prisional cautelar está transbordando as margens estreitas e excepcionais lhe reservadas pela lei:

> Notória a vulgarização da prisão provisória, perceptível pelas estatísticas do Departamento Penitenciário Nacional (Depen) que apontam que 1/3 dos presos ainda não tem contra si decisão definitiva. [...] Em outra pesquisa, que reúne IPEA e Depen sobre Aplicação de Penas e Medidas Alternativas,[43] o resultado drástico mostra que 37% dos que suportaram prisões provisórias ao final do processo estariam fora do sistema carcerário (seja pela absolvição, seja pela condenação a pena não privativa de liberdade) – indicando de forma segura o excesso e a desproporcionalidade que fora a prisão provisória. Afinal, que sentido faz manter réus presos enquanto ainda não são culpados, se permitirem que, uma vez condenados, possam cumprir penas em liberdade, se não o de caracterizar a prisão preventiva como uma espécie de "antecipação de pena", ou, no caso, a própria pena.

A suma da análise precedente, tecida através da crítica dos expertos nominados é: excesso e desproporcionalidade da prisão preventiva exponenciam os

41 SEMER, Marcelo. **Os paradoxos da justiça**: judiciário e política no Brasil. São Paulo: Editora Contracorrente, 2021. p. 160-161.

42 *Ibidem*, p. 162-163.

43 "DEPEN e IPEA publicam pesquisa sobre a aplicação de pens e medidas alternativas", *Justiça e Segurança Pública*, 2015. Disponível em https://www.justica.gov.br/news/depen-e-ipea-publicam-pesquisa-seobre-a-aplicacao-de-penas-e-medidas-alternativas. Acesso em: 18 jun. 2021.

consectários discriminatórios nada provisórios da "sujeição criminal"[44] individual, familiar e dos grupos étnicos "invisibilizados" ou "demonizados"[45] pelas autoridades que dominam o "campo estatal de resolução de conflitos"[46], dentre as quais os juízes criminais, a quem se dirige as reflexões que se seguem.

3 A TOMADA DE DECISÃO CAUTELAR PENAL: EXCEPCIONALIDADE E ESFORÇO ARGUMENTATIVO

De inspiração lusa, as derradeiras alterações legais brasileiras nas disposições sobre prisão preventiva vêm ao encontro da constatação desse estudo de que é possível agregar humanismo e efetividade ao sistema de justiça penal brasileiro, através da adoção de protocolo mais exigente para a tomada de decisão quanto ao cabimento do decreto prisional cautelar, exigindo maior esforço argumentativo do magistrado.

Em recente estudo realizado a propósito dos oitenta anos do CPP vigente no Brasil, apresentou-se considerações críticas sobre o percurso das alterações legislativas respeitantes à prisão preventiva, destacando como marco importante o advento da Lei n. 12.403/2011, que inseriu "no ordenamento jurídico pátrio as medidas cautelares diversas da prisão, previstas no art. 319, como alternativa à custódia cautelar e tentativa de reduzir os altos índices de indivíduos presos antes de sentença definitiva"[47]. Com esse mote de conduzir o encarceramento provisório a suas excepcionalíssimas hipóteses, a mesma Lei n. 12.403/2011 afastou a possibilidade de decretação de ofício da prisão preventiva na fase investigativa (alteração colmatada pela Lei n. 13.964/2019, que expungiu também a decisão prisional de ofício durante o processo) e, quanto à motivação, passou a exigir que se desse por decisão, e, por conseguinte, um maior esforço argumentativo do magistrado.

44 Conforme conceito de Michel Misse (2021, p. 204-212).

45 Na exata acepção dada aos termos por Oscar Vilhena Vieira (2007).

46 AZEVEDO, 2011, p. 37.

47 LEITE, Rosimeire Ventura. Prisão preventiva: considerações sobre o percurso das alterações legislativas. *In*: MADURO, Flávio Mirza; MALAN, Diogo Rudge; SANTORO, Antonio Eduardo Ramires (org.). **Desafiando 80 anos de processo penal autoritário**. 1. ed. Belo Horizonte: D'Plácido, 2021. p. 785-809.

Com a Lei n. 13.964/2019 (Pacote Anticrime), completou-se o conjunto de alterações legais que buscam conter o encarceramento provisório, tornando mais robustas as peias legais para a tomada de decisão judicial sobre a prisão cautelar: i) afastou-se o decreto prisional de ofício também na fase processual; ii) acrescentou-se aos pressupostos legais descritos no art. 312 do Código de Processo Penal a necessidade de restar demonstrado o perigo gerado pelo estado de liberdade do imputado (*periculum libertatis*); iii) expressamente reforçou-se a natureza cautelar da prisão preventiva, inserindo no §2º do art. 313, a vedação de prisão preventiva com finalidade de antecipação de pena, nem como consequência imediata "de investigação criminal ou da apresentação ou recebimento de denúncia"; iv) deu-se ênfase ao dever constitucional de motivação das decisões, previsto no art. 93, IX, da Constituição da República Federativa do Brasil, estabelecendo, no parágrafo 2º do art. 312 do CPP, que a decisão da prisão preventiva "deve ser motivada e fundamentada em receio de perigo e existência concreta de fatos novos e contemporâneos que justifiquem a aplicação da medida adotada"; v) acrescentou-se no art. 315 do CPP situações concretas de vícios de motivação a serem evitados pelo magistrado, com evidente propósito de conduzir o julgador à dialeticidade e empenho argumentativo. E como já se asseverou[48], "é uma forma de garantir a própria imparcialidade do julgador, demonstrando que o caso concreto foi apreciado sob diversas perspectivas, sem limitar-se a um olhar predeterminado"; vi) estabeleceu-se uma revisão periódica nonagesimal da prisão preventiva, no afã de coibir que as custódias provisórias excedam ao tempo estritamente necessário à proteção contra o *periculum libertatis* que as ensejaram.

Todavia, apesar do contundente apelo do legislador, inserindo no CPP disposições conducentes ao devido processo penal humanista, a reforma não ensejou o decréscimo estimado para os índices de encarceramento provisório no país, como indicam os dados das pesquisas empíricas mencionadas no intróito deste trabalho. A despeito de outros sujeitos responsáveis por essa barbárie que se instala no "campo estatal de administração de conflitos", é certo o protagonismo judicial para o fenômeno do hiperencarceramento provisório seletivo, como bem argumentaram os interlocutores chamados ao diálogo crítico articulado neste e nos tópicos anteriores.

[48] *Ibidem*, p. 797.

Ao analisar os desafios do sistema penal brasileiro em anterior estudo monográfico[49], encareceu-se que a "superação dos altos índices de encarceramento preventivo, o respeito às garantias constitucionais e a observância dos reais fins da prisão preventiva exigem esforços de múltiplas frentes" e que, quanto ao Poder Judiciário:

> Há uma cultura de encarceramento a ser combatida, o que exige, fundamentalmente, repensar o papel do juiz e das partes no sistema acusatório, bem como o papel das instituições. Não é cabível a figura do juiz centralizador, responsável pela obtenção da verdade real, pela luta contra a violência e a criminalidade, invadindo esferas que pertencem a outros atores sociais. Não cabe ao juiz, no curso da investigação ou do processo, ser sujeito ativo de medidas cautelares pelas quais nem a parte acusadora se interessou. Ao magistrado compete, por outro lado, assegurar que as regras do justo processo sejam observadas com imparcialidade, garantindo isonomia, contraditório, duração razoável, publicidade, dentre outros postulados do Estado democrático de direito. Não é admissível, por sua vez, que decisões de prisão preventiva com motivações genéricas continuem sendo proferidas. Para além das especificidades trazidas pelo Pacote Anticrime, o dever de motivar deriva diretamente da Constituição e a necessidade de motivação concreta já era providência de há muito propagada na doutrina e na jurisprudência.

Em conexão com essa análise, Queijo[50] elaborou o estudo "Fundamentação das decisões judiciais: indicador da qualidade da prestação jurisdicional", situando o tema no plano do processo constitucional, dentre as garantias do devido processo penal, e destacando sua dúplice função da motivação

[49] LEITE, Rosimeire Ventura. Prisão preventiva: considerações sobre o percurso das alterações legislativas. *In*: MADURO, Flávio Mirza; MALAN, Diogo Rudge; SANTORO, Antonio Eduardo Ramires (org.). **Desafiando 80 anos de processo penal autoritário**. 1. ed. Belo Horizonte: D'Plácido, 2021. p. 806-807.

[50] QUEIJO, Maria Elizabeth. Fundamentação das decisões judiciais: indicador da qualidade da prestação jurisdicional. *In*: MADURO, Flávio Mirza; MALAN, Diogo Rudge; SANTORO, Antonio Eduardo Ramires (org.). **Desafiando 80 anos de processo penal autoritário**. 1. ed. Belo Horizonte: D'Plácido, 2021. p. 581-609.

(política e processual). Quanto à função política, aduz a jurista, em referência a obra do Professor Antonio Magalhães Gomes Filho, que a motivação das decisões judiciais emerge "como 'prestação de contas" da atuação do juiz, extrapolando os limites do processo em si, para situar-se no plano político, "como o instrumento adequado ao controle sobre a forma pela qual se exerce a função jurisdicional".

Especificamente quanto à decisão referente à custódia cautelar, há que se considerar que o próprio instituto da prisão provisória, como alerta Saguiné em nota de abertura a sua obra "Prisão cautelar, medidas alternativas e direitos fundamentais"[51], é:

> o "termômetro" político que mede a ideologia política subjacente em um determinado momento histórico e que se reflete nesse instituto mais do que na própria pena. Por isso, é distinta a consideração da prisão provisória sob a regulação de um Estado totalitário ou sob a normativa de um Estado social e democrático de Direito, com predomínio do Estado sobre o indivíduo, no primeiro modelo; e da primazia da liberdade, no segundo. A regulamentação da prisão provisória revela claramente se o Estado é um Estado de Direito ou um Estado Autoritário. Portanto, sempre há uma intima relação entre a prisão preventiva e o grau de democracia de um Estado.

A propósito, Schietti Cruz[52] defende algumas premissas para um devido processo penal: 1ª) o sistema de justiça criminal deve conciliar a necessidade de tanto proteger o acusado contra abusos à sua liberdade, quanto punir condutas criminosas com a máxima eficiência; 2ª) as normas processuais devem ser independentes e ontologicamente justas, posto que instrumentais; 3ª) o processo penal se estrutura sob a égide do princípio do *favor rei*; 4ª) a clara

[51] SAGUINÉ, Odone. **Prisão cautelar, medidas alternativas e direitos fundamentais.** Rio de Janeiro: Forense, 2014. p. 854.

[52] SCHIETTI CRUZ, Rogerio. Algumas premissas para um devido processo penal. *In*: BADARÓ, Gustavo; MALAN, Diogo; MORAIS, Maurício Zanoide de; MOURA, Maria Thereza Rocha de Assis; SAAD, Marta; ZILLI, Marcos (org.). **Processo penal humanista:** escritos em homenagem a Antonio Magalhães Gomes Filho. 1. ed. 2 reimp. Belo Horizonte: D'Plácido, 2021. p. 317-348.

divisão de papeis dos sujeitos processuais e 5ª) a concepção humanista da função punitiva estatal.

E, a respeito da necessária concepção humanista da função punitiva estatal, prossegue Schietti Cruz[53] evocando, como partida, a lição de Luigi Ferrajoli:

> Ainda do jus-filósofo italiano se extrai a lição de que é indispensável que o juiz, ao aplicar a lei ao caso concreto, não realize tão somente a verificação da correspondência do fato provado à lei (*juris-dictio*), mas que também perceba as conotações específicas do caso denotado e verificado (*juris-prudentia*). É por meio desta qualidade [a prudência], "que ingressam – como devem ingressar – no juízo o contexto ambiental do fato e as condições nas quais foi vivido, as circunstâncias efetivas humanas e sociais nas quais residem sua concretização e particularidade e que o tornam diferente de todos os demais, por mais que, como outros, esteja denotado pelo mesmo *nomen* ou título do delito"[54]. Sob essa perspectiva, não pode o juiz criminal brasileiro deixar de levar em conta a gravidade da situação do nosso sistema penitenciário, em permanente e duradoura crise, e que sem dúvida alguma constitui o grande opróbio de todo o sistema de justiça criminal. Como já referido alhures, se esse cenário do sistema penitenciário preocupa e causa tristeza pelo fato de espelhar um quadro crescente de encarceramento no país, concomitante à ausência de políticas públicas eficientes e permanentemente direcionadas a diminuir as desigualdades sociais, aumentar o grau de escolaridade das pessoas e incrementar as oportunidades de trabalho, não há como desconsiderar, entretanto, que boa parte dessa realidade reflete o aumento da criminalidade e da generalizada desagregação social por que passa nossa sociedade.

Schietti Cruz[55] enfatiza que o sistema de justiça criminal não "pode abrir mão de uma Magistratura independente", e, após bem assentar suas preocupações e premissas respeitantes ao devido processo penal, finaliza: "augura-se

[53] *Ibidem*, p. 343.

[54] FERRAJOLI, Luigi. *Direito e razão. Teoria do garantismo penal* (Trad. Ana P. Zomer et al.). São Paulo: Revista dos Tribunais, 20002, p. 132.

[55] *Ibidem*, p. 345.

que continue o processo penal a ser, crescentemente, a atualização das garantias constitucionais, o cenário ideal para a superação das paixões humanas e a consequente afirmação da racionalidade da função persecutória do Estado".

As ponderações dos cientistas sociais e juristas trazidas neste artigo devem ser assimiladas como eloquente apelo a que a magistratura penal se legitime por uma conduta imparcial, antidiscriminatória, e adote uma postura humanista na aplicação da lei processual penal.

4 CONCLUSÃO

Em que pese Portugal e Brasil adotarem normas análogas em relação ao aprisionamento provisório, são países que vivenciam contextos e desafios distintos no âmbito do sistema de justiça penal.

Os dados empíricos que ancoraram este estudo deixaram indene de dúvidas que, no Brasil, o hiperencarceramento provisório erige-se sobre dramáticos pilares de seletividade étnico-racial e, com o protagonismo do Poder Judiciário, persiste alcançando índices constrangedoramente elevados. Demonstraram, ainda, que o cárcere cautelar não tem sido corroborado ao final da persecução penal, o que levanta fundadas suspeitas de que a prisão preventiva tem sido comumente decretada fora das excepcionalíssimas hipóteses legais.

A escuta atenta ao discurso de cientistas sociais e criminais, a par da leitura das pesquisas temáticas colacionadas ao texto, conduzem a algumas conclusões a respeito dos desafios brasileiros: i) apesar das últimas atualizações ao Código de Processo Penal o conduzirem a normas morais válidas e mais humanizadas, a tomada de decisão respeitante à prisão preventiva não tem se pautado por garantir a prevalência interesses universalizáveis de liberdade, igualdade e dignidade humana; ii) através de infundados e abusivos decretos de prisão preventiva, é inegável a contribuição do julgador para a uma inumana e massiva "sujeição criminal" da população pobre e negra no Brasil, com consectários cruéis e indeléveis que transcendem os corpos segregados e atingem a família, o grupo, a comunidade a que pertencem os custodiados; iii) a redução do encarceramento provisório e segregacionista exige a aplicação moralmente válida das normas processuais penais.

É inarredável que a significativa contribuição da magistratura para o persistente aprisionamento cautelar em massa não coaduna com a atuação imparcial e racional que se espera do juiz comprometido com a aplicação de um processo penal humanista.

O apelo apresentado aos juízes criminais brasileiros por cientistas, pesquisadores e juristas, eleitos neste texto como interlocutores sociais válidos a clamarem pelo *ethos* judicial, é uníssono em provocar os julgadores, na tomada de decisão cautelar penal, a reservar o decreto prisional preventivo a suas excepcionalíssimas hipóteses legais e a adotarem esforço argumentativo racional e pautado pelas virtudes que se estima que norteiem diuturnamente a prática judicial.

Ao fim e ao cabo, espera-se que este estudo possar contribuir com reflexões críticas e transformadoras, na esperança de se testemunhar o arrefecimento dos índices de cárcere provisório massivo, racista e inumano.

REFERÊNCIAS

ALEXANDER, Michelle. **A nova segregação: racismo e encarceramento em massa**. Tradução de Pedro Davoglio. Revisão técnica e notas de Sílvio Luiz de Almeida. 1. ed. São Paulo: Boitempo, 2017. p. 376.

AZEVEDO, Rodrigo Ghiringhelli de. A força do direito e a violência das formas jurídicas. **Revista de Sociologia e Política** [online]. 2011, v. 19, n. 40 [Acessado 14 Janeiro 2022], p. 27-41. Disponível em: <https://doi.org/10.1590/S0104-44782011000300004>. Epub 19 Mar 2012. ISSN 1678-9873. https://doi.org/10.1590/S0104-44782011000300004.

BADARÓ, Gustavo Henrique. Medidas cautelares alternativas à prisão preventiva: comentários aos artigos 319-350 do CPP, na redação da Lei 12.403/2011. *In*: FERNANDES, Og (Coord.). **Medidas cautelares penais no processo penal: prisões e suas alternativas**: comentários à lei 12.403, de 04.05.2011. São Paulo: Revista dos Tribunais, 2011. p. 207-208.

BORGES, Juliana. **Encarceramento em massa.** São Paulo: Sueli Carneiro; Pólen, 2019. 144p.

BORGES, Juliana. **Prisões: espelhos de nós.** São Paulo: Todavia, 2020. p. 53.

LEITE, Rosimeire Ventura. Prisão preventiva: considerações sobre o percurso das alterações legislativas. *In*: MADURO, Flávio Mirza; MALAN, Diogo Rudge; SANTORO, Antonio Eduardo Ramires (org.). **Desafiando 80 anos de processo penal autoritário**. 1. ed. Belo Horizonte: D'Plácido, 2021. p. 785-809.

MACAULAY, Fiona. Prisões e política carcerária. Tradução: Liana de Paula. *In*: LIMA, Renato Sérgio de; PAULA, Liana de (org.). **Segurança pública e violência***:* o Estado está cumprindo o seu papel? 2. ed. São Paulo: Contexto, 2021. p. 15-29.

MALAN, Diogo. Criminalidade grave e prisão preventiva. *In*: BADARÓ, Gustavo; MALAN, Diogo; MORAIS, Maurício Zanoide de; MOURA, Maria Thereza Rocha de Assis; SAAD, Marta; ZILLI, Marcos (org.). **Processo penal humanista:** escritos em homenagem a Antonio Magalhães Gomes Filho. 1. ed. 2 reimp. Belo Horizonte: D'Plácido, 2021. p. 45-70.

MESQUITA NETO, Paulo de. Segurança, justiça e direito humanos no Brasil. *In*: LIMA, Renato Sérgio de; PAULA, Liana de (org.). **Segurança pública e violência**: o Estado está cumprindo o seu papel? 2. ed. São Paulo: Contexto, 2021. p. 53-64.

MISSE, Michel. Sobre a construção social do crime no Brasil. Esboços de uma interpretação. *In*: _____. (org.). **Acusados e acusadores: estudos sobre ofensas, acusações e incriminações.** Rio de Janeiro: Revan, 2008. p. 13-32.

MISSE, Michel. Sujeição criminal. *In*: LIMA, Renato Sérgio de; RATTON, José Luiz; AZEVEDO, Rodrigo Ghiringhelli de (org.). **Crime, polícia e justiça no Brasil**. 1. ed. São Paulo: Contexto, 2021. p. 204-212.

QUEIJO, Maria Elizabeth. Fundamentação das decisões judiciais: indicador da qualidade da prestação jurisdicional. *In*: MADURO, Flávio Mirza; MALAN, Diogo Rudge; SANTORO, Antonio Eduardo Ramires (org.). **Desafiando 80 anos de processo penal autoritário.** 1. ed. Belo Horizonte: D'Plácido, 2021. p. 581-609.

RIOS, Roger Raupp. **Direito da antidiscriminação: discriminação direta, indireta e ações afirmativas**. Porto Alegre: Livraria do Advogado Editora, 2008. p. 295.

SAGUINÉ, Odone. **Prisão cautelar, medidas alternativas e direitos fundamentais.** Rio de Janeiro: Forense, 2014. p. 854.

SCHIETTI CRUZ, Rogerio. Algumas premissas para um devido processo penal. *In*: BADARÓ, Gustavo; MALAN, Diogo; MORAIS, Maurício Zanoide de; MOURA, Maria Thereza Rocha de Assis; SAAD, Marta; ZILLI, Marcos (org.). **Processo penal humanista:** escritos em homenagem a Antonio Magalhães Gomes Filho. 1. ed. 2 reimp. Belo Horizonte: D'Plácido, 2021. p. 317-348.

SCHIETTI CRUZ, Rogerio. **Prisão cautelar:** dramas, princípios e alternativas. 6. ed. rev. atual. ampl. Salvador: Editora Juspodivm, 2021. p. 395.

SEMER, Marcelo. **Os paradoxos da justiça**: judiciário e política no Brasil. São Paulo: Editora Contracorrente, 2021. p. 289.

SINHORETTO, Jacqueline. Campo estatal de administração de conflitos: reflexões sobre a prática de pesquisa para a construção de um objeto. In: EILBAUM, Lucía; LIMA, Roberto Kant de; PIRES, Lenin (orgs.) **Burocracias, direitos e conflitos**: pesquisas comparadas em antropologia do Direito. Rio de Janeiro: Garamond, 2011. p. 25-41.

SINHORETTO, Jacqueline. Seletividade penal e acesso à justiça. *In*: LIMA, Renato Sérgio de; RATTON, José Luiz; AZEVEDO, Rodrigo Ghiringhelli de (org.). **Crime, polícia e justiça no Brasil**. 1. ed. São Paulo: Contexto, 2021. p. 400-410.

SOUSA FILHO, Ademar Borges de. Uma proposta de redução do encarceramento preventivo. **Jota.info – Jornalismo e tecnologia para tomadores de opinião**, São Paulo, 19 jan. 2017. Disponível em: https://www.jota.info/stf/do-supremo/uma-proposta-de--reducao-encarceramento-preventivo-19012017. Acesso em: 13 jan. 2022.

SUXBERGER, Antonio Henrique Graciano. Quantos presos provisórios? A relação entre prisão processual e congestionamento judiciário. **Revista Eletrônica de Direito**

Processual - REDP [online]. 2021, v. 22, n. 2 [Acessado 14 jan. 22]. Disponível em: <https://doi.org/10.12957/redp.2021.54128>.

VIEIRA, Oscar Vilhena. A desigualdade e a subversão do Estado de Direito. **Sur. Revista Internacional de Direitos Humanos** [online]. 2007, v. 4, n. 6 [Acessado 12 Janeiro 2022], p. 28-51. Disponível em: <https://doi.org/10.1590/S1806-64452007000100003>.

ZAFFARONI, Eugenio Raúl. **Direito penal humano e poder no século XXI**. Tradução: Ílison Dias dos Santos, Jhonatas Péricles Oliveira de Melo. Salvador: EDUFBA, 2020. p. 136.

ZAFFARONI, Eugenio Raúl. Normas e experiências internacionais na redução do encarceramento. *In*: **Conferência Magna de Encerramento do Módulo I do Curso de Especialização Jurisdição Penal Contemporânea e Sistema Prisional**; 2021, Brasília. Brasília: Conselho Nacional de Justiça (CNJ) e Escola Nacional de Formação e Aperfeiçoamento de Magistrados (Enfam), 3 set. 2021. Disponível em: https://www.youtube.com/watch?v=vjPk-X8mygk. Acesso em: 09 jan. 2022.

PARTE IV
JUSTIÇA RESTAURATIVA, DESPENALIZAÇÃO E AVALIAÇÃO DA POLÍTICA CRIMINAL

CAPÍTULO 1
A APLICAÇÃO DA JUSTIÇA RESTAURATIVA EM CRIMES DOLOSOS CONTRA A VIDA: UM CASO PRÁTICO PARA ENRIJECER A TEORIA

Claudio Camargo dos Santos[1]

SUMÁRIO

1 Introdução. 2 Algumas notas sobre justiça restaurativa. 3 Estudo de caso. 3.1 Metodologia. 3.2 O processo: caso criminal ocorrido em Maringá. 3.3 O contexto social e pessoal da vítima e sua família. 3.4 A voz da vítima e sua apoiadora. 3.5 O contexto social e pessoal do ofensor e sua família. 3.6 A voz do ofensor e sua apoiadora. 4 Considerações finais. Referências.

1 INTRODUÇÃO

Em um caso de tentativa de homicídio, a decisão do Tribunal do Júri realmente soluciona o conflito havido entre réu e vítima? Quando o magistrado fixa a

[1] Graduação em Direito pela Universidade Federal do Paraná (1993) e Mestrado Profissional pela Escola Nacional de Formação e Aperfeiçoamento de Magistrados – Enfam (2022). Facilitador de Círculos de Construção de Paz com capacitação pela Universidade Estadual de Maringá (2015). Juiz de Direito do Tribunal de Justiça do Paraná. Diretor da Escola da Magistratura do Paraná – Núcleo de Maringá. Coordenador-Adjunto do Cejusc-Maringá. Presidente do Conselho Gestor do Programa Municipal Maringá da Paz de Justiça Restaurativa. Orcid Id: 0000-0001-5181-7000. E-mail: ccsantos1@uol.com.br.

pena, com seu respectivo regime de cumprimento, a lide sociológica pode ser considerada sanada[2]? O Poder Judiciário deve zelar de modo mais incisivo pela pacificação social? Essa problematização vem à tona em um cenário em que há mais de 77 milhões de processos em andamento no Poder Judiciário brasileiro, nas mais diversas áreas[3], valendo lembrar que há séculos o paradigma punitivo[4] é o sustentáculo do sistema de justiça penal brasileiro, como enfatizado por Zanoide de Moraes[5].

O presente artigo objetiva demonstrar que, muitas vezes, o veredicto condenatório lançado ao término de uma sessão do Tribunal do Júri e a respectiva pena fixada pelo juiz togado, qualquer que seja, não tem o condão de resolver o conflito real havido entre os envolvidos, o que pode ser suprido pela justiça restaurativa, mormente porque incumbe ao Poder Judiciário brasileiro observar normas constitucionais, infraconstitucionais e tratados internacionais que direcionam a sociedade a construir, de forma incessante, uma sociedade mais pacífica.

Para tanto, por intermédio de um estudo bibliográfico com base em autores que analisam a justiça restaurativa tanto em âmbito internacional como nacional, o texto apresenta uma pesquisa empírica, de caráter qualitativo,

[2] "A sentença se limita a solucionar parcela do conflito levada a juízo (controvérsia jurídica), que se encontra na inicial e na contestação, e que reflete as posições das partes, transmitidas através de um terceiro, que é o advogado. Mas não soluciona a lide sociológica, a controvérsia social, que reflete os verdadeiros interesses e necessidades das partes, e que se encontra encoberta pela lide jurídica, como a base de um iceberg [...]" (LAGRASTA, Valéria Ferioli. Minissistema de métodos consensuais de solução de conflitos e aplicação efetiva do artigo 334 do CPC/2015. *In*: LAGRASTA, Valéria Ferioli; ÁVILA, Henrique de Almeida (org.). **Política Judiciária Nacional de Tratamento Adequado dos Conflitos de Interesse – 10 Anos da Resolução CNJ nº 125/2010**. São Paulo: Instituto Paulista de Magistrados, 2020. p. 181-199. p. 188.).

[3] CONSELHO NACIONAL DE JUSTIÇA. **Justiça em Números 2020**. Brasília, DF: CNJ, 2020. Disponível em: https://www.cnj.jus.br/wp-content/uploads/2020/08/WEB-V3-Justi%C3%A7a-em-N%C3%BAmeros-2020-atualizado-em-25-08-2020.pdf. Acesso em: 30 abr. 2023.

[4] Ao longo deste trabalho, as expressões "punitivo" e "retributivo" serão usadas indistintamente para se referir ao paradigma tradicional do sistema de justiça penal brasileiro, que visa punir quem viola uma norma legal, sem se importar com o futuro do infrator (ressocialização) e com as necessidades das vítimas.

[5] ZANOIDE DE MORAES, Maurício. **Processo Criminal Transformativo:** modelo criminal e sistema processual. Coord. Da coleção Cláudio Brandão. Belo Horizonte, São Paulo: D'Plácido, 2022.

eis que pessoas envolvidas em caso levado a júri em Maringá, no noroeste do Paraná, foram entrevistadas após terem participado de práticas restaurativas, no intuito de se avaliar a sua satisfação com essa novidade não prevista no Código de Processo Penal brasileiro.

É com inspiração no citado caso real que se apresenta esta seção introdutória e outros três tópicos: um para explanar alguns elementos que caracterizam a justiça restaurativa; outro para abordar o estudo de caso com base na citada pesquisa empírica; e o último para lançamento de conclusões.

Na seção sobre o estudo de caso, houve desmembramento em seis subitens, para explicitar a metodologia da pesquisa; discorrer sobre o fato criminal e as práticas restaurativas ocorridas; e apontar questões referentes ao contexto social e pessoal dos entrevistados e suas apoiadoras, bem como suas percepções e opiniões sobre a experiência de terem vivenciado tais práticas[6].

2 ALGUMAS NOTAS SOBRE JUSTIÇA RESTAURATIVA

É momento de se fazer certos apontamentos sobre elementos da justiça restaurativa, a começar pelo seu conceito, o que não é fácil, haja vista que, quanto mais é estudada e aplicada, novas conceituações vão pululando. Isso é natural, aliás, pois a justiça restaurativa "[...] é um conjunto de práticas em busca de uma teoria"[7].

[6] Importante registrar que, em certos momentos, será necessário o uso do verbo na primeira pessoa do singular, por dois motivos: primeiro, fui eu, na condição de juiz presidente do Tribunal do Júri, que sugeri às partes que participassem de práticas restaurativas e realizei as entrevistas contidas na seção 3 deste trabalho; e, segundo, porque "[...] "escrever não é um ato neutro", como aduz Bruna Angotti. A autora enfatiza que "[...] desde a escolha das palavras à estrutura do texto, a todo o tempo quem escreve se coloca no papel. A linguagem, por sua vez, também não é neutra, pois traz consigo heranças e disputas ideológicas, sociais e políticas" (ANGOTTI, Bruna. **Da solidão do ato à exposição judicial**: uma abordagem antropológico-jurídica do infanticídio no Brasil. Orientadora: Ana Lúcia Pastore Schitzmeyer. 2019. 362 f. Tese (Doutorado em Ciências Sociais) – Universidade de São Paulo, São Paulo, 2019. p. 44.).

[7] SICA, Leonardo. **Justiça restaurativa e mediação penal**: o novo modelo de justiça criminal e de gestão do crime. Rio de Janeiro: Lumen Juris, 2007. p. 10.

Não é por menos que um conceito foi elaborado por Sica no seguinte sentido: "[...] justiça restaurativa é um discurso direcionado a mudar nossa maneira de pensar e agir em relação ao fenômeno crime"[8].

No entanto, para fins do presente estudo, será utilizado o conceito trazido pela Resolução nº 225, de 31 de maio de 2016, do Conselho Nacional de Justiça (CNJ), que implementou a política nacional de justiça restaurativa no âmbito do Poder Judiciário brasileiro[9]:

> Art. 1º. A Justiça Restaurativa constitui-se como um conjunto ordenado e sistêmico de princípios, métodos, técnicas e atividades próprias, que visa à conscientização sobre os fatores relacionais, institucionais e sociais motivadores de conflitos e violência, e por meio do qual os conflitos que geram dano, concreto ou abstrato, são solucionados de modo estruturado[10].

Os personagens do citado caso real trazido à baila no item 3 tiveram a oportunidade de solucionar seu conflito nesta forma: sob metodologia e técnicas aplicadas por pessoas capacitadas, e com base em princípios da justiça restaurativa[11], dentre os quais destacam-se a voluntariedade e a responsabilidade[12],

[8] SICA, Leonardo. Justiça restaurativa no código de processo penal? *In*: VALOIS, Luiz Carlos; SANTANA, Selma; MATOS, Taysa; ESPIÑEIRA, Bruno (org.). **Justiça restaurativa**. Belo Horizonte: D'Plácido, 2017. p. 285-300. p. 289.

[9] Leonardo Sica elogia a iniciativa do CNJ, mas faz um contraponto afirmando que se trata de uma perspectiva do Poder Judiciário, e não uma concepção geral, visto que a justiça restaurativa não pode ter um conceito fechado, mas "aberto e flexível" (SICA, Leonardo. Justiça restaurativa no código de processo penal? *In*: VALOIS, Luiz Carlos; SANTANA, Selma; MATOS, Taysa; ESPIÑEIRA, Bruno (org.). **Justiça restaurativa**. Belo Horizonte: D'Plácido, 2017. p. 285-300. p. 293.).

[10] BRASIL. CONSELHO NACIONAL DE JUSTIÇA. **Resolução nº 225, de 31 de maio de 2016**. Dispõe sobre a Política Nacional de Justiça Restaurativa no âmbito do Poder Judiciário e dá outras providências. Brasília: CNJ, 2016. Disponível em: https://atos.cnj.jus.br/atos/detalhar/2289. Acesso em: 30 abr. 2023.

[11] "Os princípios iluminam o paradigma restaurativo e revelam, por si só, o quanto este se distancia do paradigma retributivo, calcado na ideia de castigar e causar aflição ao ofensor" (SANTOS, Claudio Camargo dos. **Audiência de custódia**: ressignificando vidas sob as lentes da justiça restaurativa. Londrina: Thoth, 2023. p. 117).

[12] A voluntariedade assegura que os envolvidos não podem ser obrigados ou pressionados a participarem de práticas restaurativas. Quanto à responsabilidade, isso significa que cada

ambos tomaram consciência de diversos fatores que resultaram no episódio que lhes foi bastante doloroso, principalmente para a vítima, que perdeu o movimento das pernas. Mas, o ofensor também sofreu consequências, eis que foi condenado a cumprir pena em regime inicial fechado e a conviver com o remorso de causar dano irreversível ao ofendido.

Na justiça restaurativa, há métodos variados que visam a solução de conflitos. Neste estudo, o foco é sobre os círculos de construção de paz[13], os quais são muito difundidos no Brasil. Como explica Kay Pranis, há diversos tipos desses círculos, como, por exemplo, de diálogo, de apoio, de construção de senso comunitário, de resolução de conflitos, entre outros[14]. No caso de Maringá, ocorreu o último tipo citado, no qual são reunidas "[...] as partes de uma disputa a fim de resolver suas diferenças. A resolução acontece através de um acordo consensual"[15].

Os círculos restaurativos zelam pelo tratamento isonômico e horizontal entre os participantes, para que nem mesmo as pessoas que facilitam o encontro possam se colocar em posição superior às demais. Por isso, as pessoas se sentam em cadeiras posicionadas em forma de círculo e cuida-se para que não haja uma mesa ou obstáculos entre os participantes. Pode ser colocada uma peça de centro no chão, bem como objetos que tenham significado para os envolvidos. Os facilitadores, geralmente duas pessoas, ajudam todos a mencionarem que valores pessoais gostariam de trazer para aquele momento, também explicam quais as diretrizes da atividade e formulam perguntas que norteiam o diálogo franco entre os partícipes. Há um objeto de fala e só quem está em sua posse usa a palavra, o que exige dos demais o exercício da escuta, aguardando seu momento para se expressar.

pessoa deve reconhecer seus erros e estar disposto a assumir as consequências e a reparar os danos, do jeito que for possível. É também chamada de autorresponsabilização. Uma sentença pode punir, mas é questionável que gere senso de responsabilização ao ofensor, como indica a pesquisa empírica apresentada neste artigo.

[13] Como anota Zehr, nos Estados Unidos, a mediação vítima-ofensor é bastante aplicada, enquanto que, na Nova Zelândia, por exemplo, destacam-se as Conferências de Grupos Familiares, mormente com aplicação na área da infância e juventude (ZEHR, Howard. **Trocando as lentes**: justiça restaurativa para o nosso tempo. Tradução de Tônia Van Acker. São Paulo: Pala Athena, 2008.).

[14] PRANIS, Kay. Processos circulares. Tradução de Tônia Van Acker. São Paulo: Palas Athena, 2010.

[15] *Ibidem*, p. 31.

Os círculos tendem a gerar bastante empatia entre os seus integrantes, justamente por se tratar de um espaço seguro de escuta e fala qualificadas. As pessoas são convidadas a expressarem sentimentos e necessidades, sem atacar outrem. Há um estímulo para uso de comunicação não-violenta.

Ademais, há uma fase preliminar chamada de pré-círculo, que tem por objetivo preparar cada pessoa para o encontro com a outra parte, e uma denominada de pós-círculo, para se colher o *feedback* dos participantes. Não há prazo para conclusão dos trabalhos e não há indução. A pessoa tem que, espontaneamente, afirmar que quer participar de um encontro de tal natureza e demonstrar que se sente preparada para encarar as emoções que certamente aflorarão no círculo. Sem essa voluntariedade, o encontro pode nem chegar a ocorrer, ou seja, a fase preliminar pode, também, ser a derradeira.

É, portanto, com base no diálogo que o conflito é tratado em sua raiz, de modo que, resolvido, cada parte possa seguir seu caminho com serenidade, sem qualquer espécie de preocupação com o passado, sem fixação na ideia de culpa ou mesmo de vingança. O que importa é o futuro, como as emoções e sentimentos poderão ser canalizados para evitar nova conduta delituosa, o que demonstra o grande caráter preventivo da justiça restaurativa.

É de bom grado registrar o alerta feito por Zehr sobre a preocupação do sistema de justiça sob o paradigma retributivo, que é indiferente em relação ao futuro das pessoas e da comunidade:

> A administração da justiça é uma espécie de teatro no qual os temas culpa e inocência predominam. O julgamento ou a confissão de culpa formam o clímax dramático, tendo a sentença como desenlace. Assim, a justiça se preocupa com o passado em detrimento do futuro[16].

Por outras palavras, o objetivo das práticas não é o de reconciliar os conflitantes, mas o de solucionar pacificamente o conflito. Se houver reconciliação, será consequência do que for dialogado, tão somente. Resolvido o conflito, há esperança de um futuro sem peso emocional e psicológico para o ser humano no que se refere àquela relação hostil. Há, pois, um incentivo da justiça

[16] ZEHR, Howard. **Trocando as lentes**: justiça restaurativa para o nosso tempo. Tradução de Tônia Van Acker. São Paulo: Pala Athena, 2008. p. 77.

restaurativa para que as pessoas possam se refazer emocional e psicologicamente, para darem seguimento às suas vidas sem que tenham que viver presas ao passado.

No caso concreto compartilhado na seção 3, ambas as partes estavam amarradas a um passado doloroso, cada qual temendo por momentos ainda mais difíceis, mas a prática restaurativa resolveu o problema de tal modo que a decisão dos jurados e a sentença judicial não conseguiram. A espiral do conflito foi obstada pela justiça restaurativa, e não pelo sistema de justiça penal tradicional, que é embasado no paradigma punitivo.

Por isso, é oportuno o registro dos valores restaurativos trabalhados em todas as práticas circulares:

> a) **Participação** – dos mais afetados pelo crime (vítimas, infratores e suas comunidades de interesse), sendo estes os principais tomadores de decisões; b) **Respeito** – de todos os seres humanos, uns pelos outros, independente de raça, cultura, religião, poder econômico, idade, gênero e orientação sexual; c) **Honestidade** – na fala e nos sentimentos decorrentes do fato criminoso; d) Humildade – para reconhecer a fragilidade e vulnerabilidade do ser humano; e) **Interconexão** – dos laços que envolvem o relacionamento da vítima, do infrator e da comunidade; f) **Responsabilidade** – para assumir os riscos decorrentes de uma transgressão e criar meios para reparar os danos causados por sua conduta (infrator); g) **Empoderamento** – das partes, para livre manifestação de suas vontades e satisfação de seus interesses; h) **Esperança** – da cura das vítimas, da mudança dos infratores e da maior civilidade da sociedade[17].

Mister se anotar a assertiva de Elizabeth Elliott, no sentido de que se tratam de "valores de direitos humanos"[18], o que vem realçar a importância que deve ser despendida à justiça restaurativa no Brasil, considerando que

[17] CARDOSO NETO, Vilobaldo. **Justiça restaurativa no Brasil:** potencialidades e impasses. Rio de Janeiro: Revan, 2018. p. 99, grifo meu.

[18] A autora agrega outros valores. Para ela, são valores centrais da justiça restaurativa o respeito, a honestidade, a confiança, a humildade, a inclusão, a empatia, a coragem, o perdão, o amor e o compartilhamento (ELLIOTT, Elizabeth M. **Segurança e cuidado**: justiça

o princípio da dignidade da pessoa humana é um dos mais importantes de todo o arcabouço jurídico-constitucional, à luz do artigo 1º, inciso III, de sua Constituição Federal.

É certo que a legislação brasileira não trata, ainda, da justiça restaurativa como uma ferramenta para uma mudança de paradigma no enfrentamento à violência. Apenas a "Lei do Sinase"[19] dispõe sobre práticas restaurativas a serem aplicadas na socioeducação, em seu artigo 35, inciso III.

Todavia, o CNJ lançou a política pública da justiça restaurativa na citada Resolução nº 225/2016, o que deve encorajar juízes e juízas de direito a testarem mais práticas de tal natureza em processos nas mais diversas esferas. Afinal, tal resolução exorta a ousadia. Não fosse assim, não teria sido lançada ou já teria sido extinta.

A Resolução nº 288/2019 do mesmo Conselho[20], por sua vez, implementou política "[...] para a promoção da aplicação de alternativas penais, com enfoque restaurativo, em substituição à privação de liberdade". Um de seus objetivos é "[...] a restauração das relações sociais, a reparação dos danos e a promoção da cultura da paz" (artigo 3º, inciso VIII).

No âmbito interno do Poder Judiciário brasileiro, o CNJ, no Anexo I de sua Resolução nº 325/2020, aponta o aperfeiçoamento da gestão da justiça criminal como um macrodesafio para o sextênio 2021-2026, indicando a necessidade de "investimento na justiça restaurativa"[21].

restaurativa e sociedades saudáveis. Tradução de Cristina Telles Assumpção. São Paulo: Pala Athena; Brasília, DF: ABRAMINJ, 2018. p. 120).

[19] BRASIL. Lei nº 12.594, de 18 de janeiro de 2012. Institui o Sistema Nacional de Atendimento Socioeducativo (SINASE), regulamenta a execução das medidas socioeducativas destinadas a adolescente que pratique ato infracional [...]. **Diário Oficial da União**: Brasília, DF, 18 jan. 2012. Disponível em: http://www.planalto.gov.br/ccivil_03/_ato2011-2014/2012/lei/l12594.htm. Acesso em: 30 abr. 2023.

[20] BRASIL. CONSELHO NACIONAL DE JUSTIÇA. **Resolução nº 288, de 25 de julho de 2019**. Define a política institucional do Poder Judiciário para a promoção da aplicação de alternativas penais, com enfoque restaurativo, em substituição à privação de liberdade. Brasília, DF: CNJ, 2019. Disponível em: https://atos.cnj.jus.br/atos/detalhar/2957. Acesso em: 30 abr. 2023.

[21] BRASIL. CONSELHO NACIONAL DE JUSTIÇA. **Resolução nº 325, de 29 de junho de 2020**. Dispõe sobre Estratégia Nacional do Poder Judiciário 2021-2026 e dá outras providências. Brasília, DF: CNJ, 2020. Disponível em: https://atos.cnj.jus.br/files/original182343202006305efb832f79875.pdf. Acesso em: 30 abr. 2023.

Por outro lado, as Resoluções 1999/26[22], 2000/14[23] e 2002/12[24], da Organização das Nações Unidas (ONU), incentivam os seus países membros a adotarem a justiça restaurativa na área criminal. A agenda 2030 da própria ONU[25], em seu objetivo de desenvolvimento sustentável (ODS) nº 4[26], tem como uma de suas metas promover "uma cultura de paz e não-violência" nas escolas, e o ODS 16[27] tem como uma de suas metas "[...] reduzir significativamente todas as formas de violência e as taxas de mortalidade relacionadas, em todos os lugares".

Logo, ante a fartura de dispositivos que colocam a justiça restaurativa como instrumento para produzir transformações sociais, cabe aos juízes e juízas de direito, em suas atividades cotidianas, valerem-se de sua criatividade para pinçar casos em que ela se mostra passível de aplicação a ponto de solucionar conflitos que não terminam com o processo ou com a sentença final. A justiça restaurativa é disruptiva e merece ser experimentada na área criminal e mesmo em outras, justamente por trazer uma nova perspectiva de enfrentamento da violência e de solução pacífica de conflitos, além de possuir caráter preventivo.

[22] ORGANIZAÇÃO DAS NAÇÕES UNIDAS. **Resolução nº 1999/26, de 28 de julho de 1999**. Desenvolvimento e Implementação de Medidas de Mediação e Justiça Restaurativa na Justiça Criminal. 28 jul. 1999.

[23] ORGANIZAÇÃO DAS NAÇÕES UNIDAS. **Resolução nº 2000/14, de 27 de julho de 2000**. Princípios Básicos para utilização de Programas Restaurativos em Matérias Criminais. 27 jul. 2002.

[24] ORGANIZAÇÃO DAS NAÇÕES UNIDAS. **Resolução nº 2002/12, de 24 de julho de 2002**. Princípios básicos para utilização de programas de justiça restaurativa em matéria criminal. 24 jul. 2002.

[25] CONSELHO NACIONAL DE JUSTIÇA. **Agenda 2030 no Poder Judiciário**. Comitê Interinstitucional. Disponível em https://www.cnj.jus.br/programas-e-acoes/agenda-2030. Acesso em: 30 abr. 2023.

[26] ORGANIZAÇÃO DAS NAÇÕES UNIDAS. **Objetivo de Desenvolvimento Sustentável 4**: Educação de Qualidade. Assegurar a educação inclusiva e equitativa e de qualidade, e promover oportunidades de aprendizagem ao longo da vida para todas e todos. 2015. Disponível em: https://gtagenda2030.org.br/ods/ods4/. Acesso em: 30 abr. 2023.

[27] ORGANIZAÇÃO DAS NAÇÕES UNIDAS. **Objetivo de Desenvolvimento Sustentável 16**: Paz, Justiça e Instituições Eficazes. Promover sociedades pacíficas e inclusivas para o desenvolvimento sustentável, proporcionar o acesso à justiça para todos e construir instituições eficazes, responsáveis e inclusivas a todos os níveis. 2015. Disponível em: http://www.agenda2030.com.br/ods/16/. Acesso em: 30 abr. 2023.

Vive-se um período da história em que o punitivismo se revela um paradigma incapaz de propiciar transformações sociais que possam melhorar a qualidade de vida em comunidade, cabendo à magistratura atuar de forma destemida e alavancar formas de fazer com que a pacificação social deixe de ser mera retórica e se concretize na vida das pessoas. E, na expressão de Zehr, a justiça restaurativa pode ser a "bússola" para isso[28].

3 ESTUDO DE CASO

Este tópico tem por finalidade examinar o caso concreto citado alhures, verificado em Maringá, com um relato do que transcorreu entre os envolvidos no conflito e com aquilo que externaram em entrevistas feitas em suas residências.

Com efeito, realizei entrevistas com os dois personagens principais da história real contada nesta seção, sendo que suas apoiadoras estavam presentes quando os visitei, ou seja, Teresa, a mãe do ofensor Alfredo, e Rita, a esposa da vítima Martim[29].

3.1 Metodologia

As perguntas se deram de forma semiestruturada, para que as pessoas entrevistadas pudessem falar livremente a respeito de suas percepções. Essa opção metodológica se deu porque, assim, seria possível assimilar com mais amplitude os sentimentos que compartilhavam e seguir com perguntas que surgissem a partir de suas respostas.

E não apenas foram dirigidas indagações aos personagens principais, como também a suas apoiadoras, porquanto o caráter da pesquisa é qualitativo e a justiça restaurativa é o objeto da investigação. Vale dizer, é salutar ouvir quem participou de alguma forma de círculo de construção de paz, de modo

[28] ZEHR, Howard. **Trocando as lentes**: justiça restaurativa para o nosso tempo. Tradução de Tônia Van Acker. São Paulo: Pala Athena, 2008. p. 235.

[29] Seus nomes verdadeiros foram substituídos por pseudônimos, para preservar suas identidades.

que seus sentimentos e pensamentos possam emergir e suscitar reflexões nos atores do sistema de justiça como um todo.

Com dados existentes no processo, foi fácil localizar as residências de ofensor e vítima. Fui à casa da vítima, em um domingo à noite, no início de abril de 2023. Cerca de dez dias depois, no meio de semana, por volta de 13 horas, foi a vez de visitar o ofensor.

Nas duas situações, eu trajava camiseta e calça jeans, porquanto, se na sessão do Tribunal do Júri, eu estava na função de autoridade, vestido com terno, gravata e toga, não fazia sentido ir formalmente trajado para realizar as entrevistas, até porque eu estava atuando como pesquisador, não como juiz de direito, e necessitava evitar distanciamento e facilitar a abertura ao diálogo.

3.2 O processo: caso criminal ocorrido em Maringá/PR

Trata-se de um caso criminal ocorrido na comarca de Maringá/PR, em outubro de 2010, mas julgado em fevereiro de 2016. O réu Alfredo foi acusado de tentativa de homicídio da vítima Martim[30]. Em apertada síntese, assim se deram os fatos: Alfredo foi até a casa da genitora de Martim, onde este se encontrava, e efetuou disparos de arma de fogo, atingindo o segundo pelas costas. Martim foi socorrido e conduzido a um hospital, onde recebeu o devido tratamento médico e não foi a óbito, embora tenha perdido permanentemente o movimento das pernas, tornando-se paraplégico.

Na sessão do Tribunal do Júri, os jurados condenaram Alfredo, acatando o pleito do Ministério Público no sentido de que ocorreu tentativa de homicídio qualificado por recurso que dificultou a defesa da vítima (artigo 121, § 2º, inciso IV, do Código Penal brasileiro)[31]. Aliás, o réu já havia sido condenado em outros processos, por homicídios consumados. Para ele, então, não era novidade enfrentar aquela espécie de procedimento.

[30] Registre-se que uma terceira pessoa também foi denunciada como coautora, sob a acusação de ter emprestado a arma de fogo para Alfredo executar os disparos, além de tê-lo conduzido até o local em que estava a vítima Martim.

[31] BRASIL. Decreto-lei nº 3.689, de 3 de outubro de 1941. Código de Processo Penal. **Diário Oficial da União**: seção 1, Rio de Janeiro, RJ, 3 out. 1941. Disponível em: http://www.planalto.gov.br/CCIVIL/Decreto-Lei/Del3689.htm. Acesso em: 30 abr. 2023.

Durante a sessão do Tribunal do Júri, eu, como juiz presidente, suspeitei que o réu Alfredo e a vítima Martim, em algum momento de suas vidas, tiveram alguma espécie de relacionamento respeitoso e, então, ao final da sessão, conversei reservadamente com cada um e lhes expliquei o que significava a justiça restaurativa e se gostariam de participar de práticas desta natureza. Ambos concordaram. Alfredo afirmou que tinha receio de que, saindo da prisão, fosse alvo de vingança de Martim, que, por sua vez, afirmou temer que Alfredo, ao obter liberdade, pudesse "completar o serviço", isto é, fosse ao seu encalço para matá-lo. Ambos aceitaram a proposta e encaminhei o caso para duas facilitadoras que já atuavam no fórum maringaense, em projeto de justiça restaurativa relacionado a pessoas que recebem liberdade em audiências de custódia[32].

Então, a par da execução da pena imposta em decisão judicial, as facilitadoras iniciaram práticas restaurativas, em local apropriado no fórum de Maringá, com o uso da metodologia de círculos de construção de paz, que tem Kay Pranis[33] como uma de suas principais expoentes, e são bastante difundidos no Brasil, talvez pela sua constante presença em eventos nacionais ou mesmo por videoconferência, após o início da pandemia, em 2020.

Tratando-se de círculo de resolução de conflitos, foram realizados vários pré-círculos com cada parte, tendo o réu Alfredo escolhido sua mãe, Teresa, para participar das atividades, enquanto Martim escolheu sua esposa, Rita.

Após a realização dos citados pré-círculos, houve um momento em que réu e vítima decidiram se encontrar, ou seja, optaram por participar de um círculo restaurativo, levando as mesmas pessoas como apoiadoras, sob a facilitação das voluntárias que os estavam acompanhando. E o círculo assim se concretizou[34].

[32] Trata-se do Projeto Amparo, que foi objeto de minha dissertação no Mestrado Profissional da Escola Nacional de Formação e Aperfeiçoamento de Magistrados (Enfam), tendo sido publicada pela Editora Thoth, em 2023, sob o título "Audiência de custódia: ressignificando vidas sob as lentes da justiça restaurativa". As facilitadoras foram as psicólogas Flávia Marcela Felipe e Soraia Ribari Saito Vinholi.

[33] PRANIS, Kay. **Processos circulares**. Tradução de Tônia Van Acker. São Paulo: Palas Athena, 2010.

[34] Tanto para os pré-círculos como para o próprio círculo e o pós-círculo, a Secretaria da 1ª Vara Criminal solicitava que agentes da Penitenciária Estadual de Maringá providenciassem a escolta de Alfredo até o fórum.

No encontro circular, o diálogo foi fluindo e o réu Alfredo afirmou que atirou na vítima Martim porque este havia dito a terceiros que iria matá-lo e, então, antes de ser morto, quis ceifar a vida de Martim. Este reconheceu que realmente afirmou a terceiros que iria matá-lo, pois seu irmão fora assassinado e Alfredo teria sido o autor do fato. O réu negou a autoria do homicídio do irmão de Martim e, inclusive, contou quem teria sido o verdadeiro executor. Ambos reconheceram, também, que o uso de substâncias entorpecentes contribuiu para a animosidade que surgiu entre eles, concorrendo para o rompimento do relacionamento amistoso que mantinham até então.

Concluídos os diálogos no círculo restaurativo, as partes fizeram um acordo simples, mas resolutivo do problema que vivenciavam: doravante, jamais darão ouvidos a boatos sobre vingança, isto é, se algum deles ouvir dizer que o outro quer matá-lo, ao invés de acreditar no boato, irá procurá-lo pessoalmente para conversarem. No pós-círculo, semanas depois, ratificaram o acordo entabulado honesta, espontânea e respeitosamente.

Destarte, eles solucionaram o conflito real, o que não havia ocorrido com a decisão proferida ao final do julgamento pelo Tribunal do Júri. A singeleza do acordo denota a sua profundidade. Não há mais receio de que novo conflito venha a ocorrer, como eles imaginavam anteriormente. A paz de espírito de ambos foi retomada a ponto de cada um poder viver sem se preocupar em ser assassinado pelo outro.

3.3 O contexto social e pessoal da vítima e sua família

Martim reside em uma casa simples, de madeira, com um bom espaço de quintal onde há um pequeno canil, visto que lá vivem quatro cães. O bairro é residencial e próximo ao centro da cidade (cerca de 2,5 km). Além do casal, na mesma residência moram os três filhos do primeiro casamento de Rita.

Não havia campainha na entrada e bati palma para ser atendido. A porta da residência estava aberta e imaginei que Martim surgiria por ali, mas sua esposa abriu uma janela de um quarto voltado para a rua e foi quem me atendeu em primeiro lugar. Perguntei se Martim estava e logo me identifiquei como o "juiz da 1ª Vara Criminal". Ela respondeu afirmativamente e que o marido já iria me receber. Não levou dois minutos para que saíssem da casa, pela porta da frente.

Na área de entrada, há um desnível de cerca de meio metro que separa a casa do quintal, mas não há rampa, e Martim contou com a ajuda de Rita, que desceu a cadeira de rodas, para vir em minha direção, enquanto ela ficou na área, sorridente. Não menos sorridente, Martim se aproximou. Ele abriu o portão, cumprimentou-me e convidou-me para entrar e, novamente, sozinha, Rita o ajudou a superar o degrau entre o quintal e a área de acesso à residência, dispensando minha ajuda.

Sentei no sofá da sala, com Rita ao meu lado. Martim posicionou a sua cadeira bem em frente. Começamos a conversar e falei que estava ali para fazer uma entrevista, com o objetivo de, posteriormente, utilizá-la para a elaboração de um artigo científico. De pronto, ele aceitou ser entrevistado, assim como a proposta que fiz para gravarmos a conversa em meu aparelho celular. Rita ficou o tempo todo ao nosso lado, demonstrando satisfação por aquele momento.

Primeiramente, sobre a história de vida de Martim, este narrou que teve uma infância sofrida. Por vezes, faltava comida em casa. Não completou o ensino fundamental, mas sempre foi trabalhador, inclusive, quando tinha 16 anos e se preparava para começar a trabalhar no mesmo frigorífico que seu pai, este foi assassinado em razão de uma briga em uma mercearia (levou duas facadas pelas costas).

Cerca de quatro anos mais tarde, sua mãe é quem foi assassinada, desta vez por uma bala perdida, disparada há poucos metros de sua casa, quando ocorreu um entrevero em uma residência vizinha.

Aí Martim foi trabalhar numa cidade situada no estado de São Paulo, onde pintava casas e tinha boa remuneração, inclusive a empresa para a qual prestava serviços pagava uma passagem de ônibus para que pudesse vir a Maringá uma vez por mês. Algum tempo depois, ficou desempregado e voltou a ficar permanentemente em Maringá. Era uma época em que o crack era novidade na cidade, contou Martim, e logo começou a fazer uso dessa substância e a se tornar dependente químico. Também começou a vender droga para sustentar seu vício.

Naquele período, Martim conheceu Alfredo, que também fazia uso da droga e a vendia no mesmo bairro, mas não tinham grande amizade. Foi naquela época que queria matar Alfredo, porque surgiram comentários de que foi o assassino de seu irmão.

Além do irmão assassinado, Martim teve uma irmã que também já é falecida e um irmão mais novo, que está preso por envolvimento com tráfico de droga.

Martim tem três filhas do primeiro casamento, com as quais, por mais que tenha tentado, não mantém relacionamento. Por ter ficado muito tempo longe delas, não há um vínculo afetivo, embora tenha esperança que isso possa mudar algum dia.

Como perdeu os rins, em consequência dos ferimentos provocados por projéteis de arma de fogo, Martim se submete a sessões de hemodiálise três ou quatro vezes por semana. Sua remuneração decorre de benefício previdenciário, pois não pode trabalhar.

Rita é aposentada, mas trabalhava como cuidadora de idosos. Conheceu Martim quando este foi encaminhado para o estabelecimento onde ela trabalhava, para tratamento em razão das sequelas das lesões que sofreu com o atentado contra sua vida. Aí se casaram e estão juntos há 13 anos. Ela também tem três filhos de outro relacionamento, dos quais dois moram com o atual casal.

3.4 A voz da vítima e sua apoiadora

Como visto no item 2, um dos valores da justiça restaurativa é o empoderamento, que consiste em dar voz a quem se vê envolvido em um conflito, principalmente à vítima, historicamente negligenciada pelo sistema de justiça penal retributivo. Neste rumo, foram lançadas questões pertinentes ao caso narrado retro, no item 3.2.

Perguntado sobre o que significou ter participado do círculo restaurativo, Martim respondeu que, antes, tinha medo de Alfredo, imaginava que este pudesse retornar a qualquer momento para matá-lo. Martim revelou que seu trauma era muito grande, que qualquer "estampido" que ouvisse, "mesmo de uma panela caindo em sua casa", já lhe causava muito medo, "um sentimento de pânico", mas isso teve fim quando concluiu a participação no círculo restaurativo, no fórum maringaense, na presença de Alfredo.

Martim informou que há alguns meses – no início de 2023 –, antes da entrevista, foi procurado por Alfredo, que gostaria de saber se o acordo feito no fórum "estava de pé", ao que lhe respondeu que sim. Alfredo lhe procurou pessoalmente, em sua residência, e a conversa foi tranquila para ambos.

Martim asseverou que, sem as práticas restaurativas, seu trauma não teria sido superado, razão pela qual entende que tais práticas devem ser levadas a outras pessoas que passam por conflitos semelhantes. Contudo, fez uma ressalva: a justiça restaurativa não deve ser utilizada como "benefício", porque aí o ofensor poderá participar pensando apenas em diminuir sua pena.

Para a vítima Martim, a participação de sua esposa, Rita, nos pré-círculos e no círculo, foi importante pelo "apoio emocional". Ele lembra que, ao ficar frente a frente com o ofensor, "a tensão foi muito grande", mas a companheira acariciava suas costas ao perceber que seu corpo tremia e dizia-lhe para relaxar, acalmando-o. Martim destacou que Teresa, mãe de Alfredo, também fazia o mesmo com o filho e isso contribuiu para o diálogo que tiveram. Martim relatou que ficou "com muito dó" daquela mulher, emendando: "achei importante e admirei ela apoiar o filho", porque havia praticado crimes contra outras pessoas também.

Quando questionado por que Alfredo lhe efetuou disparos de arma de fogo, Martim mencionou que propalava para outras pessoas que iria matá-lo e, assim, compreende que seu algoz agiu a fim de preservar a própria vida.

Rita ratificou tudo o que foi dito pelo esposo e afirmou que gostou muito de participar do círculo, tanto para dar apoio ao marido, quanto para conhecer Alfredo e sua genitora.

A esposa também assinalou que, após o círculo, Martim superou o trauma de andar na rua, pois sempre ficava preocupado que Alfredo (ou alguém sob suas ordens) pudesse aparecer e atentar novamente contra sua vida, além de que ela afirmou que os hábitos na própria residência mudaram, pois Martim não tem mais medo de deixar as janelas e as portas da casa abertas. É, perceptivelmente, uma pessoa que superou o trauma, contentou-se Rita.

3.5 O contexto social do ofensor e sua família

Alfredo reside uma casa de alvenaria, situada em um bairro residencial distante a uns 8 km do centro da cidade. Como a de Martim, a sua casa também é simples, com sala, três quartos, cozinha e banheiro. Há um pequeno quintal, incluindo uma garagem sem paredes, mas com cobertura. Entre sua casa e a de Martim, em outro bairro da cidade, há cerca de 9,5 km de distância.

Para minha sorte, Alfredo e sua genitora estavam em casa quando lá cheguei. Fui também muito bem recebido, não obstante, tinham uma natural expressão de espanto ao verem o juiz de direito ali na sua residência. Expliquei-lhes o motivo da visita e concordaram prontamente em participar da entrevista e que gravasse o áudio em meu telefone celular.

Teresa, que é divorciada e mãe de dois filhos, empregada doméstica no período matutino e pedicure no vespertino, acompanhou boa parte da conversa, mas em certo momento teve que ficar na parte externa da casa, na garagem, atendendo a uma amiga que veio lhe visitar.

Para o(a) leitor(a) compreender um pouco melhor a vida de Alfredo, trata-se de pessoa que, aos sete anos de idade, viu o pai e a mãe se divorciarem, fato que sentiu bastante à época ("um pai faz falta para qualquer criança", enfatizou). Conheceu as drogas a partir dos 13 anos de idade, iniciando com a maconha, passando para o crack e a cocaína, e logo foi internado para tratamento contra a dependência química, mas, aos 16 anos, teve uma recaída e, além de retornar ao consumo de substâncias entorpecentes, passou a vendê-las para manter o próprio vício.

Em certa época, passou a ouvir comentários que Martim queria matá-lo, acusando-o de que seria o assassino de seu irmão, e decidiu assassiná-lo, tendo lhe desferido disparos de arma de fogo pelas costas. Alegou que, diante dos boatos que ouvia, agiu certo em proteger a própria vida, embora lamente o fato de a vítima ter perdido o movimento das pernas (Alfredo nega que matou o irmão de Martim).

Alfredo também confidenciou que, certa vez, brigou com um rapaz e o matou com emprego de arma de fogo. Já em outra ocasião, um amigo do referido rapaz lhe procurou para tirar satisfações e novamente cometeu um homicídio. Estes dois crimes se deram em data posterior ao atentado contra a vida de Martim, mas os processos tramitaram de forma mais célere e acabaram sendo julgados antes. Assim, quando entrou no salão do júri sob a acusação de incorrer em tentativa de homicídio, já contava com duas condenações por homicídio consumado.

Depois de tanto tempo na prisão[35], Alfredo quer reconstruir sua vida. Na prisão, conheceu uma menina[36], casou-se e com ela teve duas filhas (além destas, tem um filho de outro relacionamento – foi pai com 16 anos de idade), mas, atualmente, estão vivendo em casas separadas, pensando se continuarão ou não a relação.

Alfredo completou os estudos na Penitenciária Estadual de Maringá (curso supletivo), pois quando lá chegou, aos 19 anos de idade, ainda não tinha concluído o ensino fundamental. Quando estava no regime semiaberto, podia sair para estudar e fez um curso de eletricista. Questionei-o se quer ingressar em uma universidade e respondeu afirmativamente, pretendendo fazer curso de engenharia elétrica.

Atualmente, trabalha como eletricista autônomo (mesma profissão do pai), tem poucos clientes, mas tem esperança de crescer profissionalmente neste ramo.

Confidenciou que só faz uso de calça para sair de casa, mesmo em dias de muito calor, porque acredita que poderá até perder clientes caso vejam sua tornozeleira eletrônica, cujo o uso é obrigatório para responder o restante da pena em liberdade. "Há muito preconceito", mencionou.

Para ele, a vida de presidiário foi muito ruim. Não havia nada para fazer durante a maior parte do tempo. Alfredo acredita que os presos ficam muito ociosos e que deveria haver atividades para que saíssem da prisão com melhores condições para o reinício da vida em sociedade.

3.6 A voz do ofensor e sua apoiadora

A justiça restaurativa também dá voz aos ofensores, porque o respeito ao ser humano, independentemente de etnia, sexo, religião ou classe social, é um

[35] Alfredo explicou que ficou dez anos preso em regime fechado e dois em regime semiaberto, mas, agora, por força de regime harmonizado, pode ficar em casa mediante uso de tornozeleira eletrônica. Faltam quatro anos para poder retirar a tornozeleira, pois terá direito à progressão do seu regime de cumprimento de pena para o aberto.

[36] Na verdade, já se conheciam de vista, e Alfredo passou a trocar cartas com ela, que foi lhe visitar na prisão e, assim, teve início o relacionamento. A troca de cartas se deu por intermédio de um amigo em comum, que também estava cumprindo pena na Penitenciária Estadual de Maringá. O amigo passava as cartas para sua companheira fazer a entrega para aquela que seria a futura esposa de Alfredo.

valor que jamais pode ser menosprezado. Então, o ofensor Alfredo teve a igual oportunidade de se pronunciar em todas as fases do círculo de construção de paz, assim como de transmitir, por meio de entrevista, suas percepções sobre aquilo que vivenciou.

Então, indagado sobre as práticas ocorridas no fórum de Maringá em 2016, Alfredo contou que gostou de participar dos pré-círculos, círculo e pós-círculo, e que realmente tinha medo de vingança por parte de Martim, "mas depois de olhar no olho" o medo desapareceu. O entrevistado Alfredo também relatou que, naquela época, consentiu em participar pois queria ter "outra vida" e "deixar aquele problema para trás".

Inclusive, Alfredo ratificou, em parte, o que havia sido externado por Martim, entrevistado antes, eis que me falou que, após sair da prisão, telefonou para ele para ter a certeza de que o acordo estabelecido anos antes no fórum, durante práticas restaurativas, estava em vigor, por assim dizer, e a resposta foi afirmativa. Negou tê-lo procurado pessoalmente, mas eu também não lhe disse que o próprio Martim falou o contrário, afinal, eu não estava ali para gerar intrigas, mas para saber suas percepções sobre as práticas restaurativas que participou. Ademais, por que razão eu iria provocar intriga, se os protagonistas solucionaram seu conflito amigavelmente e a justiça restaurativa se preocupa com o futuro, como esposado em seção anterior?

O entrevistado Alfredo considera que, se não fossem as práticas restaurativas no fórum, não procuraria Martim para uma conversa e nem seria por ele procurado. Recorda-se que Martim partilhou, no círculo, "que até quando caía panela de chão na casa dele" ficava assustado, o que evidencia que, se não fosse pela justiça restaurativa, não teriam conversado e feito o acordo mencionado na seção de introdução deste trabalho.

Para Alfredo, práticas restaurativas devem ter continuidade no Poder Judiciário, porque "com muita gente pode ter acontecido igual a eu e ele, por causa de conversa dos outros, falta de sentar e conversar. Às vezes, a coisa pode ser resolvida em conversa", concluiu.

Ele também asseverou que gostou que sua mãe lhe apoiou durante as atividades circulares e que a esposa de Martim igualmente participou, porque isso contribuiu para o desfecho pacífico do conflito. Alfredo quer reconstruir sua vida e deseja que Martim consiga o mesmo.

Com a amiga indo embora, Teresa retornou à sala e acresceu que também tinha medo que Martim se vingasse do seu filho, porém, depois das práticas restaurativas, não tem mais esse sentimento. Ela gostou de conhecer Martim e a esposa, algo que foi importante para ela, na condição de mãe.

Ao final, perguntado se ele tinha algo a partilhar que não lhe havia sido indagado, mencionou que gostaria de participar de "palestras", caso seja convidado, para que possa contar sua experiência em círculo de construção de paz, justificando que "para a minha vida, foi muito produtivo isso aí". Sua mãe aproveitou o ensejo e também se colocou à disposição.

Pois bem, do relato dos entrevistados e suas apoiadoras, nota-se que foram observados os princípios da voluntariedade e da responsabilidade e de valores como participação, respeito, honestidade, empatia, esperança, dentre outros. Além de que o propósito de superação do passado, evitando o crescimento da espiral do conflito, ficou evidenciado na fala dos entrevistados e foram ratificados por suas apoiadoras. Isso é justiça restaurativa.

4 CONSIDERAÇÕES FINAIS

A justiça restaurativa, no caso verificado em Maringá, demonstrou ser possível: a responsabilização de infratores pelas condutas cometidas (reconhecimento do erro, desejo de não mais praticá-lo e de reparar os danos na forma que for possível); a resolução de conflitos por meio de diálogo em espaço seguro de escuta e de fala qualificadas, com a colaboração de pessoas capacitadas (no caso concreto, por meio de círculo restaurativo, os protagonistas acordaram que não se ofenderão mais e deixarão o passado efetivamente para trás); e a superação de traumas (Martim não podia ouvir um estampido de uma panela caindo ao chão, nem deixar portas e janelas de sua casa abertas, que logo recordava do momento em que foi atingido por projétil de arma de fogo, o que foi curado pelo círculo de construção de paz).

Se a punição não tem potencial para solucionar um conflito, porquanto só mira o passado dos envolvidos, a justiça restaurativa é apta a impedir o recrudescimento da violência, encerrando a lide sociológica na raiz, isto é, ela alavanca soluções pensando no futuro dos participantes.

É de se imaginar que uma inovação legislativa poderá vir a fomentar de modo mais efetivo a utilização da justiça restaurativa em todo o país para que, assim como ocorreu em Maringá, diversos conflitos que chegam ao ponto crítico de tentativa de homicídio possam ser verdadeiramente solucionados[37], o que não se dá pela sentença. Mas, a ausência de leis não impede que os magistrados e as magistradas deem aplicação à justiça restaurativa, tanto que, como esposado neste ensaio, o CNJ a implementou como política nacional no Poder Judiciário brasileiro e estimula a construção de política de paz, o que, frise-se, está em harmonia com diretrizes da ONU e do próprio texto constitucional brasileiro.

Com efeito, como discorrido por mim em outro estudo, a justiça restaurativa está alinhada aos princípios da dignidade da pessoa humana e da solução pacífica de conflitos, previstos na Constituição Federal brasileira, bem como aos objetivos fundamentais da República Federativa do Brasil consistentes na construção de "uma sociedade livre, justa e solidária" e na promoção do "bem de todos, sem preconceitos de origem, raça, sexo, cor, idade e quaisquer outras formas de discriminação" (normas consagradas na Constituição Federal[38]), o que se opõe ao paradigma punitivista, sustentáculo do sistema de justiça penal brasileiro[39].

Se o Brasil é um dos países-membros da ONU, que estimula práticas restaurativas, e se o CNJ, órgão de controle do Poder Judiciário brasileiro, também exorta a isso, magistrados e magistradas devem assumir a condição de agentes de transformação social, plantando sementes restaurativas em diversas áreas, inclusive em casos de crimes dolosos contra a vida, pois exitosos resultados poderão despontar.

A prática poderá enrijecer a teoria da justiça restaurativa, legitimando-a como forma de enfrentar e prevenir a criminalidade. E não se duvide que "[...] a prática tem muito a ensinar à teoria", como acentua Raffaella da Porciuncula Pallamolla[40].

[37] Inclusive em casos de homicídios consumados, com práticas restaurativas entre infrator e familiares da vítima, por exemplo.

[38] Artigos 1º, inciso III, 3º, incisos I e IV, e 4º, inciso VII.

[39] SANTOS, Claudio Camargo dos. **Audiência de custódia**: ressignificando vidas sob as lentes da justiça restaurativa. Londrina: Thoth, 2023. p. 277.

[40] PALLAMOLLA, Raffaella da Porciuncula. **Justiça restaurativa**: da teoria à prática. São Paulo: IBCCRIM, 2009. p. 200.

REFERÊNCIAS

ANGOTTI, Bruna. **Da solidão do ato à exposição judicial**: uma abordagem antropológico-jurídica do infanticídio no Brasil. Orientadora: Ana Lúcia Pastore Schitzmeyer. 2019. 362 f. Tese (Doutorado em Ciências Sociais) – Universidade de São Paulo, São Paulo, 2019.

BRASIL. CONSELHO NACIONAL DE JUSTIÇA. **Resolução nº 225, de 31 de maio de 2016**. Dispõe sobre a Política Nacional de Justiça Restaurativa no âmbito do Poder Judiciário e dá outras providências. Brasília: CNJ, 2016. Disponível em: https://atos.cnj.jus.br/atos/detalhar/2289. Acesso em: 30 abr. 2023.

BRASIL. CONSELHO NACIONAL DE JUSTIÇA. **Resolução nº 288, de 25 de julho de 2019**. Define a política institucional do Poder Judiciário para a promoção da aplicação de alternativas penais, com enfoque restaurativo, em substituição à privação de liberdade. Brasília, DF: CNJ, 2019. Disponível em: https://atos.cnj.jus.br/atos/detalhar/2957. Acesso em: 30 abr. 2023.

BRASIL. CONSELHO NACIONAL DE JUSTIÇA. **Resolução nº 325, de 29 de junho de 2020**. Dispõe sobre Estratégia Nacional do Poder Judiciário 2021-2026 e dá outras providências. Brasília, DF: CNJ, 2020. Disponível em: https://atos.cnj.jus.br/files/original182343202006305efb832f79875.pdf. Acesso em: 30 abr. 2023.

BRASIL. Decreto-lei nº 3.689, de 3 de outubro de 1941. Código de Processo Penal. **Diário Oficial da União**: seção 1, Rio de Janeiro, RJ, 3 out. 1941. Disponível em: http://www.planalto.gov.br/CCIVIL/Decreto-Lei/Del3689.htm. Acesso em: 30 abr. 2023.

BRASIL. Lei nº 12.594, de 18 de janeiro de 2012. Institui o Sistema Nacional de Atendimento Socioeducativo (SINASE), regulamenta a execução das medidas socioeducativas destinadas a adolescente que pratique ato infracional [...]. **Diário Oficial da União**: Brasília, DF, 18 jan. 2012. Disponível em: http://www.planalto.gov.br/ccivil_03/_ato2011-2014/2012/lei/l12594.htm. Acesso em: 30 abr. 2023.

CARDOSO NETO, Vilobaldo. **Justiça restaurativa no Brasil:** potencialidades e impasses. Rio de Janeiro: Revan, 2018.

CONSELHO NACIONAL DE JUSTIÇA. **Agenda 2030 no Poder Judiciário**. Comitê Interinstitucional. Disponível em https://www.cnj.jus.br/programas-e-acoes/agenda-2030. Acesso em: 30 abr. 2023.

CONSELHO NACIONAL DE JUSTIÇA. **Justiça em Números 2020**. Brasília, DF: CNJ, 2020. Disponível em: https://www.cnj.jus.br/wp-content/uploads/2020/08/WEB-V3-Justi%C3%A7a-em-N%C3%BAmeros-2020-atualizado-em-25-08-2020.pdf. Acesso em: 30 abr. 2023.

ELLIOTT, Elizabeth M. **Segurança e cuidado**: justiça restaurativa e sociedades saudáveis. Tradução de Cristina Telles Assumpção. São Paulo: Pala Athena; Brasília, DF: ABRAMINJ, 2018.

LAGRASTA, Valéria Ferioli. Minissistema de métodos consensuais de solução de conflitos e aplicação efetiva do artigo 334 do CPC/2015. *In*: LAGRASTA, Valéria Ferioli; ÁVILA, Henrique de Almeida (org.). **Política Judiciária Nacional de Tratamento Adequado dos Conflitos de Interesse – 10 Anos da Resolução CNJ nº 125/2010**. São Paulo: Instituto Paulista de Magistrados, 2020b. p. 181-199.

ORGANIZAÇÃO DAS NAÇÕES UNIDAS. **Objetivo de Desenvolvimento Sustentável 16**: Paz, Justiça e Instituições Eficazes. Promover sociedades pacíficas e inclusivas para o desenvolvimento sustentável, proporcionar o acesso à justiça para todos e construir instituições eficazes, responsáveis e inclusivas a todos os níveis. 2015. Disponível em: http://www.agenda2030.com.br/ods/16/. Acesso em: 30 abr. 2023.

ORGANIZAÇÃO DAS NAÇÕES UNIDAS. **Objetivo de Desenvolvimento Sustentável 4**: Educação de Qualidade. Assegurar a educação inclusiva e equitativa e de qualidade, e promover oportunidades de aprendizagem ao longo da vida para todas e todos. 2015. Disponível em: https://gtagenda2030.org.br/ods/ods4/. Acesso em: 30 abr. 2023.

ORGANIZAÇÃO DAS NAÇÕES UNIDAS. **Resolução nº 1999/26, de 28 de julho de 1999**. Desenvolvimento e Implementação de Medidas de Mediação e Justiça Restaurativa na Justiça Criminal. 28 jul. 1999.

ORGANIZAÇÃO DAS NAÇÕES UNIDAS. **Resolução nº 2000/14, de 27 de julho de 2000**. Princípios Básicos para utilização de Programas Restaurativos em Matérias Criminais. 27 jul. 2002.

ORGANIZAÇÃO DAS NAÇÕES UNIDAS. **Resolução nº 2002/12, de 24 de julho de 2002**. Princípios básicos para utilização de programas de justiça restaurativa em matéria criminal. 24 jul. 2002.

PALLAMOLLA, Raffaella da Porciuncula. **Justiça restaurativa**: da teoria à prática. São Paulo: IBCCRIM, 2009.

PRANIS, Kay. **Processos circulares**. Tradução de Tônia Van Acker. São Paulo: Palas Athena, 2010.

SANTOS, Claudio Camargo dos. **Audiência de custódia**: ressignificando vidas sob as lentes da justiça restaurativa. Londrina: Thoth, 2023.

SICA, Leonardo. **Justiça restaurativa e mediação penal**: o novo modelo de justiça criminal e de gestão do crime. Rio de Janeiro: Lumen Juris, 2007.

SICA, Leonardo. Justiça restaurativa no código de processo penal? *In*: VALOIS, Luiz Carlos; SANTANA, Selma; MATOS, Taysa; ESPIÑEIRA, Bruno (org.). **Justiça restaurativa**. Belo Horizonte: D'Plácido, 2017. p. 285-300.

ZANOIDE DE MORAES, Maurício. **Processo Criminal Transformativo:** modelo criminal e sistema processual. Coord. Da coleção Cláudio Brandão. Belo Horizonte, São Paulo: D'Plácido, 2022.

ZEHR, Howard. **Trocando as lentes**: justiça restaurativa para o nosso tempo. Tradução de Tônia Van Acker. São Paulo: Pala Athena, 2008.

CAPÍTULO 2
O SONEGADOR NA PRISÃO: JUSTIÇA OU REVANCHISMO DE CLASSE? UM ESTUDO SOBRE A (DES)PENALIZAÇÃO DA SONEGAÇÃO FISCAL NO BRASIL

Fernando Braga Damasceno[1]
Matheus Andrade Braga[2]

SUMÁRIO

1 Introdução. 2 (Des)criminalização e (des)penalização; 2.1 Distinção; 2.2 A tentativa de conferir um conceito material de pena. 3 A sonegação fiscal e a sua criminalização em Portugal e no Brasil. 4 A Constituição e a legitimação da penalização (da sonegação) fiscal; 4.1 A *«constituição penal»* como fonte única de validade da penalização; 4.2 A *«sonegação fiscal»* e o princípio constitucional da *«exclusiva proteção de bens jurídicos»*; 4.3 O princípio constitucional da necessidade da pena. 5 A (des)penalização da sonegação fiscal: uma análise do ordenamento brasileiro. 6 Considerações finais.

[1] Doutor pela UFPE. Mestre em Direito pela UFC. Professor do PPGD – ENFAM. Desembargador Federal do TRF-5. E-mail: fernando-braga@hotmail.com. Lattes: lattes.cnpq.br/9489087695696684.

[2] Doutorando em Direito Processual Penal pela PUC-SP. Mestre em Direito pela UFC. Advogado. E-mail: bragaamatheus@gmail.com. Lattes: lattes.cnpq.br/5740140055447927.

1 INTRODUÇÃO

Pode-se afirmar sem medo de uma generalização indevida que, no Brasil, o sonegador de tributos não vai para a prisão. Isso é fato, sendo, ainda, as raríssimas exceções capazes tão somente de confirmar a regra[3].

Outrossim, parece tranquilo, também, que tal quadro decorre, ainda que só parcialmente, do direito (penal) positivado (ou da interpretação que os Tribunais fazem do mesmo), que institui um tratamento para a sonegação, que faz com que a prisão de seu agente se torne algo demasiadamente remoto.

O presente trabalho se propõe a analisar o tratamento acima referido, de modo a buscar um posicionamento sobre a sua legitimidade, ou seja, tentar-se-á concluir se o tratamento normativo da sonegação fiscal espelha a justiça que se deve esperar num Estado Democrático e de Direito, ou se, ao contrário, é fruto de interesses outros que logram interferir no tratamento da matéria.

O caminho a ser trilhado consiste em: a) primeiramente, equalizar determinados significados como o de penalização, criminalização, pena, sonegação fiscal etc.; b) buscar saber se a Constituição respalda a pena privativa de liberdade para as condutas qualificadas como sonegação fiscal; c) perquirir sobre a existência de pressupostos que autorizariam um tratamento privilegiado da sonegação fiscal em face de crimes comuns análogos; d) e, por fim, saber se há algum sentido em afirmar que a Constituição impõe o dever de uso da pena de prisão para (ao menos) as formas mais graves de sonegação fiscal.

2 (DES)CRIMINALIZAÇÃO E (DES)PENALIZAÇÃO

2.1 Distinção

A *"criminalização"*, enquanto qualificação de uma conduta como crime, e a *"penalização"*, como sua vinculação a uma sanção penal (ou pena), são

[3] Consultando as estatísticas do órgão responsável pelo sistema penitenciário brasileiro, constata-se que, não obstante o total das execuções em andamento seja classificado segundo a infração penal, a sonegação fiscal não apresenta qualquer resultado significativo. Confira-se em <https://www.gov.br/depen/pt-br/servicos/sisdepen>.

normalmente tomadas como sinônimos, o que se deve ao costume de se recorrer à pena para conceituar o crime e vice-versa[4].

Isso só ocorre em razão do esvaziamento do conceito de pena, a qual, via de regra, é tomada como a sanção prevista na lei como tal ou, ainda, como aquela que a lei vincula a uma conduta definida como crime.

De fato, se se considerar que a pena pode assumir qualquer conteúdo, ter-se-á uma congruência entre os conceitos de criminalizar e penalizar. Todavia, a mera consideração de que o conceito de pena, a par do requisito formal, também possui um requisito de ordem material, já faz com que se admita um certo distanciamento entre a criminalização e a penalização, podendo aquela se dar sem esta, o que ocorreria nas hipóteses: a) de definição de uma conduta como crime e sua vinculação a uma sanção sem a substância da pena, mas que foi considerada como tal pelo legislador; e b) da vinculação a uma pena se operar de uma forma mediata, condicionada a uma série de circunstâncias que a deixem demasiadamente remota, tornando quase inequívoca a sua não aplicação.

Buscando uma síntese para a distinção, tem-se que a **criminalização** possuiria uma conotação mais formal, sendo uma espécie de categorização feita pelo legislador[5], [e a] **penalização**, por sua vez, diz respeito mais à substância, ao conteúdo da sanção cogitada, no caso, a pena[6].

[4] Toma-se o termo *"crime"*, inicialmente, sob uma acepção formal, como o produto da criminalização.

[5] Isso não quer dizer, todavia, que a (mera) criminalização de uma conduta não tenha repercussões de ordem prática, posto que implica na sua inclusão no chamado «sistema penal», marcado não apenas pelas normas materiais (v. g., reincidência), mas por um procedimento próprio (investigação criminal e processo penal), não se desconsiderando, também, os efeitos de sua simbologia e, até mesmo, seu «dialeto». Este termo é de Hulsman, que, reconhecendo um efeito pratico nesses símbolos, propõe que a descriminalização venha acompanhada da substituição do «dialeto penal» (HULSMAN, Louk; CEIS, Jacqueline Bernat De Celis. **Peines perdues**: le système pénal em question, Paris, 1982, p. 109.)

[6] Tal distinção, embora não esteja no centro das preocupações dos penalistas, tem alguma ressonância nas obras de criminologia, onde se costuma fazer a distinção entre os conceitos de «despenalização» e «descriminalização». Jorge de Figueiredo e Manuel da Costa Andrade entendem que a descriminalização é a desqualificação de uma conduta como crime, uma redução formal da competência do sistema penal em relação a determinadas expressões do comportamento humano, com sua inclusão em outro sistema repressivo estatal como o contra-ordenativo ou o civil. Para eles, a despenalização seria o processo de redução maior ou menor das sanções criminais aplicadas a condutas que persistem (formalmente) como

2.2 A tentativa de conferir um conceito material de pena

Ir além disso exige (que ao menos se consiga aproximar de) um conceito material de pena, o que implica em identificar seus requisitos materiais.

Assume-se, então, como ponto de partida, que a pena deve consubstanciar-se em algo diferente das sanções previstas em outros ramos do direito, não podendo ser uma mera reprodução de uma sanção não penal, uma vez que isso faria preponderar seu aspecto formal, anulando qualquer sentido em se pretender um conteúdo com aptidão para distingui-la[7].

Com efeito, é comum dizer que a pena se distingue da chamada *«sanção civil»*, porque esta se consubstancia numa (previsão de) reparação dos efeitos causados pela conduta a que é vinculada, competindo-lhe a missão de pôr as coisas onde (segundo a norma violada) deveriam estar, mediante: a) a invalidação do ato praticado em seu desacordo e/ou b) a (re)colocação das coisas no seu *status quo ante*, mediante um comando reparatório/indenizatório.

A pena, ao contrário, consiste na aplicação de um mal, numa perda de bens, que é imposta ao responsável pela violação da norma, não lhe sendo inerente esse caráter reparatório[8].

Todavia, esse critério – que leva em conta o caráter retributivo da sanção – não tem aptidão para diferençar a *«pena»* das chamadas *«sanções administrativas»*, as quais também possuem esta mesma característica.

ilícitos criminais, o que se daria com a substituição das penas privativas de liberdade por outras sanções criminais não detentivas (DIAS, Jorge de Figueiredo; ANDRADE, Manuel da Costa. **Criminologia:** o homem delinquente e a sociedade criminógena, Coimbra: Coimbra Ed., 1984, p. 401).

[7] FELDENS, Luciano. **A Constituição Penal**: A Dupla Face da Proporcionalidade no Controle de Normas Penais; Porto Alegre: Livro do Advogado, 2005, p. 133.

[8] Heleno Fragoso chama isso de caráter «retributivo»; para ele: "*a sanção característica da lei penal, ou seja, a pena, não consiste na execução coativa do preceito jurídico violado, mas na perda de um bem jurídico imposta ao autor do ilícito, ou seja, num mal infligido ao réu, em virtude de seu comportamento antijurídico. Daí o seu caráter retributivo*". (FRAGOSO, Heleno Cláudio. **Lições de Direito Penal**: Parte Geral. Rio de Janeiro: Forense, 2003, p. 3). Vide também ZAFFARONI, Eugenio Raúl; PIERANGELI, José Henrique. **Manual de Direito Penal Brasileiro**: parte geral, São Paulo: Revista dos Tribunais, 2001, p. 86.

Ao prosseguir nessa busca, logo se encontra, em boa parte da doutrina, que a *«pena»* é a espécie de sanção mais severa que um ordenamento jurídico pode adotar, constituindo a mais grave privação de bens ali prevista. [9]

Tal definição, embora não tenha o condão de resolver o problema, aponta um caminho: é preciso definir um *"critério geral de gravidade"*[10].

Consistindo, a sanção, numa privação (ou restrição) de bens, urge, então, identificar quais aqueles passíveis de serem atingidos por ela, já que, ao menos a princípio, uma restrição a um bem de maior valor será mais grave que aquela incidente sobre um bem de menor valor.

Há consenso quanto à existência de uma ordem abstrata de mais valia imperando no conjunto de bens/direitos do indivíduo, sobressaindo a vida, a integridade física e a liberdade como os de valor mais elevado. E isso já permitiria, mesmo num plano abstrato, assegurar que a restrição a tais direitos denota uma gravidade superior, o que é reforçado pelo caráter personalíssimo que os mesmos ostentam, implicando eventual restrição num sofrimento **direto** e **indelegável** por seu titular.

Então, parece razoável defender que sanções que restrinjam o direito à vida, à integridade física ou à liberdade seriam as mais graves, o que consiste num critério mais ou menos razoável de delimitação da *«pena»*.

Todavia, a *«pena»* não só é delimitada por um patamar mínimo de gravidade, mas também o é num patamar máximo, decorrente do necessário respeito à dignidade humana.[11]

[9] Cláudio Brandão sustenta que: *"é propriedade exclusiva do Direito Penal a mais grave sanção de todo o Ordenamento Jurídico: a Pena."* (BRANDÃO, Cláudio. **Curso de Direito Penal**. Rio de Janeiro: Forense, 2010, p. 3). Assim também ROXIN, CLAUS, **Derecho Penal:** Parte General Tomo I. Fundamentos. La Estructura de la Teoría del Delito. Trad. Esp. por Diego-Manuel Luzón Penha e outros. Madrid: Civitas, 2008, p. 71.

[10] Registre-se que essa gravidade aferida num plano abstrato jamais contemplará as peculiaridades de cada indivíduo, que certamente terá sua própria ordem de gravidade, podendo dissidir de uma ordem geral, o que não é suficiente pra invalidar a defesa de um critério geral.

[11] Nos tempos atuais, é certo, são consideradas inadmissíveis as penas de morte e de castigos corporais, que aliás eram as autênticas «penas» no passado.

Sobra, pois, num Estado respeitador dos direitos humanos, a possibilidade de restrição/privação da liberdade, a desvelar-se, pois, como a autêntica sanção penal nos dias de hoje.[12]

A pena privativa de liberdade é, portanto, a que hoje, por si só, preenche os requisitos materiais (caráter retributivo e *«superior gravidade»*) do conceito de pena, o que implica dizer que outras modalidades de sanção utilizadas como pena só chegam a adequar-se a tal conceito quando, de alguma forma, são associadas à prisão[13].

3 A SONEGAÇÃO FISCAL E A SUA CRIMINALIZAÇÃO EM PORTUGAL E NO BRASIL

A sonegação fiscal consiste na conduta dolosa voltada à supressão ou redução de tributos, mediante a ocultação ou desvirtuamento de fatos/informações. Ao praticá-la, o contribuinte busca ocultar, no todo ou em parte, o fato gerador do tributo e, por conseguinte, a relação jurídica dele proveniente.

Assim compreendida, a sonegação opera-se mediante: a) a omissão de declarações ao Fisco, quando o indivíduo é obrigado a prestá-las; b) o uso de fraude – documentos adulterados, p. ex. –, com vistas a impedir que o Fisco conheça do fato gerador do tributo, ou perceba-o de forma distorcida. E isso, naturalmente, implica dizer que o mero inadimplemento do tributo não se adequa ao conceito de *«sonegação fiscal»*, não havendo como confundi-lo com a hipótese de sonegação mediante omissão de informação ao Fisco[14].

Segundo Susana Aires de Sousa, foi no séc. XIX a primeira vez que o ordenamento português autonomizou as infrações fiscais de natureza

[12] No mesmo sentido, Luigi Ferrajoli, quando afirma que *"as penas seriam somente as restritivas de liberdade: privativas ou não"* (FERRAJOLI, Luigi. **Direito e Razão:** Teoria do Garantismo Penal. Trad. Ana Paula Zomer Sica. São Paulo: Revista dos Tribunais, 2002, p. 382).

[13] É o caso da multa, prevista de forma tal que o seu inadimplemento implique na prisão do condenado; da prestação de serviços à comunidade, que só se distingue de uma obrigação de fazer cível, porque é aplicada em substituição à prisão (uma espécie de *«soldado de reserva»*).

[14] Repare que tal conduta não consiste em um mero inadimplemento obrigacional, na medida em que, neste caso, o contribuinte apenas não paga o tributo devido na data aprazada, não se valendo de certos comportamentos que visam à ocultação de fatos ou de informações necessárias à formalização da relação jurídico-tributária.

administrativa das de natureza penal, o que se deu com a previsão, no Código Penal de 1886, dos crimes de Contrabando (art. 279) e descaminho (280)[15].

Posteriormente, já em 1936, por meio do Decreto Lei nº 27.153, previu-se a punição de algumas condutas fraudulentas – duplicação, viciação ou falsificação de escrita – com multa e prisão[16].

Com o advento da reforma fiscal de 1958/64, que fez inserir em diversos códigos fiscais, um capítulo sobre as infrações, onde se adotava como sanção principal, a multa não conversível em prisão, surgiu uma fase de grande discussão na doutrina e jurisprudência, sobre a natureza de crime das infrações previstas na legislação anterior.

Assim, alguns defendiam que, à exceção da conduta de *«viciar, violar ou inutilizar aparelho de medida colocado pela administração fiscal»*, criminalizada pela Reforma (art. 113, §1, do Código de Imposto e Transações), o tratamento uniforme que foi dado à matéria das infrações fiscais demonstrava a recusa de recorrer à prisão para as infrações tributárias[17].

Em 1976, por meio do Decreto-lei n 619/76, o legislador português cominava a pena de prisão para as seguintes condutas: viciação, falsificação, ocultação, destruição e inutilização de escrita e documentos, simulação de contrato ou transação, entre outras.

Nos anos de 1989 e 1990, foram criados, respectivamente, o Regime Jurídico das Infrações Fiscais Aduaneiras RJIFA (Decreto-lei 376-A/89) e o Regime Jurídico das Infrações Fiscais não Aduaneiras RJIFNA (Decreto 20-A/90). Neste último diploma, a *«sonegação fiscal»* era criminalizada, sob o rótulo de fraude fiscal (art. 23), com a cominação de uma pena de multa, conversível em prisão, o que veio a ser revogado pela legislação atual: o Regime Geral das Infrações Tributárias RGIT (Lei 15/2001).

Referido diploma, atualmente em vigor, em seu artigo 103, criminaliza diversas condutas, quando praticadas com o objetivo de reduzir tributos, notadamente: a) a omissão de fatos ou valores que deveriam constar de escrituração ou de declarações (alínea a e b); b) condutas fraudulentas, como

[15] SOUSA, Susana Aires de. **Os Crimes Fiscais:** Análise Dogmática e Reflexão sobre a Legitimidade do Discurso Criminalizador, Coimbra: Almedina, 2009, p. 53.

[16] Op. cit., p. 55.

[17] Op. cit., p. 56-7.

alteração de fatos em escrituração ou declarações (alínea a) e a realização de negócio simulado (alínea c).

O RGIT prevê, em seu artigo 104°, uma forma qualificada, qual seja o uso, como meio fraudulento, de facturas falsas ou documentos equivalentes (n. 2), ou para o caso de se verificarem outras circunstâncias[18]. As penas cominadas são de até 3 anos de prisão, mais multa, para a forma simples e, de até 5 anos de prisão, mais multa, para a forma qualificada.

No Brasil, por sua vez, a sonegação fiscal é tipificada como crime contra a *"ordem tributária"* por meio do artigo 1° da Lei n° 8.137/90, que comina a pena de 2 a 5 anos de prisão, mais multa, para a supressão ou redução de *"tributos"*, quando operada mediante fraude ou omissão de informações.[19]

Ainda, o art. 337-A, do Código Penal Brasileiro, acrescido pela Lei nº 9.983, do ano de 2000, traz norma especial, prevendo a punição com prisão, de 2 a 5 anos, para as mesmas condutas quando resultarem na sonegação de contribuições previdenciárias.

[18] A acumulação de mais de uma das seguintes, conforme dispõe o art. 104, do RGIT: *"a) O agente se tiver conluiado com terceiros que estejam sujeitos a obrigações acessórias para efeitos de fiscalização tributária; b) O agente for funcionário público e tiver abusado gravemente das suas funções; c) O agente se tiver socorrido do auxílio do funcionário público com grave abuso das suas funções; d) O agente falsificar ou viciar, ocultar, destruir, inutilizar ou recusar entregar, exibir ou apresentar livros, programas ou ficheiros informáticos e quaisquer outros documentos ou elementos probatórios exigidos pela lei tributária; e) O agente usar os livros ou quaisquer outros elementos referidos no número anterior sabendo-os falsificados ou viciados por terceiro; f) Tiver sido utilizada a interposição de pessoas singulares ou colectivas residentes fora do território português e aí submetidas a um regime fiscal claramente mais favorável; g) O agente se tiver conluiado com terceiros com os quais esteja em situação de relações especiais."*

[19] *"**Art. 1°** Constitui crime contra a ordem tributária suprimir ou reduzir tributo, ou contribuição social e qualquer acessório, mediante as seguintes condutas: I – omitir informação, ou prestar declaração falsa às autoridades fazendárias; II – fraudar a fiscalização tributária, inserindo elementos inexatos, ou omitindo operação de qualquer natureza, em documento ou livro exigido pela lei fiscal; III – falsificar ou alterar nota fiscal, fatura, duplicata, nota de venda, ou qualquer outro documento relativo à operação tributável; IV – elaborar, distribuir, fornecer, emitir ou utilizar documento que saiba ou deva saber falso ou inexato; V – negar ou deixar de fornecer, quando obrigatório, nota fiscal ou documento equivalente, relativa a venda de mercadoria ou prestação de serviço, efetivamente realizada, ou fornecê-la em desacordo com a legislação. Pena – reclusão, de 2 (dois) a 5 (cinco) anos, e multa."*. Para Leandro Paulsen, "A Constituição não se utiliza da expressão 'ordem tributária'; a legislação penal especial é que a ela se refere ao definir os crimes tributários. Mas a ordem tributária está constitucionalmente desenhada, porquanto é no texto maior que são estabelecidos os fundamentos, os princípios e os objetivos da tributação, ora de modo expresso, ora de modo implícito" (PAULSEN, Leandro. **Tratado de Direito Penal Tributário Brasileiro**. São Paulo: Saraiva, 2022., p. 22).

4 A CONSTITUIÇÃO E A LEGITIMAÇÃO DA PENALIZAÇÃO (DA SONEGAÇÃO) FISCAL

4.1 A "constituição penal" como fonte única de validade da penalização

Pode-se falar em Constituição em duas acepções: a) material ou substancial, que corresponde àquele conjunto de normas que traçam a estrutura o Estado, tanto no que diz com as principais instituições do Poder, como em referência à posição ali ocupada pela pessoa humana[20]; e b) formal ou instrumental, correspondente à forma como esse conjunto de normas se insere no ordenamento jurídico, integrando o nível de maior hierarquia e sendo dotadas de maior estabilidade que as demais normas ditas ordinárias.

Os Estados que se estruturam a partir de uma Constituição instrumental têm, nesta, a fonte de validade de todo o seu ordenamento jurídico, sendo o *«poder constituinte»* o único que tem aptidão de condicionar a atuação dos poderes constituídos, entre os quais o poder de *«penalizar»*.

Bom deixar registrado que a Constituição não se esgota no texto escrito da constituição instrumental, podendo abranger normas estruturais ali não expressamente previstas. E isso se deve à chamada (cláusula de) abertura constitucional, que pode ser entendida como a propriedade de determinadas constituições permitirem a incorporação de outras diretrizes normativas materialmente constitucionais, que, conquanto não estejam explicitadas no texto da Constituição instrumental, a este se ligam de uma forma indireta ou mediata[21].

Assim, uma norma prevista numa lei ordinária, veiculada numa convenção internacional ou até mesmo um princípio geral do direito (não escrito) podem ser integrados à Constituição e adquirir sua hierarquia no ordenamento de

[20] Para Paulo Bonavides: *"do ponto de vista material, a Constituição é o conjunto de normas pertinentes à organização do poder, à distribuição da competência, ao exercício da autoridade, à forma do governo, aos direitos da pessoa humana, tanto individuais como sociais. (...) Em suma, a Constituição, em seu aspecto material, diz respeito ao conteúdo, mas tão somente ao conteúdo das determinações mais importantes, únicas merecedoras, segundo entendimento dominante, de serem designadas rigorosamente como matéria constitucional".* (BONAVIDES, Paulo. **Curso de direito constitucional**. São Paulo: Malheiros, 2017, p. 80).

[21] FELDENS, Luciano. **A Constituição Penal**: A Dupla Face da Proporcionalidade no Controle de Normas Penais; Porto Alegre: Livro do Advogado, 2005, p. 60.

determinado Estado, não lhe bastando, entretanto, que possua índole constitucional (estrutural), fazendo-se necessário que esteja de acordo com o espírito da Carta[22].

O mesmo ocorre com a chamada *«constituição penal»*, que nada mais é que a face da Constituição relacionada ao poder estatal de cominar e aplicar penas, abrangendo mais especificamente: a) os *«princípios de direito penal constitucional»*, que são as normas estruturais do direito penal com nítida feição constitucional, e que, por isso, poderiam até mesmo prescindir do reconhecimento expresso na *«constituição formal»*, como, p. ex., os princípios da legalidade, da individualização da culpa etc.; b) os *«princípios constitucionais influentes em matéria penal»*, que são aquelas normas constitucionais que se relacionam (também) com o Direito Penal, e que acabam condicionando (e, talvez, até determinando positivamente) o seu conteúdo, quer diga respeito à conduta, quer à pena, aí se enquadrando os princípios da proporcionalidade, da igualdade etc.[23]; c) normas penais que, apesar de não integrarem a estrutura básica do Estado, foram explicitadas na constituição instrumental.

4.2 A "sonegação fiscal" e o princípio constitucional da "exclusiva proteção de bens jurídicos»

A maior gravidade da *«pena»*, que atinge diretamente a liberdade do indivíduo, gera uma maior preocupação de legitimação do direito penal se comparada à dos demais ramos do direito, daí a busca por critérios que vinculem o legislador penal, especificamente no que diz com *«o que»* e *«como»* penalizar.

[22] Acerca da Constituição portuguesa de 1976, Paulo Otero afirma *"a normatividade constitucional vigente em Portugal, não se esgotando na Constituição em sentido instrumental, pode encontrar, todavia, no texto da Constituição instrumental verdadeiras cláusulas de constitucionalização de normas que, provenientes de fontes alheias ao poder constituinte gerador da Constituição de 1976, passam a assumir, por expressa ou implícita decisão da própria Constituição, o valor, a natureza e a força das normas constitucionais: a cláusula de constitucionalização transforma normas não constitucionais em verdadeiras normas constitucionais"*. (OTERO, Paulo. **Direito Constitucional Português**. v. I, Coimbra: Almedina, 2010, p. 178).

[23] *"Quer o conceito material de crime, enquanto conteúdo admissível do criminalizável, quer o conceito material de pena, como conteúdo e fins possíveis da sanção correspondente, fazem parte da Constituição Penal. Na verdade, tais categorias dependem, directamente, da articulação dos direitos fundamentais com os meios de restrição da liberdade concedidos ao Estado para realizar a justiça"* (PALMA, Maria Fernanda. **Direito constitucional penal.** Coimbra: Almedina, 2006, p. 49).

Quanto a esse primeiro aspecto, entendia-se necessária uma norma prévia que vinculasse o legislador penal quando da separação daquelas condutas que poderiam ser ameaçadas de pena, de modo a evitar possíveis arbítrios por parte do legislador.

Dita norma exige se construa (ou encontre) um critério que contemple dois ideais: a) de justiça ou equidade, de modo que a separação das condutas deva ser feita segundo a aferição de sua gravidade, sendo um truísmo a relação de proporcionalidade entre as gravidades da sanção e da conduta; e b) de segurança (jurídica), na medida em que se faz necessário conferir uma boa dose de previsibilidade do resultado dessa seleção.

No século XIX, foi desenvolvida a denominada *«teoria do bem jurídico»*, segundo a qual só poderiam ser ameaçadas com a *«pena»* aquelas condutas que causassem *«dano»* ou *«expusessem a um perigo concreto»* um bem jurídico de índole individual / subjetiva, como a vida, o patrimônio etc.

Percebe-se, de logo, que a aplicação do princípio resultante da referida teoria – *«princípio da exclusiva proteção de bens jurídicos individuais contra dano ou perigo concreto»* – inviabiliza a penalização da sonegação fiscal, porquanto, parece evidente, referida conduta não viola (ao menos diretamente) bens ou interesses individuais, reconduzíveis rigorosamente a direitos subjetivos, senão o patrimônio público, no seu componente receita pública[24].

Questão que se põe, então, é saber se referido princípio foi incorporado à Constituição (brasileira e/ou portuguesa) por meio da cláusula de abertura, uma vez que ali não foi expressamente previsto.

A resposta, aqui, há de ser negativa, sobretudo por considerar que a norma não positivada no texto maior só adquire o status de constitucional se compatível com a essência da Constituição.

Referindo-se à *«constituição penal»*, tem-se que, para que um *«princípio de direito penal»* não expressamente previsto passe a integrá-la, deve, para além de possuir caráter estrutural, estar em harmonia com a Constituição escrita, com os princípios ali previstos e com suas finalidades.

[24] Assim é o entendimento de Susana Aires de Sousa (SOUSA, Susana Aires de. **Os Crimes Fiscais:** Análise Dogmática e Reflexão sobre a Legitimidade do Discurso Criminalizador, Coimbra: Almedina, 2009, p. 288 e ss.).

E a *«teoria do bem jurídico de matriz liberal»* não encontra sintonia com a Constituição na medida em que não tem aptidão para cumprir com o critério de justiça ou equidade na delimitação da área penalizável, uma vez que ele acaba por permitir o uso da pena para condutas não tão graves, como dano ao patrimônio particular, vedando-o em relação a condutas dotadas de extrema gravidade e manifestamente insuportáveis numa vida em sociedade, como a corrupção dos agentes públicos, o desvio de verbas públicas, a posse clandestina de armamentos bélicos e demais materiais perigosos (explosivos, biológicos, químicos), a quadrilha armada, o contrabando de armas etc.

A *«segurança jurídica»*, que poderia ser vista como critério atendido pelo *«princípio da exclusiva proteção de bens jurídicos individuais»*, por mais que configure um valor indispensável quando se trata da restrição a um direito fundamental, não pode preponderar sobre o critério de justiça e equidade, o que resultaria numa *«constituição penal»* dissonante com o todo da Constituição.

É que, mesmo que se admitisse possível chegar a um elevado grau de determinabilidade da matéria penalizável, a partir de um raciocínio puramente científico, há de se ver que o bem jurídico ameaçado pela pena não reina sozinho na Constituição, devendo compatibilizar-se com a igualdade material e com a solidariedade indispensáveis à construção de uma sociedade mais justa.

É incontroverso que as constituições portuguesa e brasileira são inspiradas também pelos princípios da igualdade e solidariedade e funcionalizam (toda) a atuação estatal à supressão das desigualdades sociais, o que implica não só em preservar, mas também promover a dignidade da pessoa humana.

O direito penal, portanto, há de incorporar definitivamente a igualdade, mas não aquela *"majestosa igualdade das leis, que proíbem tanto ao rico, como ao pobre, dormir sobre as pontes, mendigar nas ruas e furtar pão"* [25].

Isso não implica, sobremaneira, que a norma constitucional teria renunciado à *«exclusiva proteção ao bem jurídico»* como princípio orientador do direito penal, mas tão somente desvelaria a sua restrição em relação aos bens jurídicos individuais.

A assunção dos chamados *«bens jurídicos coletivos»* como valores fundamentais acaba por se revelar como marca indissociável de uma constituição social

[25] A frase é de Anatole France. Apud VASCONCELOS, Arnaldo. **Teoria da Norma Jurídica**. 5ª ed. São Paulo: Malheiros, 2002, p. 137.

igualitária. Os bens coletivos se ligam de modo indireto à dignidade humana, mediante a sua aptidão para preservar/promover valores a ela diretamente ligados (exatamente os bens jurídicos individuais). Todavia, essa intermediação necessária não implica numa maior distância (ou numa menor importância), devendo-se considerar, p. ex., que sua violação é capaz de difundir os males para um número indeterminado de indivíduos, o que, sem dúvidas, pode acabar por compensar um menor sofrimento individualmente considerado[26].

Não há, pois, nada que respalde a pretensão de considerar tais bens jurídicos como bens de segunda categoria, merecedores de um estatuto diferenciado, indignos da proteção via norma penal, mesmo porque, como se disse acima, determinadas violações causadas em «bens jurídicos coletivos» podem apresentar uma danosidade social muito mais insuportável que muitas outras provocadas em bens individuais.

Assim, o fato de se tratar de bem coletivo ou individual diz muito pouco ao tratar da matéria penalizável, bastando-se, pois, para ser penalmente digno, que ele tenha sede constitucional (ou, em outras palavras, seja fundamental).

Ademais, deve-se registrar que a avaliação sobre a legitimidade do uso da pena não pode ser feita por "lotes" a partir de uma classificação segundo o *«bem atingido»*, senão exige uma análise concreta, conduta a conduta, aferindo a danosidade de cada uma delas, vez que a *«maior importância»* do bem violado é só um primeiro critério a ser considerado, sendo visíveis hipóteses em que uma desvantagem na partida pode ser compensada quando se analisar a intensidade da violação (ou do perigo).[27]

No que diz com o bem atingido pela sonegação fiscal (o *«patrimônio público»*), nota-se que o mesmo tem expresso reconhecimento constitucional, sendo considerado bem fundamental, haja vista sua funcionalização à promoção da dignidade humana. Ademais, não fosse o patrimônio público bem merecedor

[26] Para Daniel Sarmento, "a violação a valores e interesses de matriz difusa ou coletiva e a ação seletiva e organizada de grupos configuram aquilo que, hoje, se convencionou denominar macrocriminalidade" (SARMENTO, Daniel. A proteção de minorias vulneráveis. *In:* **O judiciário do nosso tempo: grandes nomes escrevem sobre o desafio de fazer justiça no Brasil.** Org. Maria Tereza Sadek [et. al]. 1ª ed. Rio de Janeiro: Globo, 2021, p. 164).

[27] A análise da legitimidade da penalização deve, pois, ficar em nível de parte especial, com a análise de conduta a conduta. Nesse sentido, ROXIN, Claus, **Derecho Penal:** Parte General Tomo I. Fundamentos. La Estructura de la Teoría del Delito. (Trad. Esp. por Diego-Manuel Luzón Penha e outros), Madrid: Civitas, 2008, p. 66.

da *«tutela penal»* não poderiam ser penalizadas diversas condutas como a burla contra o erário, o furto de coisa pública.[28]

Seguindo-se nessa linha, não se deve abandonar a ideia de que a penalização de uma conduta implica numa grave restrição à liberdade do indivíduo, o que exige se sigam os rígidos critérios impostos à restrição dos *"direitos fundamentais"*, já que esta (a liberdade) se trata de um deles.

Sobressai-se, então, seja atendido um juízo de adequação, ou seja, a penalização tem que se mostrar adequada à proteção de outro valor portador do mesmo status do bem afetado pela pena, fazendo-se necessário que seja o mesmo reconduzível a um *«direito fundamental»* ou um *«dever fundamental»*.

Estes, embora não listados exaustivamente no texto constitucional, podem ser bem identificados e delimitados a partir das declarações de direitos e *"deveres fundamentais"*, não podendo configurar algo criado *"da noite para o dia"*, exigindo, ao contrário, um longo debate que resulte em um certo consenso, quer para sua expressa previsão num texto constitucional (originariamente ou por via de emenda), quer para sua integração por meio da cláusula aberta.

Assim, poder-se-ia dizer que determinado bem, individual ou coletivo, configura um bem fundamental e, portanto, digno da proteção penal, quando reconduzível a um direito ou dever fundamental.

Essa análise feita a partir dos direitos e deveres fundamentais tanto implica numa mais segura indicação desses valores – de modo a saber quais poderiam tornar legítimo o uso da pena – como, também, propicia uma melhor delimitação desse bem coletivo, apontando suas faces mais preciosas.

Tomando-se como exemplo, o *«patrimônio público»*, já se disse que se pode extrair, da norma constitucional, a sua funcionalização à preservação e à promoção de valores indissociáveis da dignidade humana.

A (suposta) demasiada abrangência ou abstração do bem coletivo *«patrimônio público»* fica corrigida, por exemplo, mediante o recurso aos *«deveres fundamentais»*: a) de *«probidade dos agentes públicos»*, o que torna inquestionável sua dignidade penal face às violações perpetradas mediante o mal uso de

[28] Veja-se o exemplo do art. 171, §3º, do Código Penal brasileiro, que institui causa especial de aumento da pena para o estelionato (burla) praticado em detrimento do patrimônio público.

verbas públicas; e b) de *«pagar impostos»*, que clarifica a superior importância do bem jurídico frente à *«sonegação fiscal»*[29].

Registre-se, ainda que possa parecer óbvio, que não é qualquer conduta que corresponda à violação de um dever fundamental que poderá ser penalizada, do mesmo modo que não o será toda conduta que cause dano (ou crie um perigo) a um bem jurídico fundamental.

4.3 O princípio constitucional da necessidade da pena

Pode-se dizer que o *«princípio da necessidade da pena»* orienta a penalização não mais em relação à escolha do bem jurídico a ser protegido, mas à definição da conduta que o lesiona (ou o expõe ao perigo). É, em suma, um critério que teria capacidade de aferir a *«dignidade penal da conduta»*.

Na tentativa de um significado para a *«necessidade da pena»*, diz-se que a penalização é restringida aos casos em que todos os outros meios de política social se revelem insuficientes, restando ilegítima, pois, sempre que a proteção ao bem jurídico puder ser suficientemente operada pela intervenção dos meios civis e/ou sanções do direito administrativo[30].

Isso, entretanto, diz muito pouco, ou mesmo nada, na medida em que não alcança o conteúdo da *«proteção merecida pelo bem jurídico»*, isto é, não se sabe o que realmente configura essa tal *«proteção insuficiente»* que levaria à configuração da chamada *«carência penal»*.

Uma nítida maioria da doutrina, apegada à chamada teoria da prevenção geral negativa, defende que essa proteção corresponderia ao esforço voltado a *«evitar delitos»*, de modo que a penalização só se legitimaria ante a inexistência de um outro meio menos gravoso que consiga *«reduzir a frequência»* daquela espécie de violação de maneira equivalente ou melhor

Tal entendimento, porém, encontra dificuldade de se compatibilizar com a Constituição, uma vez que: a) a pena poderá coexistir com outra medida

[29] Casalta Nabais aprofunda-se (NABAIS, José Casalta. **O Dever Fundamental de Pagar Impostos**: Contributo para a compreensão constitucional do estado fiscal contemporâneo, Coimbra: Almedina, 2009).

[30] DIAS, Jorge de Figueiredo. **Direito Penal:** Parte Geral, Tomo I, Coimbra: Coimbra Ed., 2011, p. 128.

estatal destinada à proteção do bem jurídico[31]; b) não se pode cogitar que a Constituição tolere um determinado patamar de frequência de violações aos bens jurídicos fundamentais; c) tal concepção possibilita a legitimação do uso da pena para condutas nitidamente menos graves que outras não penalizáveis, incompatibilizando-se com os princípios basilares do Estado de Direito – da *«proporcionalidade»* (entre a conduta e a sanção) e da *«igualdade»*.

Aliás, parece claro que esses dois princípios constitucionais impõem que se associe a «carência penal» ao grau de *«danosidade»* ou *«gravidade»* da conduta, não sendo admissível que a esta possa decorrer *«exclusivamente»* do fato de ter que se apresentar a penalização como o meio mais eficaz de redução da frequência de uma conduta determinada.

Daí não ser necessário defender que a Constituição absorve em alguma medida uma conotação retribucionista da pena, para entender que ela permite (quando não impõe) ao legislador que se *«posicione»* por meio de sanções em oposição à prática de determinadas condutas reconhecidamente insuportáveis à vida em comunidade, de modo que a carência penal poderia ser aferida também a partir de uma argumentação que demonstrasse que as outras espécies de sanção não cumpririam com essa função[32].

Assim, é que se pode dizer que o chamado *«princípio constitucional da necessidade da pena»* exige a se contemplem essas duas vertentes, de modo que a *«dignidade penal da conduta»* equivale ao resultado da conjugação de dois fatores já anunciados: a) a sua gravidade e b) o fato de ser a pena o meio mais eficaz de alcançar a diminuição da sua frequência.

Com efeito, tem-se que um fator pode preponderar sobre o outro, de modo que, para situações nas quais a conduta se apresentar demasiadamente danosa, pouco se exigirá em relação à *«demonstração»* da sua eficácia preventiva,

[31] Não é porque, p. ex., uma medida administrativa da autoridade monetária, que determine aos bancos a adoção de determinadas medidas de segurança (cofre com abertura programada, antecâmara com detector de metais etc.) apresenta melhores resultados na redução do número de roubos a agências bancárias, que a penalização de tal conduta deixa de ser necessária.

[32] *"esa limitación do direito penal se desprende del principio de proporcionalidad, que a su vez se puede derivar del princípio del Estado de Derecho de nuestra Constituición: Como el Derecho penal posibilita las más duras de todas las intromisiones estatales en la liberdad del ciudadano, sólo se le pude hacer intervir cuando outros medios menos duros no prometan tener um êxito suficiente"*. (ROXIN, Claus, **Derecho Penal:** Parte General Tomo I. Fundamentos. La Estructura de la Teoría del Delito. Trad. Esp. por Diego-Manuel Luzón Penha e outros, Madrid: Civitas, 2008, p. 65/66).

podendo-se existir situações se faz dispensada a comprovação (empírica) de que é o meio mais eficaz (p. ex., no caso do homicídio doloso).

Registre-se, todavia, que isto não implica em abandonar a função preventiva da pena, na medida em que se faz indissociável, ao menos quanto ao efeito (preventivo) de desestimular as práticas conscientes[33].

De todo o exposto, mostra-se tranquila a compatibilidade entre a penalização da *«sonegação fiscal»* e o princípio constitucional da necessidade da pena, qualquer que seja sua vertente. A sua danosidade social (elevada) é manifesta; afinal, não mais se questiona que a afetação às receitas públicas repercute diretamente no cumprimento das funções estatais, incluindo aquelas mais essenciais à vida em comunidade.

Ademais, tratando-se a sonegação de uma conduta que normalmente é planejada, o que implica que se faz uma comparação entre a vantagem patrimonial que propicia e o risco de ser descoberto, a previsão de uma sanção meramente patrimonial (multa) redunda em transformar a conduta ilícita numa mera opção a ser seguida, a depender do espírito arriscado ou conservador do agente, algo equivalente à decisão de fazer ou não um seguro.

Destarte, a maior gravidade da pena (prisão), que já se apresenta como um desestímulo a prática consciente da conduta, bem superior ao mero risco de um prejuízo operacional, propicia – à defesa do patrimônio público contra a sonegação fiscal – uma eficácia preventiva muito superior à maioria da criminalidade, normalmente perpetrada por sem um grande planejamento[34].

Registre-se, por fim, que o princípio constitucional da necessidade da pena não fornece uma pauta de gravidade a ser seguida, tampouco um rol de condutas penalizáveis. A sua abstração torna difícil a sua aplicação, o que requer cautela para não se pretenda fazer predominar razões e ideologias

[33] BIANCHINI, Alice. **Pressupostos Materiais Mínimos da Tutela Penal**. São Paulo: Revista dos Tribunais, 2002, p. 90.

[34] Assim pensa Augusto Silva Dias, para quem as penas patrimoniais cominadas à sonegação fiscal seriam contabilizadas, pelos seus agentes, nos cálculos econômicos (DIAS, AUGUSTO SILVA. O novo direito penal fiscal não aduaneiro: Decreto-Lei n.º 20-A/90, de 15 de Janeiro: considerações dogmáticas e político-criminais, In: *Direito penal económico e europeu*: textos doutrinários, Volume II, CORREIA, Eduardo (org.), Coimbra,1998, p. 260).

individuais sobre as do legislador, que, legitimado, só pode ter censurada sua opção penalizadora se esta se demonstrar demasiada desarrazoada[35].

5 A (DES)PENALIZAÇÃO DA SONEGAÇÃO FISCAL: UMA ANÁLISE DO ORDENAMENTO BRASILEIRO

As condutas que conformam os crimes de sonegação fiscal encontram correspondência em algumas daquelas penalizadas a pretexto de se proteger o patrimônio (privado), notadamente aquelas que perfazem o tipo de estelionato (Código Penal Brasileiro, art. 171)[36].

A diferença entre referidos tipos decorre, assim, unicamente da diversidade de seus objetos: a diminuição (total ou parcial) de um elemento patrimonial passivo (tributo devido), de um lado, e qualquer outra forma de vantagem patrimonial, de outro.

A burla (ou estelionato), ademais, apresenta bastante proximidade com outros crimes patrimoniais perpetrados sem violência, especificamente o furto e o abuso de confiança (apropriação indébita), distinguindo-se destes apenas pelo meio utilizado para a obtenção da indevida vantagem patrimonial.

Inevitável, pois, numa primeira análise, enxergar uma grande proximidade entre esses crimes contra o patrimônio e a sonegação fiscal, notadamente porque em ambos o seu agente ambiciona uma vantagem patrimonial indevida e não se utiliza de meio violento para tanto.

Isso faz com que se passe a comparar os tratamentos conferidos pelo ordenamento à sonegação fiscal e a esses demais crimes patrimoniais não violentos, de modo a concluir se haveria ou não uma igualdade entre ambos.

No Brasil, o pagamento do tributo sonegado antes do trânsito em julgado da decisão condenatória extingue a punibilidade da sonegação fiscal.[37]

[35] Para Roxin, ao legislador penal pertenceria a prerrogativa de estimação (ROXIN, CLAUS, **Derecho Penal:** Parte General Tomo I. Fundamentos. La Estructura de la Teoría del Delito. Trad. Esp. por Diego-Manuel Luzón Penha e outros, Madrid: Civitas, 2008, p. 67).

[36] Equivalente à burla (art. 217 e ss. do Código Penal Português).

[37] Segundo a legislação brasileira vigente (art. 9°, § 2º, da lei 10.684/03) prevê que o mero parcelamento da dívida configura causa de suspensão da pretensão punitiva, sem fazer restrição temporal contida na norma anterior (antes do oferecimento da denúncia), de sorte que a qualquer tempo, a efetivação do pagamento (parcelado) tem como efeito a despenalização.

A previsão desse instituto *«despenalizador»*, a desvelar opção da política criminal brasileira, acaba por alterar a própria conformação do tipo penal que, na prática, deixa de ser *«suprimir tributo, mediante fraude»* e passa a ser *«deixar de pagar o tributo sonegado, quando descoberto»*.

Referido tratamento não se aplica à criminalidade comum análoga (crimes patrimoniais cometidos sem violência), porquanto o ressarcimento do dano advindo da conduta criminosa gera tão somente uma redução da pena.

Aqui, impõe-se alguns questionamentos: a lógica da proteção penal do patrimônio público, mediante a incriminação da *«sonegação fiscal»*, não seria diferente da proteção penal do patrimônio individual? Não poderia tal medida redundar numa maior arrecadação de receitas fiscais, repercutindo no bem jurídico protegido de uma forma ainda mais eficiente que só a ameaça de pena?

Acerca desse potencial aumento da arrecadação, tem-se que: a) limita-se tão somente àqueles *«casos desvendados pelo Fisco»* e que apresentassem alguma dificuldade na realização do crédito, por uma ocultação eficiente de patrimônio ou outra razão equivalente; b) tem o efeito colateral de enfraquecer demasiadamente (senão aniquilar) a função preventiva da pena para a generalidade dos casos, sendo que, por mais eficiente que sejam os mecanismos fiscalizatórios, grandes são as chances do fato jamais vir à tona[38].

Outrossim, o fato de o pagamento *«despenalizador»* poder ser feito a qualquer tempo equivale a um desestímulo ao arrependimento, tendo o incentivo deste, sim, a capacidade de aumentar a arrecadação, já que faria ingressar receitas que poderiam jamais ser descobertas e cobradas, sem trazer o inconveniente da redução (ou perda) do efeito preventivo da penalização, porquanto

Confira-se: "É suspensa a pretensão punitiva do Estado, referente aos crimes previstos nos arts. 1º e 2º da Lei nº 8.137, de 27 de dezembro de 1990, e nos arts. 168A e 337A do Decreto-Lei nº 2.848, de 7 de dezembro de 1940 – Código Penal, durante o período em que a pessoa jurídica relacionada com o agente dos aludidos crimes estiver incluída no regime de parcelamento (...). Em Portugal, por seu turno, por força do disposto no artigo 22 da Lei 15/2011, o pagamento do tributo sonegado, juntamente com o que ali se denominou de «restituição da verdade», só leva à despenalização (em concreto) da sonegação fiscal considerada menos grave (ameaçada com pena de até três anos), configurando causa de redução da pena para os demais casos. Ademais, o Código penal português, acaba por aplicar tratamento equivalente à parte dos crimes comuns correlatos, conforme se constata nos artigos 206, 217 e 218.

[38] Quando o grau de ineficiência dos órgãos fiscalizatórios é alto, o índice de adesão às leis costuma ser baixo (JORGE NETO, Nagibe de Melo. **Abrindo a Caixa Preta:** porque a Justiça não funciona no Brasil?. Salvador: Juspodivm, 2016, p. 36).

o sonegador não teria a confiança que a qualquer momento iria poder recorrer ao pagamento como forma de se livrar da pena.

Assim, concluir que a peculiaridade da sonegação (de lesionar o património público) respalda o efeito *«despenalizador»* do pagamento do tributo, mesmo realizado a qualquer tempo, implica inevitavelmente que se abandone a lógica preventiva da pena (seu sustentáculo num Estado de direito).

Ademais, tal tratamento parece decorrer de um abandono dos princípios da proporcionalidade e da igualdade, porquanto iguala o sujeito que sonega e que confia não será descoberto àquele que *«abre mão»* dessa possibilidade legal, deixando de sonegar ou arrependendo-se espontaneamente.

Para além da previsão normativa da hipótese de extinção de punibilidade decorrente do pagamento do tributo devido, no Brasil, o Supremo Tribunal Federal firmou entendimento no sentido de que, em se tratando de sonegação fiscal (art. 1º da Lei 8.137/90), a persecução penal só poderá ser encetada após o trânsito em julgado da decisão administrativa que formaliza a existência da relação jurídica tributária[39].

Tal entendimento sustenta-se, essencialmente, no argumento de que a sonegação fiscal é crime material, que exige, pois, a produção de um resultado para sua consumação. E, realmente, a conduta descrita no tipo previsto no artigo 1º da Lei 8.137/90 consiste em suprimir (ou reduzir) tributo mediante diversas outras condutas-meio, o que faz com que a consumação dependa da ocorrência dessa supressão (ainda que parcial) do tributo.

Nada obstante, além de questionável o preciso momento em que resta configurado o crime de sonegação fiscal – notadamente levando-se em conta o momento da ocorrência da supressão do tributo – tal *«condição de procedibilidade»* reclama uma análise acerca da sua legitimidade.

Com efeito, a instituição de tal condição faz com que o entendimento da autoridade fazendária vincule (ao menos negativamente) a decisão judicial sobre a verificação de um dos elementos do tipo penal, o que viola frontalmente o princípio que garante o amplo acesso à Jurisdição, não parecendo, ademais,

[39] HC 97118, Rel. Min. Ricardo Lewandowski, julgado em 23.03.2010; HC 97854, Rel. Min. Roberto Barroso, julgado em 11.03.2014; HC 169925 AgR, Rel. Min Alexandre de Moraes, julgado em 24/06/2019.

legítimo que a autoridade fazendária possa agir segundo sua conveniência, como no caso da ação penal condicionada à representação da vítima.

Outrossim, a necessidade de se aguardar o fim do processo administrativo fiscal fragiliza por demais a investigação criminal, já que é sabido que certos meios dotados de maior efetividade reclamam sigilo e agilidade[40].

Enfim, esse tratamento conferido particularmente à sonegação, que equivale a um «enfraquecimento da proteção», só pode derivar de um menosprezo ao bem jurídico relativo, o que acaba por demonstrar a incoerência do próprio recurso à pena e uma certa distorção da política criminal brasileira.

Por todo o exposto, sustenta-se inexistir dificuldade em reconhecer que o tratamento conferido à sonegação fiscal no ordenamento brasileiro se mostra *«privilegiado»* em relação aos crimes patrimoniais análogos, a carecer de pressupostos lógicos autorizadores dessa aplicada distinção.

Nesse particular, põe-se, de logo, a questionar se seria possível defender que, na ordem de valores instituída pela Constituição, o patrimônio público ocupa um patamar inferior ao da propriedade privada?

Uma análise superficial do texto constitucional parece afastar tal possibilidade, autorizando, até mesmo, se defenda exatamente o contrário.

É que a Constituição brasileira institui um Estado social, sendo uma de suas marcas o reconhecimento de maiores limites à propriedade privada, devendo esta atender também à chamada função social[41]. Nesse modelo estatal, no qual sobreleva o valor da igualdade, o patrimônio público adquire valor especial, por configurar-se *conditio sine qua non* à realização dos fins estatais.

Sem que se abandone as conquistas liberais – os direitos fundamentais de primeira geração ou dimensão –, agregam-se outros valores num mesmo patamar de importância, diante do reconhecimento de sua indispensabilidade

[40] Rodrigo Oliva Monteiro (MONTEIRO, Rodrigo Oliva. Dos crimes contra a ordem tributária: definição do tributo e formação do tipo. In: *Revista Brasileira de Ciências Criminais*, núm 64, São Paulo, 2007, p. 145/195), embora defenda a condição de procedibilidade, entende que a mesma não poderia impedir a investigação criminal.

[41] "Art. 3º Constituem objetivos fundamentais da República Federativa do Brasil: I – construir uma sociedade livre, justa e solidária; II – garantir o desenvolvimento nacional; III – erradicar a pobreza e a marginalização e reduzir as desigualdades sociais e regionais; IV – promover o bem de todos, sem preconceitos de origem, raça, sexo, cor, idade e quaisquer outras formas de discriminação". E, ainda, art. 5º, XXIII, da CF: "a propriedade atenderá a sua função social".

para a promoção da dignidade humana, que definitivamente não pode mais ser resumida ao binômio liberdade e igualdade formal.

Não se adere, pois, à tese defendida por Bustos Ramirez[42] de que (sempre) um bem coletivo seria menos valioso porque sua sustentação depende de uma vinculação teleológica aos bens jurídicos individuais. E isso porque os valores individuais superiores não guardam sempre a mesma proximidade com a dignidade humana, de sorte que parece muito razoável que um, que a ela se prenda indiretamente, acabe guardando uma maior proximidade que outro que, embora ligado diretamente, o faça de maneira mais remota ou tênue.

Desse modo, mostra-se insustentável se defenda uma menor dignidade penal da sonegação só pelo fato dela não lesionar bem jurídico individual. Ao contrário, conclui-se que a propriedade privada se encontra a ela (dignidade penal) vinculada de maneira bem remota se comparada à vida, à saúde, à liberdade, valores que não podem ser preservados, senão através da tutela do patrimônio público, o que permite se defenda que este guarde uma maior proximidade com a dignidade humana.

Daí porque não é nada absurdo sustentar que o patrimônio público integre a ordem de valores Constitucional num patamar até superior ao do direito à propriedade (privada), o que, aliás, é reforçado por vários dispositivos que dotam o patrimônio público de uma proteção destacada.

N'outro giro, tem-se, como condição para a aplicação da pena numa ordem democrática, que reste configurado um quadro onde o Estado possa exigir legitimamente uma outra conduta daquele sujeito ativo da ilicitude. Em outras palavras: faz-se indispensável se forme um juízo de reprovação do agente, ante uma situação de exigibilidade de uma conduta diversa (compatível com o direito).

Esse juízo de reprovabilidade, para além de configurar um requisito para aplicação da pena, deve ser também graduado de modo a repercutir no tratamento penal conferido às condutas, de sorte que condutas que violam um bem jurídico num mesmo patamar podem ser diversamente apenadas.

[42] RAMÍREZ, Juan Bustos. Perspectivas atuais do Direito Penal econômico. Trad. Marília Machado Vieira e Odone Sanguiné. In: *Fascículos de Ciências Penais*. Ano 4, v. 4, n.º 2, abr./jun., Porto Alegre, 1991, p. 13.

Partindo-se da ideia de que a proteção ao patrimônio público, a rigor, estaria em pé de igualdade com a do patrimônio privado, mostrar-se-ia essencial perquirir se há alguma peculiaridade na sonegação fiscal que a torne menos reprovável que um estelionato ou furto de equivalentes proporções[43].

Nuno Sá Gomes[44]procura defender que a sonegação seria menos reprovável pelo fato de que o sujeito a pratica com o propósito de evitar uma perda patrimonial, enquanto os crimes patrimoniais são perpetrados com o fim de enriquecimento indevido.

A princípio, poderia parecer mesmo razoável defender que é mais reprovável mover-se pela fraude com o propósito de auferir um ganho patrimonial que valer-se do mesmo caminho pra evitar uma perda, ainda que não haja como se sustentar uma diferença de *«gravidade objetiva»* entre as duas condutas.

Todavia, parece que tais características não são próprias de uma e outra espécie, sendo que podem existir casos de burlas praticadas para se evitar uma diminuição patrimonial e de sonegação fiscal com vistas ao enriquecimento.

Se, de um lado, o sujeito que oculta a importação de uma mercadoria apenas evita a perda correspondente ao tributo devido, de outro, se a vende e efetivamente obtém lucro, acresce seu patrimônio com o valor sonegado (ou parte deste), o qual, por certo, é componente do preço praticado no mercado.

Parece evidente que um sujeito que vende, por €100.000,00, um bem adquirido por €50.000,00, a incidir sobre seu lucro um imposto de 20%, e perpetra uma fraude para evitar o pagamento do tributo, obtém indevidamente um ganho patrimonial, porquanto o seu agente nunca adquiriu a propriedade sobre o total da venda, mas tão somente daquele valor diminuído do imposto.

Há, ainda, quem defenda uma menor (ou até mesmo a ausência) de reprovabilidade da sonegação em razão da sua (suposta) neutralidade ética.

Resta claro, que não se pode simplesmente transportar para os dias de hoje o pensamento de Santo Tomás de Aquino – para quem, o dever de pagar impostos não obrigava a consciência –, haja vista que a alteração da estrutura do Estado fez com que o tributo deixasse de ser um instrumento de opressão

[43] Perceba-se que o direito penal brasileiro paradoxalmente coloca a violação do patrimônio público como algo já abstratamente mais grave, haja vista que o estelionato em detrimento do patrimônio público é mais severamente apenado (Código Penal Brasileiro – art. 171, § 3º).
[44] GOMES, Nuno Sá. **A criminalização das infrações tributárias.** In: *Ciência e técnica fiscal*, n. 392, Lisboa, 1998, p. 75.

da liberdade e patrimônio, em favor do poder despótico, para ser um instrumento de modificação da distribuição de renda aproximando-a de um ideal de igualdade. Assim, pode-se defender, que sob um prisma predominantemente ético, a fuga fiscal corresponde hoje ao avesso do que representava no século XIII.[45]

A defesa dessa neutralidade ética, na realidade, não passa de uma confusão com uma certa degeneração ética que atua em uma parcela da sociedade, bem definida, por Márcia Dometila[46], como uma subcultura de elite, consistente na aprovação dos infratores bem sucedidos pelos demais integrantes daquele grupo social elitizado.

Assim, o sucesso alcançado por meio da prática criminosa – entendido isso não só como o proveito econômico auferido, mas também, e principalmente, pela ausência de punição compatível – faria com que a *«lei da imitação»* funcionasse para nivelar as condutas de outros indivíduos e, desde que a boa parte das pessoas do grupo passem a se comportar da mesma maneira, torna-se *«aparentemente»* não reprovável aquilo que, na verdade, o é[47].

Tal inversão, ademais, revela-se ainda mais nítida se confrontada com o entendimento de que a reprovabilidade da conduta do agente guarda relação

[45] Como bem coloca Anabela Miranda Rodrigues (RODRIGUES, Anabela Miranda. Contributo para fundamentação de um discurso punitivo em matéria penal fiscal. In: *Direito penal económico e europeu*: textos doutrinários, Vol II, CORREIA, Eduardo (org.), Coimbra, 1998, p. 481), "com efeito, alterou-se significativamente o quadro em que a fuga ilegítima ao Fisco configurava um delito de luvas brancas ou um *Kavaliersdeliktt* que, mais do que censura social, despertava sentimentos de admiração e respeito. É através da cobrança de impostos que o Estado realiza em grande parte os objectivos de justiça social que a dimensão democrática lhe impõe". Aqui, registra-se que a prática de sonegação fiscal suscita uma série de questionamentos e discussões à luz da ética e da moralidade compartilhada por determinada coletividade, cuja análise deve ser empreendida, com a atenção devida, em oportunidade outra que não neste artigo.

[46] CARVALHO, Márcia Dometila Lima de. **Fundamentação Constitucional do Direito Penal**. Porto Alegre: S. A. Fabris, 1992, p. 109.

[47] Flávio Vilela Campos afirma que, no Brasil, "verifica-se uma cultura de acordo com a qual quem não paga impostos obtém melhores custos de produção, alcançando assim uma posição de privilegio. Isto geraria um circulo vicioso no mercado, pressionando o concorrente a fazer o mesmo para poder sobreviver, mantendo a competitividade" (CAMPOS, Flávio Vilela. **Estudo comparado sobre a extinção da punibilidade e elementos fundamentais dos crimes tributários**: paralelo entre a experiência internacional e o modelo adotado no Brasil. O privilégio do sonegador. São Paulo: Quartier Latin, 2020, p. 42.

direta com o seu *«espaço de alternativas»*, sendo certo que a prática da sonegação fiscal, notadamente a mais grave, se dá mediante decisão consciente de quem dispõe de um espaço de alternativas bem mais amplo que os corriqueiros autores da criminalidade comum.

Ainda, poder-se-ia defender que a despenalização da sonegação fiscal se imporia ante ao fato de que o seu agente não seria carente de socialização, sendo bem aceito pela coletividade mesmo após condenação[48].

Assim, como num Estado democrático e de direito, a aplicação de uma pena só se legitima diante do cumprimento de sua função (res)socializadora, restaria a mesma obstada ante a demonstração da ausência de necessidade dessa atuação ressocializadora.

Tal argumento não vai muito adiante por partir de uma deturpação do conceito de socialização, como se esta correspondesse a uma espécie de predisposição da sociedade de aceitar o delinquente.

Fosse assim, dever-se-ia, antes da imposição de cada pena, qualquer fosse o crime, fazer uma consulta pública no intuito de saber se a coletividade rejeita o indivíduo de seu convívio, sendo forçoso reconhecer que determinadas práticas graves, como p. ex. alguns crimes de vingança, teriam grande chance de resultar na aferição de uma baixa ou mesmo nenhuma rejeição de seu agente.

Na realidade, a dessocialização que precisa ser corrigida através da pena é aferida partindo-se da postura do indivíduo em relação à sociedade (e suas regras) e não o contrário, como se poderia supor. Tem, pois, a ver com a capacidade ou predisposição do indivíduo de aceitar as regras sociais ou, ao contrário, de viver à sua margem.

Assim, o sonegador de impostos, notadamente o criminoso de consciência (ou por convicção), que organiza o seu negócio para enriquecer à custa do erário, demonstra, sim, um grave defeito de socialização, muito mais visível

[48] Hector Viellegas há tempos constata que "muitos que se horrorizariam se lhes fosse proposto cometer um delito comum – se interessam em conhecer as manobras para iludir a legislação tributária, não excluindo a possibilidade de praticá-las: Isso leva a que conhecidos infratores dessa matéria – longe de serem repudiados pelos círculos sociais onde vivem – sejam bastante invejados pelo êxito econômico que os acompanha, sendo muitos os que aguardam a oportunidade propícia para imitá-los" (VILLEGAS, Hector. **Direito Penal Tributário**. Tradutores: Elisabeth Nazar e outros. São Paulo: Resenha Tributária, EDUC, p. 20).

que outros crimes ocasionais ou puramente situacionais, em relação aos quais se poderia ter dificuldade de apontar uma carência de socialização[49].

A função (res)socializadora da pena deve ser entendida como a busca de uma *«contramotivação»*, mediante uma tomada de consciência, sendo, por isso, algo mais que a mera função preventiva especial, posto que, respeitando a humanidade do criminoso, afasta uma *«contramotivação»* decorrente única e exclusivamente do medo e/ou sofrimento[50].

Por fim, vale ressaltar que o sonegador fiscal sofreria em bem menor intensidade os efeitos dessocializadores da prisão, sendo comprovado por estudos empíricos que o criminoso de boa situação econômica é bem menos suscetível a ele que o de baixa condição social.

Diante de todo o exposto, não há dúvidas que as Constituições portuguesa e brasileira impuseram, a (melhor) proteção dos bens jurídicos fundamentais e alteraram os contornos do Direito Penal, que passou a se conformar também como um instrumento estatal vocacionado à proteção dos bens jurídicos fundamentais.

Isso leva uma grande parte da doutrina a defender que se pode extrair dos referidos textos constitucionais o que se convencionou chamar de *«mandados de penalização»*[51], retirando a Constituição, para certos casos, a liberdade do legislador penal de avaliar os requisitos legitimadores da penalização e, bem assim, a de decidir sobre a sua (in)conveniência[52].

[49] DIAS, Jorge de Figueiredo. **Direito Penal:** Parte Geral, Tomo I, Coimbra: Coimbra Ed., 2011, p. 58.

[50] Idem.

[51] A favor dos mandados de penalização implícitos: STRECK, MARIA LUIZA SCHÄFER. **Direito Penal e Constituição:** A face oculta da proteção dos direitos fundamentais, Porto Alegre: Livraria do Advogado, 2009, p. 91 e ss.; FELDENS, Luciano. **A Constituição Penal**: A Dupla Face da Proporcionalidade no Controle de Normas Penais; Porto Alegre: Livro do Advogado, 2005, p. 155 e ss., entre outros. Contra: PALAZZO, Francesco C. **Valores Constitucionais e Direito Penal.** Trad. Gérson P. dos Santos. Porto Alegre: S. A. Fabris, 1989, p. 103 e ss.

[52] Haveria, assim, uma «área branca», onde a penalização seria ilegítima, por desproporcional, uma «área negra», onde a penalização seria exigida pela Constituição. Referidos campos seriam, ainda, separados, por uma «área cinza», onde seria a penalização possível, segundo a liberdade do legislador. Penalizar na área branca configuraria um excesso e, não o fazê-lo na «área negra», um déficit. Em ambos os casos haveria inconstitucionalidade.

Esse reconhecimento de um *«mandado de penalização»*, porém, não poderia decorrer apenas de uma argumentação que demonstrasse a fundamentalidade de um determinado bem e a intolerabilidade da conduta, sob pena de isto equivaler à instituição do paradoxal *«princípio da intervenção mínima obrigatória»*, já que restariam igualados os parâmetros que *«autorizariam»* e *«obrigariam»* a penalização.

Só isso já leva à conclusão de que um *«mandado de penalização»* (implícito) exige um terceiro requisito. Daí que sua extração direta do dever constitucional de se promover à proteção dos bens fundamentais deve restringir-se aos bens que ocupam o ápice da ordem de valores estabelecida na Constituição, ou seja, aqueles mais estreitamente ligados à dignidade humana, não lhes bastando, pois, a condição de fundamentalidade.

É que se mostra imperioso reconhecer (boa) margem de liberdade ao legislador penal, não podendo que seu juízo político seja substituído pelo juízo (dotado de utópica pureza científica) do órgão responsável pelo controle de constitucionalidade das omissões legislativas.

Nem mesmo os mandamentos de penalização explícitos, os quais vinculam o legislador penal, podem servir de parâmetro para delimitar essa área da cobertura penal obrigatória, sendo certo que se deve reconhecê-los como medidas de política criminal veiculadas na constituição formal.

Dessa forma, não obstante se tenha defendido a legitimidade da penalização da sonegação fiscal – ante a sua elevada gravidade e à fundamentalidade do bem jurídico que lesiona – isso não equivale defender que as constituições brasileira e portuguesa diretamente impõem a sua penalização.

O reconhecimento da obrigação de penalizar extraída diretamente do dever de proteção deve, pois, ficar para os «casos gritantes», como p. ex. do homicídio doloso, sendo insustentável se defender que os textos constitucionais equiparam, em importância, o «patrimônio público» e a «vida».

Nada obstante, como se disse, a Constituição não se compatibiliza com uma política criminal que permita uma injusta *«distribuição das penas»*, de sorte que o conjunto de incriminações não pode ser o resultado de um simples somatório de diversos interesses e momentos distintos, que se traduziram em medidas legislativas penais, ainda que isoladamente não demonstrem violação aos princípios constitucionais que condicionam a penalização.

A norma constitucional exige que este conjunto siga uma ordenação indicada sobretudo pelo princípio da proporcionalidade (entre conduta e sanção) e o da igualdade e pela própria ordem de valores contida na Constituição, perante a qual deve guardar uma relação de «analogia substancial»[53].

O Direito Penal para legitimar-se deve incorporar o conceito de justiça (social)[54], não podendo jamais consubstanciar-se em fator que contribua para a ampliação das desigualdades sociais, senão o contrário, devendo (obviamente que dentro dos seus limites) estar orientado à sua redução.

Assim, nem mesmo razões de ordem pragmática, ligadas a uma (suposta) demonstração empírica de (d)eficiência preventiva da pena seriam capazes de sustentar um conjunto composto pela penalização de condutas «nitidamente» menos graves e a não (ou menor) penalização de outras de danosidade social «manifestamente» superior.[55]

Essa necessidade de uma coerência interna, com a rejeição de antinomias desta espécie, implica que o próprio conjunto de incriminações passa a configurar também um parâmetro a ser considerado na aferição da legitimidade da (des)penalização.

Voltando-se à despenalização da sonegação fiscal, notadamente pelo fato de abranger as *«grandes fraudes fiscais»*, cuja danosidade social é incomparavelmente superior à da criminalidade patrimonial sem violência, é forçoso concluir que o legislador penal viola a Constituição por contrariar a ordem de valores nela fixada, o que reclama a devida correção.[56]

[53] A expressão é de Figueiredo Dias (DIAS, Jorge Figueiredo. Os novos rumos de política criminal. *In: Revista da Ordem dos Advogados*, Lisboa, 1983, p. 16).

[54] CARVALHO, Márcia Dometila Lima de. **Fundamentação Constitucional do Direito Penal**. Porto Alegre: S. A. Fabris, 1992, p. 22 e ss.

[55] CUNHA, Maria da Conceição Ferreira. **Constituição e Crime:** uma perspectiva da criminalização e da descriminalização, Porto: Universidade Católica Portuguesa Ed., 1995, p. 130.

[56] Lenio Streck, no caso específico do tratamento conferido no Brasil à sonegação fiscal chega a essa mesma conclusão. Confira-se: "Esta é uma questão dramática: se não se admite a extensão do braço do direito penal aos direitos de cariz supraindividual (o que implica em rediscutir o tratamento dado, v. g., à sonegação de tributos, para falar apenas neste delito), então, por uma questão de respeito à igualdade também devemos estar prontos e dispostos a não mais tratar os delitos interindividuais (cometidos sem violência) contra o patrimônio como uma questão de direito penal. Não esqueçamos: o direito do Estado democrático de Direito deve respeitar coerência e integridade. Leis de conveniência e discriminatória são

6 CONCLUSÕES

Entende-se que toda a argumentação desenvolvida no presente trabalho é capaz de sustentar as seguintes conclusões:

i) a prisão é a única sanção que preenche o conceito material de pena;
ii) penalizar significa vincular uma conduta a uma sanção privativa de liberdade;
iii) a sonegação fiscal se consubstancia na dolosa supressão (total ou parcial) de um tributo, mediante ocultação/dissimulação de fatos com relevância para o nascimento da relação jurídica tributária;
iv) a penalização da sonegação fiscal legitima-se frente às normas que integram a constituição penal;
v) a sonegação fiscal, se comparada a crimes patrimoniais análogos, encontra tratamento privilegiado no direito positivo brasileiro, podendo-se afirmar que a mesma restou despenalizada.
vi) referido tratamento favorecido não encontra respaldo na Constituição, que embora não imponha diretamente a penalização da sonegação fiscal, exige que esta se dê, no mínimo, no mesmo patamar da criminalidade patrimonial comum.
vii) Enfim, a (in)compatibilidade normativa e, por conseguinte, a (in)justiça na previsão e efetivação da prisão do sonegador de impostos dependerá da disposição da sociedade (por meio de seus legisladores) de desistir (ou não) da pena privativa de liberdade para aqueles que praticam crimes patrimoniais não violentos.

inconstitucionais" (STRECK, Lenio Luiz. Da criminalização da pobreza à pobreza da criminalização. In: *Revista Ibero-Americana de Ciências Penais*, v.8, n.16, p. 141-170, jul./dez., Porto Alegre, 2008, p. 164).

REFERÊNCIAS

BIANCHINI, Alice. **Pressupostos Materiais Mínimos da Tutela Penal**. São Paulo: Revista dos Tribunais, 2002.

BONAVIDES, Paulo. **Curso de direito constitucional**. São Paulo: Malheiros, 2017.

BRANDÃO, Cláudio. **Curso de Direito Penal**, Rio de Janeiro: Forense, 2010.

CAMPOS, Flávio Vilela. **Estudo comparado sobre a extinção da punibilidade e elementos fundamentais dos crimes tributários**: paralelo entre a experiência internacional e o modelo adotado no Brasil. O privilégio do sonegador. São Paulo: Quartier Latin, 2020.

CARVALHO, Márcia Dometila Lima de. **Fundamentação Constitucional do Direito Penal**. Porto Alegre: S. A. Fabris, 1992.

CUNHA, Maria da Conceição Ferreira. **Constituição e Crime:** uma perspectiva da criminalização e da descriminalização, Porto: Universidade Católica Portuguesa Ed., 1995.

DIAS, Augusto Silva. O novo direito penal fiscal não aduaneiro: Decreto-Lei n.º 20-A/90, de 15 de janeiro: considerações dogmáticas e político-criminais, In: *Direito penal económico e europeu*: textos doutrinários, Volume II, CORREIA, Eduardo (org.), Coimbra,1998.

DIAS, Jorge de Figueiredo. Os novos rumos de política criminal. *In:* **Revista da Ordem dos Advogados**, Lisboa, 1983.

__________. **Direito Penal:** Parte Geral, Tomo I, Coimbra: Coimbra Ed., 2011.

__________; ANDRADE, Manuel da Costa. **Criminologia:** o homem delinquente e a sociedade criminógena, Coimbra: Coimbra Ed., 1984.

FELDENS, Luciano. **A Constituição Penal:** A Dupla Face da Proporcionalidade no Controle de Normas Penais; Porto Alegre, 2005.

FERRAJOLI, Luigi. **Direito e Razão:** Teoria do Garantismo Penal. Trad. Ana Paula Zomer Sica. São Paulo: Revista dos Tribunais, 2002.

FRAGOSO, Heleno Cláudio. **Lições de Direito Penal**: Parte Geral. Rio de Janeiro: Forense, 2003.

GOMES, Nuno Sá. A criminalização das infrações tributárias. In: *Ciência e técnica fiscal*, n.392, Lisboa, 1998.

HULSMAN, Louk; CEIS, Jacqueline Bernat De Celis. **Peines perdues**: le système pénal em question, Paris, 1982.

JORGE NETO, Nagibe de Melo. **Abrindo a Caixa Preta:** porque a Justiça não funciona no Brasil?. Salvador: Juspodivm, 2016.

MONTEIRO, Rodrigo Oliva. Dos crimes contra a ordem tributária: definição do tributo e formação do tipo. In: *Revista Brasileira de Ciências Criminais*, núm 64, São Paulo, 2007.

NABAIS, José Casalta. **O Dever Fundamental de Pagar Impostos**: Contributo para a compreensão constitucional do estado fiscal contemporâneo, Coimbra: Almedina, 2009.

OTERO, Paulo. **Direito Constitucional Português**. Coimbra: Almedina, 2010.

PALAZZO, Francesco C. **Valores Constitucionais e Direito Penal.** Trad. Gérson P. dos Santos. Porto Alegre: S. A. Fabris, 1989.

PALMA, Maria Fernanda. **Direito constitucional penal.** Coimbra: Almedina, 2006.

PAULSEN, Leandro. **Tratado de Direito Penal Tributário Brasileiro**. São Paulo: Saraiva, 2022.

RAMÍREZ, Juan Bustos. Perspectivas atuais do Direito Penal econômico. Trad. Marília Machado Vieira e Odone Sanguiné. In: *Fascículos de Ciências Penais*. Ano 4, v. 4, n.° 2, abr./jun., Porto Alegre, 1991.

RODRIGUES, Anabela Miranda. Contributo para fundamentação de um discurso punitivo em matéria penal fiscal. In: *Direito penal económico e europeu*: textos doutrinários, Vol II, CORREIA, Eduardo (org.), Coimbra, 1998.

ROXIN, Claus. **Derecho Penal:** Parte General Tomo I. Fundamentos. La Estructura de la Teoría del Delito. (Trad. Esp. por Diego-Manuel Luzón Penha e outros), Madrid:Civitas, 2008.

SARMENTO, Daniel. A proteção de minorias vulneráveis. *In:* **O judiciário do nosso tempo: grandes nomes escrevem sobre o desafio de fazer justiça no Brasil.** Org. Maria Tereza Sadek [et. al]. 1ª ed. Rio de Janeiro: Globo, 2021.

SOUSA, Susana Aires de. **Os Crimes Fiscais:** Análise Dogmática e Reflexão sobre a Legitimidade do Discurso Criminalizador, Coimbra: Almedina, 2009.

STRECK, Lenio Luiz, Da criminalização da pobreza à pobreza da criminalização. In: *Revista Ibero-Americana de Ciências Penais*, v.8, n.16, p. 141-170, jul./dez., Porto Alegre, 2008.

STRECK, Maria Luiza Schafer. **Direito Penal e Constituição:** A face oculta da proteção dos direitos fundamentais, Porto Alegre: Livraria do Advogado, 2009.

VASCONCELOS, Arnaldo. **Teoria da Norma Jurídica**. 5ª ed. São Paulo: Malheiros, 2002.

VILLEGAS, Hector. **Direito Penal Tributário**. Tradutores: Elisabeth Nazar e outros. São Paulo: Resenha Tributária, EDUC.

ZAFFARONI, Eugenio Raúl; PIERANGELI, José Henrique. **Manual de Direito Penal Brasileiro**: parte geral, São Paulo: Revista dos Tribunais, 2001.

CAPÍTULO 3
AVALIAÇÃO DA POLÍTICA CRIMINAL: O QUE OS INDICADORES DE REINCIDÊNCIA REVELAM (OU NÃO REVELAM)

Taís Schilling Ferraz[1]

SUMÁRIO

1 Introdução. 2 Reincidência e suas várias acepções na política criminal. 3 O que revelam (e não revelam) os dados estatísticos. 4 Estratégias para melhor mensurar, compreender e prevenir a reincidência. 5 Considerações finais. Referências.

1 INTRODUÇÃO

Há muitas informações circulando sobre reincidência e uma avaliação geral de que seus índices são muito altos. O senso comum é de que aquele que praticou um crime tende a fazê-lo novamente.

[1] Desembargadora Federal do Tribunal Regional Federal da 4ª Região – TRF4, Doutora em Ciências Criminais e Mestre em Direito pela Pontifícia Universidade Católica do Rio Grande do Sul – PUCRS, Professora do corpo permanente do Mestrado da Escola Nacional de Formação e Aperfeiçoamento de Magistrados – ENFAM, integrante do Centro Nacional de Inteligência da Justiça Federal. ORCID: https://orcid.org/0000-0002-9592-0488; lattes: https://lattes.cnpq.br/2877922351753993

Não há, porém, sequer consenso sobre o que seja reincidência. Vários acontecimentos diferentes têm sido tratados sob a mesma denominação, o que faz com que os estudos realizados não avaliem os mesmos fenômenos.

Além disso, a reincidência é um problema complexo, determinado por causas variadas, que se interconectam e assumem diferentes comportamentos, a depender do contexto.

Antes de se dirigir ao fenômeno, portanto, é importante ter algum alinhamento taxonômico, além de uma visão compartilhada sobre a sua complexidade.

Este capítulo tem por objetivo investigar, a partir das muitas acepções de reincidência, o que vem sendo possível mensurar sobre o fenômeno e o que tem deixado de ser aferido, bem como identificar possíveis caminhos para o seu melhor acompanhamento e compreensão.

O estudo inicia pela conceituação da reincidência, apresentando alguns dos seus usos e acepções correntes. Na sequência, revisam-se os estudos estatísticos já realizados, a partir das perspectivas adotadas sobre o que seja a reincidência. Os achados, então, são avaliados, identificando-se o que revelam e o que ainda não são capazes de revelar sobre o fenômeno da reiteração criminosa. Ao final, confrontam-se os dados com os atuais propósitos e princípios norteadores da política criminal, essencialmente estruturada sobre mecanismos de controle e repressão, cogitando-se possíveis estratégias para uma melhor compreensão e prevenção da reincidência.

A pesquisa é essencialmente descritiva e faz uso de revisão bibliográfica e de dados secundários, originados de estudos já realizados pelo Conselho Nacional de Justiça – CNJ, pelo Departamento Penitenciário Nacional – DEPEN e pelo Instituto de Pesquisa Econômica Aplicada – IPEA, além de outros levantamentos estatísticos.

A reincidência é um fenômeno complexo. Não há, neste estudo, a pretensão de alcançar todas as interações que a produzem ou caracterizam. A proposta, mais singela, é contribuir para uma melhor compreensão das muitas variáveis que devem ser consideradas e mensuradas na construção de políticas públicas que tenham por objetivo a redução dos casos de reiteração de condutas tipificadas como crimes.

2 REINCIDÊNCIA E SUAS VÁRIAS ACEPÇÕES NA POLÍTICA CRIMINAL

A reincidência vem sendo apresentada e mensurada de diferentes formas. A partir da definição que for adotada, fenômenos diversos são avaliados sob os aspectos qualitativo e quantitativo.

Em geral, a divergência se estabelece em relação ao momento do novo crime que vem a ser cometido por uma mesma pessoa.[2]

Parte das pesquisas e modelos de monitoramento adotam o termo reincidência para fazer referência à reentrada de uma mesma pessoa no sistema prisional, com ou sem condenação, após o cumprimento de pena por crime anteriormente cometido. Trata-se da *reincidência prisional* ou *reincidência penitenciária*,[3] fenômeno que tem sido o mais avaliado pela sociologia.[4] O termo tem sido utilizado, também, quando a reentrada no estabelecimento prisional ocorre diante do mesmo crime que determinou o primeiro encarceramento e independentemente de ter sido qualquer das prisões decorrente de prévia condenação. Aqui, o que se mensura é quantas vezes uma mesma pessoa ingressa no sistema prisional.

O termo reincidência também é aplicado, em um sentido lato, para designar a reiteração, por uma mesma pessoa, de uma conduta típica, a qualquer tempo, tenha ou não havido ação penal, anterior condenação ou mesmo prisão. Essa hipótese poderia ser denominada de *reincidência imprópria* ou *lato sensu*. A chamada *reincidência policial*, que é estabelecida por novo registro de crime, do mesmo indivíduo, na polícia[5] e a *reincidência penal*, que supõe o processamento penal de uma mesma pessoa, por nova prática de crime, cabem nesse conceito lato.

O Código Penal, nos artigos 63 e 64, ao tratar da reincidência, refere-se a uma situação bastante restrita e rigorosa: a prática de nova conduta típica,

[2] SAPORI, Luiz Flávio; SANTOS, Roberta Fernandes; MAAS, Lucas Wan Der. Fatores sociais determinantes da reincidência criminal no Brasil: O caso de Minas Gerais. **Revista Brasileira de Ciências Sociais** n. 32, v. 94, p. 1-18, 2017, p. 2.

[3] CAPDEVILA, Manuel Capdevila & PUIG, Marta Ferrer. (2009), ***Tasa de reincidencia penitenciaria***, [s.l.], *2008*. Disponível em http://creativecommons.org/licenses/by-nc-nd/2.5/es/legalcode.ca. Acesso em 25 abr. 2023.

[4] SAPORI, Luiz Flávio; SANTOS, Roberta Fernandes; MAAS, Lucas Wan Der. **Op. cit.**

[5] CAPDEVILA, Manuel Capdevila & PUIG, Marta Ferrer. (2008) **Op. cit.**

após condenação criminal definitiva, a ocorrer antes do prazo de 5 anos contados da extinção da pena do crime anterior. Aqui, fala-se em *reincidência legal, própria* ou *stricto sensu.*

As diferentes acepções do fenômeno não são exclusividade brasileira.

Recentemente, o Escritório das Nações Unidas para Drogas e Crime (UNODC), em cumprimento à Resolução 76/182, da Assembleia Geral da ONU, reuniu um grupo de 27 especialistas de vários países de todas as regiões do globo para a identificação dos elementos chaves a serem considerados na definição de medidas para reduzir a reincidência. O documento base, sobre o qual o grupo trabalhou,[6] registrava a ausência de consenso, no plano internacional, sobre a definição e formas de mensuração, a tornar desafiadora a condução de estudos comparativos:

> *There are multiple ways to measure reoffending. Common measurements of reoffending include rearrest, reconviction, reincarceration, or a violation of supervision conditions.*[7]

Situações como a ocorrência de mais de uma prisão, ainda que não tenha havido propriamente ingresso no sistema prisional (*rearrest* x *reincarceration*), em razão da concessão de liberdade provisória, com ou sem fiança, ou mesmo a hipótese de violação de condições durante o período de livramento condicional, ou, ainda, autoculpa ou autorreportagem caracterizada por nova prática de crime declarada pelo mesmo indivíduo,[8] são exemplos de possíveis desdobramentos do conceito.

[6] UNITED NATIONS OFFICE ON DRUGS AND CRIME (UNODC). **Revised Key Elements of Model Strategies on Reducing Reoffending** – Draft for Expert Group Meeting, 6-8 abr. 2022. Vienna: UNODC, 2022. O Relatório final do trabalho da comissão está disponível para consulta (UNITED NATIONS OFFICE ON DRUGS EM CRIME (UNODC). ***Report of the Expert Group Meeting on reducing reoffending.*** *Vienna: 31 Session of Comission on Crime Prevention and Criminal Justice and Criminal Justice,* 16-20 May 2022. Disponível em https://www.unodc.org/documents/commissions/CCPCJ/CCPCJ_Sessions/CCPCJ_31/CRP/E_CN15_2022_CRP4_e_V2202541.pdf. Acesso em 25 abr. 2023).

[7] Em tradução livre: Existem muitos caminhos para a mensuração da reincidência. Mensurações mais comuns de reincidência incluem nova prisão, nova condenação, novo encarceramento ou a violação de condições supervisionadas.

[8] SAMPAIO, Breno (coord.). **Reincidência Criminal no Brasil**. Brasília: GAPPE-UFPE-DEPEN, 2022, p. 10.

O *Expert Group* adotou definição bastante ampla de reincidência, de forma a nela contemplar boa parte das concepções em uso:[9]

> *Reoffending (or recidivism) refers to whether a person who is or has been the object of a criminal justice intervention comets a new criminal offence.*[10]

Como se extrai dessa definição, não é necessário que tenha havido anterior condenação ou mesmo denúncia em ação penal, para que alguém seja considerado reincidente. Porém, o novo encarceramento pelo mesmo crime não estaria nela contemplado.

Essa ausência de alinhamento conceitual tem impactos importantes sobre a avaliação das políticas criminais voltadas à prevenção da criminalidade, em especial, sob a forma reiterada. As pesquisas terão resultados completamente diferentes, conforme a definição que for adotada. O pesquisador que adotar o critério da reincidência prisional ou da reincidência genérica tenderá, naturalmente, a encontrar resultados mais expressivos do que aquele que utilizar o conceito estrito de reincidência trazido no Código Penal. Uma hipótese é alguém ter sido anteriormente preso ou investigado, ou mesmo denunciado por um suposto crime; outra é ter sido anteriormente condenado, especialmente se for considerado que os índices de impunidade, no Brasil, são altíssimos, inclusive nos crimes violentos.[11]

3 O QUE REVELAM (E NÃO REVELAM) OS DADOS ESTATÍSTICOS

Não há dados precisos, de alcance nacional, sobre reincidência. A percepção corrente, porém, é de que atinge números alarmantes.[12]

[9] UNODC. **Op. cit.**

[10] Em tradução livre: reincidência (ou recidivismo) se refere à situação em que uma pessoa que é ou foi objeto de uma intervenção da justiça criminal comete um novo crime.

[11] ESTRATÉGIA NACIONAL DE JUSTIÇA E SEGURANÇA PÚBLICA. **Relatório Nacional da Execução da Meta 2:** um diagnóstico da investigação de homicídios no país. Brasília: CNMP, 2012. Disponível em https://www.cnmp.mp.br/portal/images/stories/Enasp/relatorio_enasp_FINAL.pdf. Acesso em 25 abr. 2023.

[12] FERRAZ, Taís Schilling. **Um olhar sistêmico sobre a violência no Brasil**: a insuficiência dos mecanismos de controle e repressão. Londrina: Thoth, 2022.

Alguns estudos, no Brasil, concentram os principais dados qualitativos e quantitativos sobre o fenômeno, embora não adotem todos a mesma definição. O mais recente deles, produzido em uma parceria entre o Grupo de Avaliação de Políticas Públicas e Econômicas (GAPPE) da Universidade Federal de Pernambuco (UFPE) e o Departamento Penitenciário Nacional (DEPEN),[13] consolidou os dados de vários outros levantamentos, bem como as definições para reincidência adotadas por cada um deles, na seguinte tabela:

Tabela 1 – Estudos sobre reincidência: definições, taxas e fontes de dados

Estudo	Definição utilizada	Taxa	Período	Fonte dos dados
1. CNJ (2020b)	Início de uma nova ação no sistema penal até 2019 depois de um processo findo em 2015	42.5%	2015-2019	Processos de execução penal no Brasil (exceto RJ, RS, PA e SE)
2. IPEA (2015)	Nova condenação até 2011 entre indivíduos com pena extinta em 2006	24.4%	2006-2011	Amostra de processos de execução penal para 5 estados PR, MG, RJ, AL e PE)
3. Araújo et al. (n.d.)	Proporção de indivíduos matriculados em um curso de apoio a egressos que autorreportam reincidência.	54%	2019	Dados de entrevista feita com 120 alunos do curso para egressos "Cidadania que Liberta"no RJ
4. Ifanger and Gravina (2020)	Proporção de processos criminais em que há identificação de reincidência pelo juiz	28.97%	2016	Dados de processos criminais da cidade de Campinas coletados em agosto de setembro de 2016
5. Silva (2018)	Proporção anual de entradas a unidade penal que consistem em reentradaas	42%-62%	2010-2015	Dados de entradas de presos na unidade Francisco de Oliveira Gomes no Acre
6. Sapori et al. (2017)	Proporção de jovens que, após deixar a unidade socioeducativa em 2013, teve registro de nova infração ou crime até 2017	30.1%	2013-2017	Dados do sistema socioeducativo e da polícia civil de Minas Gerais
7. da Paz (2017)	Proporção de jovens no sistema socioeducativo que tiveram passagem anterior pelo sistema	60.3%	2016-2017	Dados da Fundação Casa em São Paulo coletados entre outubro de 2016 e agosto de 2017
8. Adorno and Bordini (1989)	Proporção de indivíduos que, tendo cumprido pena entre 1974-1976, voltam a recolhidos a estabelecimento penal para cumprir nova pena (até 1985)	46.03%	1974-1985	Dados das unidades prisionais do Estados de São Paulo

Fonte: GAPPE/UFPE; DEPEN, 2022

É possível perceber que os estudos se referem a adultos e também a adolescentes e que três deles adotam o conceito estrito de reincidência: o estudo realizado pelo IPEA, em 2015, o Estudo conduzido por Ifanger e Gravina, em 2020 e o conduzido por Adorno e Bordini, em 1989, sendo que o segundo deles se utilizou apenas de dados secundários de dois meses no ano de 2016. Dois estudos adotam a definição genérica (CNJ, 2020; SAPORI ET AL, 2017), outro adota a autorreportagem e os demais estudos referem-se à reincidência

[13] SAMPAIO, Breno (coord.). **Reincidência Criminal no Brasil**. Brasília: GAPPE-UFPE-DEPEN, 2022.

prisional ou penitenciária, critério também utilizado no estudo já referido, realizado pelo GAPPE/UFPE, em parceria com o DEPEN, embora este tenha procurado distinguir entre os determinantes da reentrada na prisão.

Em 2008, a Comissão Parlamentar de Inquérito – CPI do Sistema Carcerário, produziu um relatório que tomou por base dados apresentados por diversas unidades prisionais, coletados pelo DEPEN, e estimou que a reincidência alcançaria percentuais entre 70 e 85% dos detentos.[14] A definição de reincidência adotada pela CPI foi a prisional (ou penitenciária). Mensurou-se quantas vezes uma mesma pessoa havia ingressado no sistema carcerário, o que incluiu prisões antes da condenação definitiva e mais de uma entrada no sistema da mesma pessoa pelo mesmo crime.

Já se teve oportunidade de afirmar que os dados adotados pela CPI estavam absolutamente imprecisos, "na medida em que não havia uniformidade entre as unidades quanto ao critério de coleta e recuperação das informações e nem todas dispunham ou forneciam tais dados ao DEPEN"[15]. O indicador de reincidência, nessa oportunidade, foi obtido pelo número de presos recolhidos no ano com passagem anterior pelo sistema.[16] Aqui estariam também, portanto, as pessoas que voltavam à prisão com base no mesmo crime, o que poderia ser decorrência de uma revogação de liberdade provisória, regressão de regime de cumprimento de pena, recaptura após fuga, violação das condições de liberdade condicional ou de suspensão condicional da pena, entre outras hipóteses.

Adorno, além da pesquisa referida acima, publicou um estudo, em 1991, relatando outro levantamento empreendido em São Paulo, dessa vez fazendo uso do conceito legal de reincidência[17]e reportando o longo caminho percorrido em busca de dados precisos. Importante perceber que a utilização do conceito legal de reincidência conduzia, já entre as décadas de 1970 e 1990, a resultados substancialmente menores do que quando se media a reincidência

[14] CONGRESSO NACIONAL. Câmara dos Deputados. Comissão Parlamentar de Inquérito do Sistema Carcerário. **Relatório Final**. Brasília: Edições Câmara, 2009, p. 484.

[15] FERRAZ, Taís Schilling. **Op. cit.**, p. 137.

[16] DEPARTAMENTO PENITENCIÁRIO NACIONAL. **Relatório de Gestão 2001**. Brasília: Ministério da Justiça, 2001, p. 13.

[17] ADORNO, Sérgio. A prisão sob a ótica de seus protagonistas: Itinerário de uma pesquisa. **Tempo Social;** Revista de Sociologia da USP. São Paulo, n. 3, p. 7-40, 1991.

prisional. Esse mesmo pesquisador chegou, em 1991, a um índice de 27,9% de reincidência, quando o estudo anterior, que mensurava a reincidência prisional, apontava 46.03% de reentradas.

Chega-se a essa mesma constatação, quando se confrontam os percentuais de reincidência obtidos nos estudos mais recentes sobre reincidência legal e prisional. Estudo do IPEA, de 2015, considerando a reincidência legal (prática de novo crime antes de decorridos 5 anos contados da extinção da pena decorrente de condenação anterior), chegou ao índice de 24,4% de reincidência, próximo, portanto, ao obtido por Adorno, em 1991 e bastante distante dos índices encontrados nos estudos de reincidência prisional, sempre superiores a 40%.

O recente estudo realizado entre GAPPE/UFPE e DEPEN trouxe não apenas dados estatísticos sobre reincidência prisional, como também dados qualitativos importantes. Para além de medir a proporção de indivíduos que retornam às unidades prisionais em um dado período de tempo e em que tempo, o estudo separou algumas categorias de análise, tendo em conta a classificação da movimentação dos presos no sistema, seja para fins de entrada, seja para fins de saída da prisão. O período avaliado foi de 2010 a 2021 e os resultados variaram, conforme a categoria de análise, entre 37,6% (categoria que considerou a entrada para cumprimento de pena após saída por decisão judicial, fuga ou progressão da pena) e 42,5% de reincidência prisional (categoria que considerou qualquer entrada após saída por decisão judicial, fuga ou progressão de pena).[18]

Além disso, tendo em conta os crimes mais comuns entre a população prisional (uso e tráfico de drogas (17%), roubos (17%), furtos (16%), ameaças (9%) e lesões corporais 7%), aferidos nos dados do DEPEN, foram identificados nesse estudo os crimes que, com maior regularidade, foram praticados por aqueles que estiveram classificados na categoria da reincidência prisional genérica (os que figuraram como réus em mais de um processo criminal no período analisado).[19] Os resultados podem ser conferidos na Tabela 2:

[18] SAMPAIO, Breno (coord.). **Reincidência Criminal no Brasil**. Brasília: GAPPE-UFPE-DEPEN, 2022. Disponível em https://www.gov.br/depen/pt-br/assuntos/noticias/depen-divulga-relatorio-previo-de-estudo-inedito-sobre-reincidencia-criminal-no-brasil/reincidencia-criminal-no-brasil-2022.pdf/view. Acesso em 25 abr. 2023.

[19] Ibidem.

Tabela 2 – Crimes mais comuns após primeiro crime relacionado a drogas, roubo, furto, ameaça e lesão:

Primeiro crime	Crimes posteriores				
Drogas	Drogas (24%)	Roubo (7%)	Furto (5%)	Armas (3%)	Homicidio (3%)
Roubo	Roubo (27%)	Furto (8%)	Drogas (6%)	Receptação (3%)	Armas (3%)
Furto	Furto (35%)	Roubo (9%)	Drogas (5%)	Ameaça (4%)	Receptação (3%)
Ameaça	Ameaça (21%)	Lesão (10%)	Furto (7%)	Roubo (5%)	Drogas (4%)
Lesão	Lesão (18%)	Ameaça (16%)	Furto (6%)	Roubo (6%)	Drogas (4%)

Fonte: GAPPE/UFPE; DEPEN, 2022.

A avaliação dos diversos estudos sobre reincidência revela que se trata de um fenômeno multifacetado. A própria inexistência de consenso sobre como deve ser mensurada e a necessidade da criação de diversas categorias de análise nos estudos realizados, confirmam as dificuldades para a avaliação da efetividade das políticas públicas criminais.

O quadro retratado nos estudos em referência é bastante nebuloso e muito pouco revela sobre a complexidade do fenômeno da reiteração criminosa. Dentre as variáveis a considerar, estão as situações em que uma mesma pessoa comete vários crimes em um mesmo momento ou em momentos sucessivos e vem a ser presa e processada por todos ao mesmo tempo. Nem sempre haverá passagem pelo sistema prisional ou dados consistentes sobre as circunstâncias de ingresso e saída. Transferências precisam ser consideradas, a partir de dados de unidades prisionais de diferentes estados, assim como reentradas por descumprimento das condições de livramento condicional, suspensão condicional da pena ou regressão de regime, com ou sem novo crime e recapturas após fugas. Além disso, nem todas as informações são lançadas adequadamente no Banco Nacional de Mandados de Prisão, mantido pelo CNJ ou nas unidades prisionais, onde ainda reina a falta de taxonomia.

Importante ponderar que o critério legal da condenação prévia e definitiva, com pena extinta antes do novo crime, embora fundamental para fins de aplicação de diversos dispositivos da lei penal, não fornece informação para avaliação das políticas públicas, por ser absolutamente restritivo. A mera passagem pelo sistema prisional também se revela insuficiente, quando considerada de forma isolada.

A reiteração de condutas típicas deve ser aferida mediante parâmetros mais precisos de captação, categorização, fornecimento e cruzamento de informações. No quadro atual, não é possível confirmar a percepção corrente de que a reiteração de crimes pelas mesmas pessoas é alarmante no Brasil, ou de que é mais regra que exceção. Mas também não é possível descartar essas possibilidades.[20] Também é difícil estabelecer uma linha do tempo, já que não há como se comparar periodicamente os estudos, dadas as profundas diferenças nos tipos de dados captados, que podem estar medindo fenômenos totalmente diferentes, e na própria consistência e abrangência local, estadual ou nacional das informações.

O que de concreto se pode afirmar é que "muitas pessoas entram mais de uma vez no sistema prisional e que essa repetição está mais relacionada aos crimes contra o patrimônio e ao tráfico".[21]

4 ESTRATÉGIAS PARA MELHOR MENSURAR, COMPREENDER E PREVENIR A REINCIDÊNCIA

Como é possível observar, a reincidência não vem sendo mensurada de forma sistemática, sendo absolutamente necessário o aperfeiçoamento dos critérios de coleta e classificação dos dados quantitativos, construindo-se consensos sobre como mensurar o fenômeno ao longo do tempo e definindo-se quais manifestações devem ser captadas periodicamente.

[20] FERRAZ, Taís Schilling. **Op. cit.**, p. 138-139.

[21] FERRAZ, Taís Schilling. **Op. cit.**, p.139.

Mensurar as reentradas de um mesmo indivíduo na prisão e identificar seus diversos determinantes, que podem apontar para fatores absolutamente diferentes, são medidas importantes. Avaliar quantas vezes a pessoa teve passagem pelo sistema de segurança pública em um dado período de tempo, ou quantas vezes foi denunciada por crimes, quantas vezes foi condenada, se teve passagem ou não pelo sistema prisional, também são caminhos valiosos para a compreensão adequada não apenas da reincidência, mas do próprio fenômeno da criminalidade. Além disso, tais dados são fundamentais para a avaliação da atuação do sistema de segurança pública e justiça e para a construção, execução e mensuração da efetividade das políticas criminais.

Para tanto, é necessário construir consensos sobre a) as principais manifestações de reiteração criminosa que devem ser monitoradas; b) a periodicidade desse monitoramento; c) os dados mínimos a serem captados e, portanto, previamente registrados nos sistemas das unidades federativas das unidades prisionais e do Judiciário; d) a taxonomia a ser adotada nesses registros.

Esse alinhamento de conceitos e procedimentos e o próprio monitoramento periódico das manifestações da reincidência, porém, demandam um prévio alinhamento de propósitos. De nada adianta captar dados, consolidá-los e lançá-los ao vento, sem previamente compreender por que esses dados são importantes e necessários, sem questionar o que a reiteração criminosa revela em uma sociedade e de que forma ela deve impactar na construção da política criminal. Sem buscar entender a própria reincidência enquanto fenômeno humano e, portanto, complexo, será difícil preveni-la e pouco útil mensurá-la.

O fenômeno da reincidência é multicausal e multifacetado, de maneira que seu adequado endereçamento exige soluções sistêmicas, que considerem as interações entre muitos elementos, que devem ser mapeados, de forma a que sejam identificados padrões de comportamento, organização e eventuais ciclos de retroalimentação.

Embora essa abordagem, por sua complexidade, não possa ser trazida aos limites deste estudo, registra-se com Meadows,[22] que existe uma tendência humana de tomar as exterioridades dos eventos, aquilo que é visível e tangível, como elementos suficientes, quando se investiga um fenômeno. Um olhar

[22] MEADOWS, Donella H. ***Thinking in Systems:*** *A Primer.* Vermont: Chelsea Green Publishing, 2008, *ebook,* p. 13.

fragmentado para tais elementos não permite a adequada compreensão sobre o todo, sobre as interconexões presentes nas suas estruturas, sobre sua razão de ser. As partes, ao serem observadas individualmente, não reproduzem o comportamento do todo.[23]

É insuficiente buscar compreender por que um fruto cai de uma árvore em direção ao solo, para explicar a complexidade do processo que levou a esse momento. Como ensina Andrade, a pergunta a ser feita é mais abrangente, envolve saber como o fruto foi parar no galho da árvore – saber como ele sobe.[24] O mesmo raciocínio deve ser feito na busca da compreensão sobre o fenômeno da reincidência.

Para tanto, é preciso ir em busca de dados *qualitativos* sobre reincidência, questionar o propósito da sua mensuração, lançando um olhar menos superficial, menos voltado aos sintomas aparentes e mais focado na complexidade do fenômeno criminal.

A opção do Poder Público, em matéria de política criminal e de segurança pública, no entanto, tem sido por conceber e empreender estratégias voltadas, quase que exclusivamente, ao controle e à repressão da criminalidade. Identificam-se sintomas na superfície do problema e adotam-se soluções lineares, desconsiderando-se que um mesmo fato pode ter causas variadas, pouco aparentes, que se interconectam com outros fatores. Assim são criadas as conhecidas leis de pânico, que pressupõem que aumentando a pena para um crime ou tornando-o hediondo, o estarão evitando. Assim são também idealizadas especializações de delegacias de polícia e de juízos criminais e mesmo soluções que garantem, de forma linear, determinados direitos aos acusados de crimes, como os hoje conhecidos *habeas corpus* coletivos. São medidas que se voltam aos sintomas aparentes, que clamam por atenção, porém tais escolhas tendem a desprezar que aquilo que se exterioriza tem raízes profundas interligadas com outros fatores.

São poucas as políticas de caráter verdadeiramente preventivo, concebidas mediante adequada observação e consideração da complexidade do fenômeno criminal e dos seus muitos contextos.

[23] FERRAZ, Taís Schilling. **Op. cit.**, p. 167.

[24] ANDRADE, Aurélio L. **O Curso do Pensamento Sistêmico**. São Paulo: Digital Publish & Print, 2017, n.p., *ebook*.

Quando se indaga sobre quais políticas de prevenção de crimes no Brasil vêm sendo adotadas, as respostas geralmente se baseiam em duas grandes apostas: a) as políticas de *controle*, como restrição à posse e ao uso de armas, defesa de fronteiras, policiamento ostensivo, monitoramento das comunicações, entre outras; e b) as políticas de repressão, alicerçadas no pressuposto de que a pena é instrumento, por excelência, para a prevenção ou dissuasão.

Nas políticas de controle, assume-se que houve prevenção se um dado crime grave foi evitado, *v.g.*, porque, em uma escuta telefônica, foi possível descobrir onde e como ocorreria, e tomar providências para que não fosse levado a cabo; ou porque uma dada região estava sob forte policiamento; ou porque a liberdade condicional de alguém estava sob forte vigilância. No entanto, nesses casos, a pessoa apenas não consumou seu intento, porque circunstâncias externas a impediram ou refrearam. Se houver possibilidade de fazê-lo em outras circunstâncias, ela possivelmente levará a efeito sua intenção.

As medidas de controle ou contenção são importantes, obviamente, porque podem evitar ou conter danos, mas não são propriamente preventivas do fenômeno da criminalidade, bem como da reiteração criminosa, porque não vão à sua origem. Seguram o impulso, mas não vão à fonte da conduta, que tende a gerar novos impulsos, trazendo para o Estado a necessidade de criar cada vez mais estratégias de contenção. Em outra oportunidade, já se descreveu, com uma metáfora, essa tentativa de controle:

> (...) é como se o Estado, por esta via, se dedicasse a apenas girar e equilibrar muitos pratos, de diferentes tamanhos, diferentes velocidades e sentidos e diversas consequências, acaso quebrados. Ainda que pudesse ser um exímio equilibrista, fazendo seus órgãos trabalharem de forma alinhada e eficiente – o que lamentavelmente não faz –, o Estado dificilmente conseguiria evitar o surgimento de novos e cada vez mais diversificados pratos, pois não se ocupa do que gera esses novos desafios a equilibrar.[25]

Diversos programas assumem-se como preventivos sob esse viés. O impacto de tais programas tende a ser aferido a partir da redução do número

[25] FERRAZ, Taís Schilling. **Op. cit.**, p. 92.

de crimes específicos, durante certo tempo. Nessa perspectiva, prevenir "é reconhecer o risco de que um evento aconteça, e realizar alguma ação para eliminar ou reduzir esse risco"[26] O caráter preventivo da política, aqui, é dado por oposição à ideia de repressão, que consiste em perseguir e castigar os autores de um ilícito, uma vez que tenha sido perpetrado.[27]

Cano, Rojido e Borges ao classificar, segundo a natureza, as políticas públicas voltadas à prevenção de homicídios, identificam três categorias: a) as medidas de prevenção social, que, ao atuar sobre as causas da violência e da criminalidade, pretendem melhorar as condições de vida das pessoas e diminuir a probabilidade de que se envolvam em comportamentos delitivos; b) as medidas de prevenção situacional, que atuam sobre o ambiente, tornando mais difícil, arriscado ou menos gratificante determinadas ações delituosas; e c) as medidas de prevenção policial, adotadas pelas polícias para reduzir a violência, a exemplo da vigilância mais intensa.[28]

Trata-se de classificação que poderia ser adotada nos demais crimes. Para o que aqui se propõe, as medidas propriamente *preventivas* seriam as de prevenção social. As demais, por não atuarem nas causas, mas sobre fatores circunstanciais, que impedem ou desfavorecem a prática de crimes, estariam dentre as medidas de controle ou contenção.

Além das muitas e cada vez mais sofisticadas estratégias de controle, o Estado aposta na repressão de crimes como medida de prevenção. O Direito Penal foi construído sob a convicção de que, além de castigo, a pena tem finalidade preventiva, desdobrada em prevenção geral (voltada à sociedade) e especial (voltada ao indivíduo que praticou um crime).

A crença é de que a imposição da pena a quem comete um crime tem função profilática e potencial para dar tratamento ao fenômeno da criminalidade. Dificilmente se questiona a máxima, segundo a qual a impunidade é causa de aumento da criminalidade.[29] Feuerbach ensinava que a pena seria o grande

[26] FERRAZ, Taís Schilling. **Op. cit.**, p. 90.

[27] CANO, Ignacio; ROJIDO, Emiliano; BORGES, Doriam. ***Guia de Evaluación para programas de prevención de homicidios em América Latina y el Caribe***. Montevideo: Susana Casales-LAV/UERJ, 2020, p. 30.

[28] CANO, Ignacio; ROJIDO, Emiliano; BORGES, Doriam, **Op. cit**, p. 30-31.

[29] FERRAZ, Taís Schilling. **Op. cit.**, p. 150.

instrumento do Direito Penal e que sua aplicação efetiva seria condição para que a intimidação não perdesse credibilidade.[30]

A reincidência, seja qual for o critério adotado para sua compreensão, é o fenômeno que, por excelência, confronta essa compreensão e parece apontar que a pena – e aqui se poderia incluir também a prisão antes da pena – por mais severa que possa ser, não produz os esperados efeitos dissuasórios, ao menos em relação à pessoa que vivenciou a passagem pelo sistema penal.

Os dados de reincidência indicam que se deve questionar a aposta na prevenção especial como finalidade da pena, cujo foco é o autor do crime. Não é possível afirmar, no modelo de privação de liberdade em uso, que a pessoa que praticou um crime seja efetivamente dissuadida de voltar a fazê-lo. Trata-se de mero exercício de fé. Os dados disponíveis, ainda que pouco consistentes, indicam que entre 40 e 60% daqueles que já sofreram os efeitos do encarceramento, voltam ao cárcere, inclusive em razão de crimes mais graves.

Quanto à prevenção geral, é mais difícil fazer diagnósticos, porque não se sabe quantas pessoas, por receio de serem condenadas e presas, deixaram de praticar crimes. São os fatos ocorridos e não os que não ocorreram que deixam registro. Segundo defenderam Molina e Flavio Gomes, não se pode nem deve medir a eficácia da pena por seus fracassos visíveis: os delitos que não foram evitados, "mas pelos muitos outros delitos que, graças a ela, não chegam a ser praticados".[31]

Medidas de controle e de repressão, enquanto essência da atuação do Estado diante do fenômeno criminal, embora necessárias, são insuficientes e, por vezes, produzem o chamado *backfire effect*. É preciso formular melhores perguntas. Além de que saber, de maneira eficiente, quantos voltaram a praticar um crime ou voltaram à prisão, é preciso saber o porquê e construir políticas criminais e de segurança pública que considerem tais motivadores, que avaliem de que forma podem ser alcançados por outras políticas de atuação, essas, sim, de natureza preventiva e que sejam capazes de abordar o problema à luz de sua complexidade.

[30] FEUERBACH, Anselm V. R. ***Tratado de Derecho Penal***. Tradução Eugenio Raul Zaffaroni e Irma Hagemeier. Buenos Aires: Hammurabi, 1989, p. 57-64.

[31] MOLINA, Antonio G.P.; GOMES, Luiz F. **Direito Penal**: parte Geral, v. 2. São Paulo: RT, 2007, p. 675.

Não por outra razão, no âmbito das Nações Unidas, os standards e normas sobre prevenção do crime e justiça criminal reconhecem o potencial e encorajam abordagens com foco na reabilitação daqueles que passam pelo sistema penal, apostando em práticas de reinserção na comunidade. As Regras de Nelson Mandela[32] apontam que o propósito do aprisionamento, ao proteger a sociedade contra o crime e reduzir a reincidência, apenas pode ser alcançado se o período de prisão for aproveitado para facilitar a reintegração do ofensor na sociedade, permitindo que se perceba como parte dela e que, ao sair, esteja preparado para buscar uma vida autossustentável.

Na mesma linha, a Resolução 76/182 para a redução da reincidência mediante reabilitação e reintegração social, adotada pela Assembleia Geral da ONU[33] salienta a necessidade de abordagens holísticas, incluindo cooperação entre vários setores, construção de espaços propícios à reabilitação nos ambientes prisionais e identificação de barreiras à reintegração social. Com base nessa Resolução, constituiu-se o grupo de especialistas já referido no item 2 deste capítulo, que, após os trabalhos, consolidou suas conclusões em relatório registrando, entre outras considerações, que os esforços para reduzir a reincidência requerem uma abordagem abrangente e multissetorial, dentro e fora do sistema criminal, com atenção às raízes sociais do fenômeno criminal, à perspectiva das vítimas, e que devem envolver um grande número de estratégias, como medidas alternativas à prisão, tratamento da saúde mental dos ofensores e programas que foquem na sua efetiva reabilitação e reintegração na comunidade[34]

[32] Regras de Nelson Mandela foi a denominação adotada para as **Regras Mínimas das Nações Unidas para o Tratamento de Reclusos** (Regras de Nelson Mandela), aprovadas através da Resolução 70/175 da Assembleia Geral, em 17 de dezembro de 2015 (ORGANIZAÇÃO DAS NAÇÕES UNIDAS. Resolução 70/175. Regras Mínimas para o Tratamento de Reclusos. 70ª Sessão, 17 dez. 2015).

[33] ORGANIZAÇÃO DAS NAÇÕES UNIDAS. **Resolução 76/182**. Reducing Reoffending through rehabilitation and reintegration. 76ª Sessão. New York: General Assembly, 16 dez. 2021.

[34] UNITED NATIONS OFFICE ON DRUGS AND CRIME. ***Report of the Expert Group Meeting on reducing reoffending***. Vienna: *31 Session of Comission on Crime Prevention and Criminal Justice*, 16-20 May 2022. Disponível em https://www.unodc.org/documents/commissions/CCPCJ/CCPCJ_Sessions/CCPCJ_31/CRP/E_CN15_2022_CRP4_e_V2202541.pdf. Acesso em 25 abr. 2023).

5 CONSIDERAÇÕES FINAIS

O monitoramento do fenômeno da reincidência é fundamental para a avaliação das políticas criminais, no caminho da construção de sociedades pacíficas e inclusivas. Reduzir a reincidência significa menos vítimas, mais segurança pública, além de menor pressão sobre o sistema criminal.

No entanto, não há dados precisos sobre as taxas de reincidência, um problema que não está restrito ao cenário brasileiro. Diferentes acepções convivem, em contextos onde há poucos dados disponíveis e muita inconsistência na sua coleta e consolidação, o que dificulta sobremaneira o acompanhamento do fenômeno ao longo do tempo e avaliações comparativas.

Este capítulo, a partir das diferentes definições de reincidência, revisou pesquisas e dados disponíveis atualmente no Brasil, procurando extrair o que eles revelam sobre o fenômeno e o que não tem sido possível evidenciar.

Apurou-se, a partir dos dados disponíveis sobre reentradas nos presídios, que um grande número de pessoas que passam pelo sistema prisional (independentemente de prévia condenação), a ele retornam, bem como que existe uma tendência maior de reiteração de condutas típicas nos casos de crimes envolvendo tráfico de entorpecentes, de crimes contra o patrimônio (roubos e furtos).

Diante das atuais dificuldades na mensuração do fenômeno, identificou-se, como fundamental, a construção de consensos, inclusive para fins de taxonomia, sobre quais manifestações de reiteração criminosa devem ser monitoradas; qual a periodicidade desse monitoramento e que dados mínimos devem ser registrados e captados.

Considerando-se a complexidade do fenômeno da reincidência, avaliou-se, também, como, necessária, uma incursão sobre fatores qualitativos, acaso se pretenda reduzir, de forma sustentável, as taxas de reincidência e construir políticas verdadeiramente preventivas do fenômeno, trazendo-se alguns exemplos reconhecidos como efetivos, no contexto das Nações Unidas.

Buscou-se confrontar as informações existentes com as intervenções que vêm ocorrendo, por força das políticas criminais, essencialmente pautadas na expectativa de contenção e de repressão de crimes e muito pouco voltadas à sua real prevenção, concluindo-se que enquanto o fenômeno da criminalidade não for melhor compreendido, será cada vez mais difícil reduzir os índices de reincidência. Não é sustentável dirigir-se ao desafio, frente a toda a sua complexidade, observando-se apenas o que está na sua superfície e criando-se somente políticas repressivas e de contenção de danos. É preciso uma aposta maior em políticas de prevenção, que vão às estruturas do problema, em busca de padrões de comportamentos e de seus reais motivadores.

REFERÊNCIAS

ADORNO, Sergio França; BORDINI, Eliana B. T. **Reincidência e Reincidentes Penitenciários em São Paulo** (1974 – 1985), Revista Brasileira de Ciências Sociais, n. 9, v. 3, fev. 1989, p. 70–94, 1989.

ADORNO, Sérgio. **A prisão sob a ótica de seus protagonistas**: Itinerário de uma pesquisa. Tempo Social; Revista de Sociologia da USP. São Paulo, n. 3, p. 7-40, 1991.

ANDRADE, Aurélio L. **O Curso do Pensamento Sistêmico**. São Paulo: Digital Publish & Print, 2017, n.p., *ebook*.

ARAUJO, Deborah C. G.; LEIRAS, Edite R. de M.; AVELLAR, Rosa de Mesquita; LEIRAS, Mariana; AVELLAR, Marlucia C. **Projeto "Cidadania que Liberta**: utopias possíveis. [s/l] Revista Brasileira de Execução Penal, n. 2, p. 177–197, 2020.

BRILHANTE, Melquesedeque S.; SILVA, Rubicleis G. **Determinantes da reincidência prisional em Rio Branco – Acre**. Arigó – Revista do Grupo PET e Acadêmicos de Geografia da Ufac, [*s. l.*], v. 2, n. 1, p. 50–52, 2019. Disponível em: https://periodicos.ufac.br/index.php/arigoufac/article/view/3000. Acesso em: 25 abr. 2023.

CANO, Ignacio; ROJIDO, Emiliano; BORGES, Doriam. Guia de ***Evaluación para programas de prevención de homicidios em América Latina y el Caribe***. Montevideo: Susana Casales-LAV/UERJ, 2020.

CAPDEVILA, Manuel Capdevila & PUIG, Marta Ferrer. (2009), ***Tasa de reincidencia penitenciaria***, [s.l.], 2008. Disponível em http://creativecommons.org/licenses/by-nc-nd/2.5/es/legalcode.ca. Acesso em 25 abr. 2023.

CONGRESSO NACIONAL. Câmara dos Deputados. Comissão Parlamentar de Inquérito do Sistema Carcerário. **Relatório Final**. Brasília: Edições Câmara, 2009.

CONSELHO NACIONAL DE JUSTIÇA. Reentradas e Reiterações Infracionais: um olhar sobre os sistemas socioeducativo e prisional brasileiros. Brasília, CNJ, 2020.

DEPARTAMENTO PENITENCIÁRIO NACIONAL. **Relatório de Gestão 2001**. Brasília: Ministério da Justiça, 2001.

ESTRATÉGIA NACIONAL DE JUSTIÇA E SEGURANÇA PÚBLICA. **Relatório Nacional da Execução da Meta 2**: um diagnóstico da investigação de homicídios no país. Brasília: CNMP, 2012. Disponível em https://www.cnmp.mp.br/portal/images/stories/Enasp/relatorio_enasp_FINAL.pdf. Acesso em 25 abr. 2023.

FERRAZ, Taís Schilling. **Um olhar sistêmico sobre a violência no Brasil**: a insuficiência dos mecanismos de controle e repressão. Londrina: Thoth, 2022.

FEUERBACH, Anselm V. R. **Tratado de Derecho Penal**. Tradução Eugenio Raul Zaffaroni e Irma Hagemeier. Buenos Aires: Hammurabi, 1989, p. 57-64.

IFANGER, Fernanda C. de A.; GRAVINA, Nathalia Bortoletto. **Um estudo da agravante da reincidência na cidade de Campinas-SP**. Revista de Estudos Empíricos em Direito, n. 7, p. 98-116, 2020.

INSTITUTO DE PESQUISA ECONÔMICA APLICADA. **Reincidência Criminal no Brasil**. Rio de Janeiro: IPEA, 2015.

INSTITUTO SOU DA PAZ. **Aí eu voltei para o corre. Estudo da reincidência infracional do adolescente no Estado de Sao Paulo.** São Paulo: Instituto Sou da Paz; CONDECA; Secretaria de Desenvolvimento Social do Estado de São Paulo, 2018.

MEADOWS, Donella H. ***Thinking in Systems: A Primer***. Vermont: Chelsea Green Publishing, 2008, *ebook*.

MOLINA, Antonio G.P.; GOMES, Luiz F. **Direito Penal: parte Geral**, v. 2. São Paulo: RT, 2007.

ORGANIZAÇÃO DAS NAÇÕES UNIDAS. **Resolução 76/182.** Reducing Reoffending through rehabilitation and reintegration. 76ª Sessão. New York: General Assembly, 16 dez. 2021.

ORGANIZAÇÃO DAS NAÇÕES UNIDAS. **Resolução 70/175.** Regras Mínimas para o Tratamento de Reclusos. 70ª Sessão, 17 dez. 2015.

SAMPAIO, Breno (coord.). **Reincidência Criminal no Brasil**. Brasília: GAPPE-UFPE--DEPEN, 2022. Disponível em https://www.gov.br/depen/pt-br/assuntos/noticias/depen-divulga-relatorio-previo-de-estudo-inedito-sobre-reincidencia-criminal-no--brasil/reincidencia-criminal-no-brasil-2022.pdf/view. Acesso em 25 abr. 2023.

SAPORI, Luis Flavio; SANTOS, Roberta F.; MAAS, Lucas Wan Der. Fatores sociais determinantes da Reincidência Criminal no Brasil: O caso de Minas Gerais. **Revista Brasileira de Ciências Sociais,** v. 32, n. 94, p. 1-18, 2017.

UNITED NATIONS OFFICE ON DRUGS AND CRIME. ***Report of the Expert Group Meeting on reducing reoffending***. *Vienna, 31 Session of Comission on Crime Prevention and Criminal Justice,* 16-20 May 2022. Disponível em https://www.unodc.org/documents/commissions/CCPCJ/CCPCJ_Sessions/CCPCJ_31/CRP/E_CN15_2022_CRP4_e_V2202541.pdf. Acesso em 25 abr. 2023.

UNITED NATIONS OFFICE ON DRUGS AND CRIME. ***Revised Key Elements of Model Strategies on Reducing Reoffending*** – *Draft* for *Expert Group Meeting*, 6-8 abr. 2022. *Vienna*: UNODC, 2022.